KB268455

에듀코노믹스

EDUCONOMICS

돈 이야기 없이 하는 경제교육

에듀코노믹스

case.R 지음

좋은땅

모자란다고 없는 것이 아니며,

완벽하지 않다고 무의미한 것은 아니다.

깨닫지 못했다고 앎이 없는 것은 아니며,

피어나지 않았다고 몽우리가 없는 것은 아니다.

도착하지 못했다고 가고 있지 않은 것은 아니며,

결론짓지 못했다고 과정이 없던 것은 아니다.

해내지 못했다고 해 보지 않은 것은 아니며,

말하지 못했다고 잊은 것은 아니다.

교육

목차

part1

뷔리당의 당나귀

좋은 것들이 너무 많으면 멋질 수도 있다.

메이 웨스트 Mae West

　　자율권을 보장하고, 선택의 폭을 넓혀 주는 것이 학생들을 위해 옳은 방향이라는 믿음은 오래되었다. 이러한 믿음에 기반하여 교육청뿐만 아니라 학교, 교실, 가정에서도 학생의 자율성은 중요한 가치로 인정되고 있다. 실제로 선택과 자유는 일상의 용어에서 따로 분리해서 생각할 수 없는 인간의 본질적인 기본권에 해당한다. 미국의 독립선언서에서는 몇 가지 사안을 자명한 진리로 규정하고 있는데 그중 핵심적인 세 가지가 생명, 자유, 행복추구권이다. 여기에서 행복을 추구한다는 것은 결국 선택을 할 수 있는 권리를 의미한다. 따라서 개인의 선택권을 보장한다는 것은 매우 중요한 요소다. 그러나 여기에서도 본질은 선택이 아니라 행복을 추구할 수 있는 권리로서 선택이라는 것이 수단적으로 사용되어야 한다는 것이다. 다시 말해 선택의 폭을 확장하는 것이 반드시 좋은 것이냐 하는 것에 의문을 가져야 한다. 선택할 자유와 선택의 자유는 분명히 다른 개념이다. 콜롬비아 대학교의 쉬나 아이엔가^{Sheena S. Iyengar} 교수는 미국인들이 평균적으로 하루에 70번 선택의 기로에 놓인다고 보고 있다.[1] 선택은 그만큼 우리 삶 자체에 해당한다고 볼 수 있다. 이성적 선택에 있어서 가장 중요하게 고려되는 부분은 기회비용이다. 저녁 한 끼로 해산물 세트와 스테이크 식당 두 곳을 갈 수는 없다. 금전적 부담뿐만 아니라 위장 크기의 한계, 그리고 저녁 식사는 보통 하루에 한 번만 먹는다는 사회적 통념도 한몫을 한다. 여기에서 해산물 세트를 선택하면 스테이크가 기회비용이 된다. 선택에 있어 기회비용은 작을수록 좋다. 해산물 세트를 먹음으로 인해 얻는 효용이 스테이크를 먹을 때보다 높다면 우리는 해산물 세트를 저녁 식사로 선택해야 한다. 그런데 기회비용이라는 일상의 용어가 경제학으로 들어오면 만만한 단어가 아니게 된다. 이렇게도 익숙한 단어가 왜 복잡해지는 것일까? 이유는 우리의 생각과 경제학의 원칙이 달라서 그렇다. 우리는 A, B, C 중에 A를 고르면 B와 C를 잃은 것으로 생각한다. 하지만 경제학에서는 B와 C 중에 더 가치가 높은 것만을 기회비용으로 계산한다. 테니스, 탁구, 배드민턴 순서대로 운동을 좋아하는 사람이 오늘은 탁구를 치기로 결정했다면 기회비용은 테니스가 되는 것이다. 선택의 문제는 여기에서 발생한다. 내가 정말로 테니스, 탁구, 배드민턴을 나열한 순서대로 좋아하는 것이 맞냐 하는 것이다. 혹시 세 가지 운동을 모두 많이 해 봐서 선호순서가 명확한 사람이라면 다른 예시를 생각해 보자. 뉴발란스 327, 나이키 데이브레이크, 오니츠카 타이거 멕시코 66을 비교해 보자. 이 신발들은 유사한 목적을 가지고 있으면서도 디테일과 브랜드 파워가 다르다. 확실한 선호를 갖기 어려운 애매한 소비자들은 선택에 있어 어려움에 봉착하게 된다. 조금 더 복잡한 예로 부킹닷컴을 떠올려 보자. 해외여행을 계획하고 있다면 초행길인 그곳의 숙소를 예약해야 한다. 최저가 보상제도가 있기는 하지만 절차라는 것이 있고, 그것을 떠나서 예산 하에서 선택과 포기를 해야 할 요소들이 너무나 다양하다. 작고 깨끗한 방을 선택할 것인지 뷰를 얻고 동선을 잃을 것인지에 대한 고민이 커 일단 하트를 눌러 놓는 숙소만 늘어나게 된다. 중고차를 살 때도 비슷한 감정을 느낀다. 연식이냐 키로 수냐, 옵션이냐? 혹은 한 단계 높거나 낮은 차량을 구매할 것이냐 하는 문제들은 정답이 없는 육각형 선택지들이다.

조금 더 가까이에서 극단적 예시를 보여 주는 곳은 서브웨이다. 국가와 지역에 따라 차이가 있지만 서브웨이에서 샌드위치를 조합하는 방식은 3,700만 가지에 달한다.[2] 사우디아라비아에서는 할루미 치즈를 주문할 수 있고, 인도에서는 패티를 양념치킨으로 선택할 수도 있다. 나의 정확한 선호가 무엇인지조차 모르게 되는 가짓수다. 이에 서브웨이의 꿀조합이라는 제목의 유튜브 영상들은 셀 수 없을 만큼 많이 올라온다. 이 꿀조합을 선택하는 것이 일이 되어 버려 꿀조합의 꿀조합이 필요할 정도다. 이러한 선택의 문제를 서브웨이 측에서도 인지를 하고 있어 서브웨이 인도 공식 유튜브에서는 출연자가 서브웨이에서 겪는 선택의 어려움을 광고로 활용하고 있다. 그리고 광고의 끝에는 "just point, pick and enjoy"라는 카피가 나온다. 8개의 베스트셀러 조합 중에서 골라 먹으라는 의미다. 실제로 2022년 발표에 따르면 서브웨이 고객 중 절반은 스스로 커스터마이징한 샌드위치보다는 기존에 만들어진 샌드위치를 주문했다. 서브웨이의 북미 사장이었던 트레버 헤인즈Trevor Haynes는 재직 당시 고객들에게 진열장을 내려다보는 말 대신 메뉴판을 올려다보라고 말하겠다고 했다.[3]

　서브웨이에서 샌드위치를 주문했다면 이제 소파에 앉아 넷플릭스를 켜보자. 내가 좋아할지도 모르는 콘텐츠를 찾기 위해 TOP10을 먼저 훑어본다. 그리고 이내 스크롤을 상하좌우로 이동한다. 마음에 드는 포스터가 보여 클릭을 한다. 콘텐츠 자체가 마음에는 들지만 지금은 느와르물을 볼 기분이 아니다. 찜 버튼을 누른 뒤 뒤로가기를 클릭한다. 다시 더 찾아보니 제목이 마음에 드는 것이 나왔다. 그런데 지금은 킬링타임용 영상을 보고 싶은데 이건 시즌이 벌써 5개나 나왔다. 시즌1부터 보려면 이번에 하고 있는 일을 끝내고 시간적 여유가 있을 때 몰아봐야겠다고 생각을 한다. 다시 한 번 찜 버튼을 누르고 뒤로가기를 누른다. 또다시 흥미로운 콘텐츠를 찾았다. 하지만 지금은 자막을 보고 싶지 않다. 자국어 콘텐츠를 찾아봐야겠다. 다시 찜 버튼을 누르고 뒤로가기를 눌렀다. 그렇게 얼마나 지났을까. 마땅한 작품이 없어서 TOP10에 뭐가 있었는지를 다시 살펴본

　　　　　　　　　　　　　　　　　　　　　　　에듀코노믹스

다. 영화를 보고 싶은데, TOP10 안에는 예능과 드라마밖에 없다. 또다시 스크롤을 움직인다. 그렇게 우리는 콘텐츠를 시청하는 시간보다 고르는 시간이 더 많아지게 된다. 우리는 콘텐츠 관람료를 지불한 것이지 콘텐츠 목록 열람료를 지불한 것이 아닌데 말이다. 선택할 자유와 선택의 자유가 모두 주어졌지만 우리는 그것을 온전히 향유하지 못했다.

이번에는 선택할 자유를 남겨 둔 채 선택의 자유를 제한해 보자. 선택의 범위를 좁게 설정해 보자는 것이다. 서브웨이에서 내가 모든 것을 자유롭게 선택하지 말고 서브웨이가 추천하는 조합으로 범위를 좁히고, 넷플릭스에서는 맞춤 콘텐츠를 확인해 보자는 것이다. 실제로 넷플릭스에서 특정 콘텐츠가 재생될 가능성은 소비자의 검색보다 추천에 의한 것이 크다. 그것도 무려 3배나.[4] 행복한 고민, 꽃놀이패가 항상 행복을 보장해 주지는 못한다. 방송사에서 틀어 주는 것만 볼 수 있었던 과거의 TV 세대가 유튜브로 콘텐츠를 즐기는 세대보다 불행했다고 믿을 근거가 없는 것처럼 말이다.

01

너무 많은 선택지

잼과 초콜릿

콜롬비아 대학교의 쉬나 아이엔가 교수와 스탠퍼드 대학교의 마크 레퍼[Mark R. Lepper] 교수는 다양한 선택지의 문제를 실험적으로 연구하였다.[5] 우리는 개인에게 선택의 폭이 넓으면, 좁을 때보다 당연히 만족도가 높을 것이라고 추측을 한다. 이것은 추측에만 머무는 것이 아니라 상대방을 배려하고 존중하고자 하는 행동의 근거로 삼기까지 한다. 아이엔가와 마크 레퍼 교수의 실험을 살펴보자. 이들은 식료품점에 잼을 진열하였다. 이때, 하루는 24종의 잼을 진열했고, 다음 날에는 6종의 잼을 진열했다. 우리의 상식으로 결과를 추측하면 당연히 전자의 경우에 소비자 만족도와 판매량이 더 높아야 한다. 그러나 결과는 다른 시사점을 던져 주었다. 24종의 잼을 진열했을 때는 단 4개만 팔렸지만, 6종만 진열하자 31개의 잼이 팔려나갔다. 진열의 개수를 줄이자 판매량이 늘었다. 고객들은 6종을 진열했을 때보다 24종을 진열했을 때 더 많은 시간 동안 제품을 살펴보았지만, 실제 판매량은 6종일 때가 더 높았다. 선택의 폭이 결정만족도를 높일 수 있느냐 하는 질문에 '아니오'라고 답을 할 수 있는 실험적 근거를 발견한 것이다. 소비자 선택의 폭을 줄이는 작업은 고든 램지^{Gordon Ramsay}의 솔루션에도 매우 빈번하게 등장한다. 특히나 「키친나이트메어」, 「24시간 동안 지옥에서 살아남기」에서 그는 숱하게 메뉴 축소를 요구한다. 램지는 소비자 선택의 혼란에만 초점을 둔 것은 아니고, 식재료의 회전율, 주방 직원들의 집중력, 음식에 대한 디테일, 특정 메뉴 전문점이라는 이미지까지도 고려한 것이기는 하다.

딱 정해 주기

선택지를 줄이는 수준이 아니라 아예 선택권을 박탈하는 것이 더 좋을 때도 있다. 지금은 아이폰이 출시될 때 그래도 몇 가지 선택지가 있지만 초기에는 소비자의 선택권이 거의 없었다. 일반적으로 아이폰이라는 단어는 단 하나의 제품을 지칭했다. 당시 노키아, 모토로라, 삼성이 매년 여러 개의 제품을 출시했던 것과는 매우 대조적이었다. 하지만 알다시피 현재 아이폰의 위상은 애플의 다른 제품군을 제하고 논하더라도 독보적이다. 줄어든 선택지는 그만큼 고민도 줄여 주었다. 단순함이 최고다라는 문장은 애플로부터 대중적으로 유명해졌지만 그 이전의 선각자들도 이를 알고 있었다. 아인슈타인^{Albert Einstein}도 코코샤넬^{Coco Chanel}도 그러한 말들을 해 왔고, 실천으로 옮겼다. 눈으로 보이는 제품뿐만 아니라 무형의 가치들도 단순화할 때 인간에게 다가가기 쉽다. 혼다 자동차의 서비스 점검 주기 안내표를 살펴보자. 자동차의 소모품들은 주기적으로 교체를 해야 하고 그 전에 안전을 위한 점검도 필요하다. 과거에는 엔지니어들의 판단에 의한 정확한 점검 주기와 교체 시기가 일반에 안내되었다. 하지만 수많은 부품의 교체 시기와 점검 사항들을 개인이 일일이 지키기란 쉬운 일이 아니다. 누군가에게는 자동차가 단지 이동수단이거나 개인을 나타내는 소유물이지 복잡한 기계장치로 인식되지 않기 때문이다. 이에 혼다는 획기적으로 편리한 이정표를 제시했다. 혼다의 서비스 주기는 다음과 같다. 15,000마일 또는 12개월마다 교체하고 확인해야 할 것(엔진오일 교체, 브레이크 조정 등)을 기준으로 2배, 3배, 6배, 7배마다 할 일들이 있다. 30,000마일 또는 24개월마다 점화 플러그와 에어클리너 엘리먼트를 교체해야 하고, 45,000마일 또는 36개월마다 브레이크 오일을 교체해야 한다.[6] 이러한 방식은 엔지니어들이 볼 때 합리적인 방법은 아니지만 엔지니어의 생각과 일반의 생각 사이의 간극을 좁힘과 동시에 일반의 점검인식을 고양시키는 데 큰 역할을 했다. 그러나 이는 자동차에 대한 지식이 많은 사람들에게는 가이드라인 정도지 정확한 주기가 아니다. 부품의 상태를 봐서 교체를 하는 것이 옳다. 하지만 우리는 이런 식으로 단순화하여 선택의 여지를 없애 주는 좋은 방법에 의존한다.

식당에서도 비슷한 일이 발생한다. 선택지가 많은 레스토랑에서 손님들은 때때로 직원에게 "당신이 나라면 무엇을 고르시겠어요?"와 같은 질문을 한다. 스스로의 선택권을 포기하는 발언이지만 그것이 고객의 만족감을 감소시키지는 않는다. 오히려 주방장의 선택이나 오늘의 메뉴와 같이 선택의 폭을 줄여 주는 요소에 만족감을 느낀다. 이를 단적으로 보여 주는 곳이 오마카세(おまかせ)다. 식사를 하는 손님에게는 선택권이 없고 음식을 내오는 주방이 결정권을 가진다(오마카세는 그 자체로도 맡기라는 의미다. 비디오게임 텐가이의 무녀 코요리는 등장할 때 "코요리 오마카세"라고 외친다. 코요리에게 맡기라는 의미다.). 그럼에도 불구하고 한국과 일본에서 **카세, ** 마카세로 구성되는 여러 변용어들이 유행처럼 사용되었다. 한국에서는

　　　　　　　　　　　　　　　　　　　에듀코노믹스

이모카세, 술마카세, 심지어 엄마의 홈마카세와 같은 단어들이 사용되었고, 일본에서는 와인마카세(ワインマカセ), 오바쨩마카세(할머니마카세, おばあちゃんマカセ)와 같은 단어들이 쓰였다. 이는 선택권 박탈이 오히려 높은 만족도를 담보해 낸다는 믿음을 방증하는 현상이다. 조금 더 명확하게 말하자면 선택할 필요가 없음에 대한 만족도가 높다고 보는 것이 옳다. 이러한 만족도 높은 방식은 지구의 일부 지역에서만 나타나지 않는다. 도쿄의 긴자로부터 1만km 떨어져 있는 이탈리아의 로마에는 트라토리아(trattoria)로 분류되는 식당들이 있다. 이 식당들은 대개 메뉴판 자체가 없으며 일정 금액을 지불한 뒤 주방에서 내오는 음식을 차례로 먹음으로써 식사를 진행한다. 사실 메뉴판이라는 것 자체가 초기 형태는 제공될 식사들의 목록표였다. 따라서 최초의 메뉴판이라 여겨지는 아슈르나시르팔 2세^{Ashurnasirpal II}의 연회 비석(宴會 碑石, Banquet Stele)에는 열흘간 이어진 연회에서 제공된 식자재들이 새겨져 있다. 당시 연회에 참석한 인원이 69,574명에 달하다 보니 식자재 규모도 상당했다. 추정컨대 메뉴판의 초기 목적과 당시 참석인원의 수를 생각해 보면 연회의 식사 형태는 주는 대로 먹는 것이었을 가능성이 높다.

누군가가 정해 주었을 때가 더 반가운 또 다른 상황이 있다. 현재 세계적으로 소개팅 프로그램은 무수히 많다. 입은 옷마저 모두 벗고 촬영하는 「네이키드 어트랙션」부터 얼굴조차 확인할 수 없는 「연애실험: 블라인드 러브」까지 포맷이 다양하다. 그중 일부 프로그램에서는 남성 또는 여성이 이성을 선택해서 함께 식사를 할 수 있도록 한다. 이때 남성 출연자 한 명을 여성 출연자 2~3명 혹은 그 이상이 선택을 할 수도 있다. 그렇게 되면 그들 모두가 식사를 함께하는데 이때 문제는 남성이 어디에 앉고 여성들이 어디에 앉느냐 하는 것이다. 여성 출연자 입장에서 섣불리 나섰다가는 불리한 곳에 착석해야 하거나 이기적으로 보이게 된다. 남성 출연자도 마찬가지다. 어느 곳에 앉느냐에 따라 어떤 여성 출연자에게 더 많은 호감을 가지고 있음을 들키게 된다. 이러한 상황에서는 무작위로 앉거나 누군가가 딱 정해 주는 편이 속 편하다. 선택권을 박탈해 주었을 때 의중을 가릴 수 있다.

이는 교실에서도 유사하게 나타나는 현상이다. 교실에서 학생들의 자리 배치를 하는 일은 교사에게 여러 고심거리를 주는 업무다. 같이 있을 때 시너지를 얻어 가는 학생들끼리 배치를 하는 동시에 지나치게 떠드는 학생은 분산을 하는 것이 좋다. 또한 모둠활동을 갑작스럽게 하게 될지도 모르기 때문에 전반적으로 학생들의 성향이 고루 섞이도록 하는 편이 좋다. 성별과 키, 시력 또한 고려의 대상이 된다. 하지만 이미 학급 내에 신뢰가 상당 부분 구축이 된 상황에서는 또는 반 전체에 대한 보상을 위해서는 자리 배치를 학생들이 원하는 대로 할 수 있게 해 줄 수도 있다. 그렇게 학생들에게 자리 배치에 있어 100% 자율권을 제공해 주면 학생들의 행복도는 올라갈 것인가? 실제로는 그렇지 않다. 정말 온전히 자리 배치를 구성하라고 하면 무질서에 의한 서운함이 교실 전체를 감돈다. 어떤 친구는 우리가 삼총사라고 생각했는데, 다른 친구는 우리가 사총사라고 여기고 있었을지도 모른다. 또한 아주 친한 친구들 여섯 명이 모여서 앉으려고 하는 과정에서 누가 가운데 두 명이 될 것인지도 문제다. 문제는 여기에서 끝나지 않는다. 우리 무리가 교실 앞 오른쪽에 앉고자 배치를 해 두었는데, 나중에 교사에게 말을 하러 가 보니 이미 그쪽 지역의 일부를 차지하고 있는 학생들이 있을 수 있다. 따라서 알아서 정해서 가지고 오라는 말은 기업에서 직원들에게 인사과를 폐지하니 알아서들 인사를 하라는 것과 같다. 그렇기 때문에 최소한의 장치는 있어야 하는데 자율권을 최소한으로 침해하기 위해서는 단지 순서를 뽑아 주는 방법이 괜찮다. 제비뽑기로 특정 학생이 선정이 되면 그 친구가 같이 앉고 싶은 친구들이 따라올 수 있도록 가이드라인을 설정할 수 있다. 선택의 역설은 여기에서 온다. 경험적으로 확실하게 가장 먼저 뽑힌 학생은 자신의 자리를 선택하는데 꽤 오랜 시간이 걸린다. 모든 자리를 선택할 수 있지만 앞서 살펴본 것과 같이 좋은 자리가 너무 많기 때문에 기회비용도 그만큼 커지기 때문이다. 실제로 중학교 2학년의 학생들이 했던 말을 떠올려 보면, '처음 걸리면 오히려 안 좋아'와 같은 의견이 있었다. 가장 선택이 용이한 학생들은 중간 즈음해서 뽑혀서 어느 정도 선택해야 할 만한 답이 있으면서도 그래도 선택지가 몇 개는 남아 있는 학생들이었다. 일부 학생들은 이렇게 자리를 바꾸는 것 자체를 선호하지 않고 교사가 지정해 주기를 요청하기도 한다. 이는 분명히 자유와 선택권을 제공받았으나 이를 오롯이 반납하는 결정을 하는 것이다. 자유가 자유에서 멈추지 않고 그것이 우리의 삶의 질을 높여 주기 위해서는 자유에 대한 고민을 해 볼 필요가 있다.

아이들에게 더 많은 책을 읽게 하도록 하는 책 선택 방법

포레스트 검프의 어린 시절을 함께해 주고, 현재까지 아마존에서만 약 2,500만 권의 판매고를 올린 『호기심 많은 조지(Curious George)』 시리즈는 아프리카에서 미국으로 이주한 원숭이의 이야기다.[7] 여기에서 원숭이의 이름이 조지인 것인데, 그래서 그런지 2003년에 '조지 부시George Herbert Walker Bush' 행정부 당시 공식적으로 백악관에 인형으로 전시가 되기도 했다.

지금도 꾸준히 판매가 이루어지고 한국과 미국, 일본을 비롯한 세계 여러 나라의 방송국에서 애니메이션이 송출되기도 하며, 유튜브에서도 구독자를 420만 명이나 보유하고 있다. 노스웨스턴 대학의 교수 미셸 마이마란Michal Maimaran은 아이들이 좋아하는 이 책을 가지고 실험을 진행했다. 실험을 위해 모인 42명의 아이들의 평균 연령은 만 5세를 약간 넘겼다(64개월). 그리고 아이들은 21명씩 무작위로 양분되었는데, 앞의 21명은 일곱 권의 『호기심 많은 조지』 중에서 두 권을 선택해서 읽도록 했고, 다른 21명은 동일한 일곱 권 중에서 무작위로 선택된 두 권을 받았다. 책의 표지는 모두 예쁜 노란색으로 장식이 되어 있었으며, 길이는 24페이지로 일곱 권 모두 동일했다. 그리고 아이들에게 책을 읽도록 했다. 이후 책을 읽은 시간을 분석해 보니 무작위로 선정된 전자의 아이들이 4분 23초간 책을 읽은 반면, 후자의 아이들은 4분 48초간 책을 읽었다. 얇은 책이라 짧은 시간의 차이지만 약 9.6%의 차이이다. 마이마란 교수는 이어서 장난감도 두 가지 중 한 가지를 고르거나 여섯 가지 중 한 가지를 골라서 가지고 놀도록 했는데, 놀이의 지속시간이 13.6%나 차이가 났다. 물론 두 가지 중 한 가지를 고른 아이들의 지속시간이 더 길었다.[8] 그러나 흥미로운 사실은 아이들에게 선택지가 많을 때와 적을 때 중 어떤 것이 더 좋냐고 물었더니, 아이들은 더 많은 선택지를 원한다고 답했다. 그리고 마이마란 교수는 이 내용을 "자녀에게 너무 많은 선택지를 주고 있지 않습니까?"라는 제목으로 칼럼을 기고했다.[9]

학교 도서관 이용 방법을 지도하는 것은 중요하다. 내게 맞는 책을 찾을 수 있는 능력을 배양할 수도 있으며, 기술적으로 도서관을 이용하는 방법 자체에 익숙해지도록 할 수도 있다. 따라서 한 반의 학생들을 동시에 데리고 도서관에 방문하는 일이 종종 있다. 가서 학생들이 책을 고르는 모습을 보면 몇 가지 교육적 영감이 떠오른다. 어떤 학생은 여러 권을 뚝딱 찾아내고, 어떤 학생은 읽을 책이 없다고 토로하기도 한다. 전자의 학생들에게는 그들이 좋아할 수도 있는 책 코너를 더 이야기해 주면 되지만, 후자의 학생들에게는 더 깊은 교육적 고민을 해 주어야 한다. 그 학생들은 도서관에 방문해 본 경험도 적고 책을 읽은 경험도 적다. 따라서 간혹 보면 학생 자신의 수준에 전혀 맞지 않는 책을 선택하거나 평소에 우주에 전혀 관심이 없던 학생이 뜬금없이 『코스모스』를 꺼내오기도 한다. 무엇이든 읽는다는 것은 아무것도 안 하는 것보다 낫기는 하다. 하지만 그런 식의 논리는 전혀 온당치 않다. 지난 생일파티에서 받은 케이크가 마음에 안 든다고 할 때 없는 것보다는 낫지 않냐고 답하는 부모는 옳은 대답을 하는 부모가 아니다. 물론 「해리포터」의 더들리^{Dudley Dursley}처럼 과도한 생일 선물을 받아 놓고도 그런 소리를 하면 한 소리를 해야겠지만 말이다. 여하튼 교사는 도서관 수업을 할 때 학생이 자신의 수준과 흥미에 맞는 책을 읽도록 이끌어야 한다. 그러기 위해서 추천이라는 것을 하는데 이것이 선택지를 줄이는 가장 전통적인 방법이다(엄마 저 얼마만큼 먹어야 돼요?는 음식을 만들어 본 경험이 부족해서 스스로의 양을 측정할 수 없는 상황이다.).

독서량이 받쳐 주는 학생들의 사례처럼 선택의 과부하는 항상 나타나는 문제는 아니다. 꽤 많은 실험들이 선택지가 많아짐에 따라 혼란이 가중되고, 이에 따라 선택의 폭이 넓어져서 오는 만족감보다 혼란으로 인한 불만족이 더 커지는 현상을 보여 주고는 있지만, 그렇지 않은 연구 결과들도 존재한다.

유아기 선택

21~41개월의 유아 106명은 엄마, 아빠와 함께 스티커북에서 자신이 좋아하는 동물 스티커를 고를 기회를 얻었다. 책을 펼치면 양쪽 모두에 동물 스티커가 붙어 있었고, 둘 중 한 페이지를 골라서 원하는 동물 스티커를 뗄 수 있었다. 여기에는 실험을 위해 준비된 독특한 스티커북이 활용되었다. 책을 펼쳤을 때 왼쪽 페이지마다는 동물 스티커가 1개씩 붙어 있었고, 오른쪽 페이지마다는 2개, 5개, 8개와 같은 식으로 3개씩 늘어나 최대 26개의 동물 스티커가 붙어 있었다. 즉, 표지를 제외하고 2쪽과 3쪽을 펼치면 왼쪽에 스티커 1개, 오른쪽에 스티커 2개가 붙어 있고, 4~5쪽에는 왼쪽에 1개, 오른쪽에 5개가 붙어 있는 구조였다. 이처럼 페이지를 넘길수록 왼쪽과 오른쪽의 스티커 개수 차이는 뚜렷해졌다. 이 스티커북을 보고 아이들이 왼쪽에서 동물 스티커를 고를 것인지 오른쪽에서 동물 스티커를 고를 것인지 선택하라고 했다. 그 결과 아이들은 70% 확률로 여러 가지 스티커가 붙어 있는 오른쪽 페이지를 골랐다. 꾸준히 오른쪽 페이지만 고른 아이들은 23%에 불과했지만 대체로 선택의 폭이 넓어지는 뒤 페이지로 갈수록 오른쪽 페이지를 고를 확률이 꾸준히 높아졌다. 또한 단 9%만이 꾸준히 왼쪽 페이지를 선택했다.[10]

이렇게 상충되는 연구 결과를 우리는 어떻게 받아들여야 할까? 그래서 선택지를 늘려야 한다는 것인가, 선택지를 줄여야 한다는 것인가. 가장 쉬운 결론은 상황에 따라 다르다고 생각하는 것이다. 즉 선택지가 많을수록 좋다는 명제도 선택지가 적어야 좋다는 명제도 옳다는 것이다. 그러나 이러한 양시론적 결론은 아주 무의미한 것은 아니지만 우리의 행동을 바꾸거나 유지할 근거로서는 부족하다. 양시론적 결론이 약간이나마 의미

                                                    에듀코노믹스

가 있는 이유는 한쪽으로만 생각해서는 안 된다는 교훈을 주기 때문이다. 특히 선택지가 많으면 만족감이 높아질 것이라는 통념이 항상 옳지는 않다는 것을 깨닫게 해 준다. 하지만 우리가 어떤 결론에 도달하기에는 근거가 여전히 빈약하다. 따라서 어떠한 상황에서 선택지를 축소하고 어떠한 상황에서 선택지를 늘려야 하는지 면밀히 살펴볼 필요가 있다.

02

더 좋은 선택지

일반적으로 학자들은 스윗 스팟(sweet spot)이라고 부르는 최대만족지점이 있다고 보고 있다. 이는 선택과부화(choice overload)가 오기 직전에 느끼는 만족감이다. 다트머스 대학교의 샤[Avni M. Shah]와 울포드[George Wolford] 교수의 실험을 살펴보자. 이들은 100명의 대학원생들에게 원하는 볼펜을 $1에 구입할 수 있는 기회를 제공했다. 준비된 볼펜은 총 20개였고, 충분히 매력적인 가격에 볼펜을 구입할 수 있도록 시중가가 $1.89~$2.39인 볼펜들로만 구성했다. 피험자들은 10명씩 10개의 그룹으로 나누어졌다. 그리고 첫 번째 그룹에게는 2개의 볼펜만을 보여 주었고, 두 번째 그룹에게는 4개, 마지막 그룹에게만 20개의 볼펜을 모두 보여 주었다. 이때 볼펜을 구입할 확률이 가장 높았던 그룹은 10개의 볼펜이 제시된 그룹이었다.[11]

일반적으로 몇 가지 조건이 충족되면 선택의 폭이 넓어짐에 따라 만족도도 높아진다. 반대로 말하면 아래의 조건이 충족되지 않는 경우 선택의 폭을 줄이는 것이 오히려 선택자의 만족도를 높일 수 있다. 그 조건은 다음과 같다.

첫째, 선택지 간 선호가 확실한 위계에 있는가?

둘째, 선택지가 잘 범주화되어 있는가?

셋째, 적합한 정보가 제공되었는가?

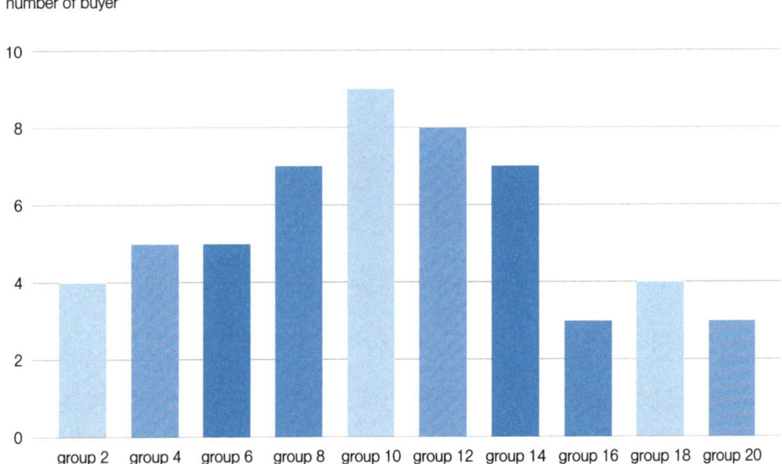

선택지 간 확실한 위계가 있다는 것은 사실 모든 정보를 취합할 필요성이 사라짐을 의미한다. 극단적인 예시는 동일한 상품이 가격만 달리하여 인터넷 쇼핑몰에 올라오는 경우다. 로지텍 마우스를 구매하려는데 쇼핑몰마다 가격이 상이하다면 배송비를 포함한 최저가 검색으로 특별한 고민 없이 제품을 구입할 수 있다. 이 상황에서 선택의 과부하는 있을 수가 없다. 가격비교를 할 수 있는 쇼핑몰이 많으면 많을수록 좋을 뿐이다. 물론 여기에서는 배송과 고객관리, 정확한 제품이 올 것이라는 확신 등 다른 부분이 동일하다는 가정이 뒤따른다. 즉 학생들에게 여러 선택지를 제공할 때는 명확한 위계가 있도록 제시하는 것이 좋다. 그런데 사실 이렇

게 되면 선택지를 제공할 이유 자체가 사라진다. 객관적으로 이견이 없을 만큼 더 좋은 연필깎이가 있다면 군이 학생들과 논의할 필요 없이 교사가 알아서 구입해서 교실에 구비해 두면 된다.

선택지가 잘 범주화되어 있는 것도 선택에서 오는 혼란을 줄일 수 있는 요소다. 식사 메뉴를 고르는 일은 어려운 일이지만 만다라트로 표현하면 다소 낫다.

이러한 범주화는 브레인스토밍의 결과로 완성할 수도 있다. 먼저 자유롭게 여러 아이디어를 제시한 뒤 범주화를 거쳐 학생들에게 선택권을 제시하는 것이다. 서브웨이에서도 2022년 고객의 의사결정을 돕기 위해 4개의 카테고리를 만들었고, 각각의 카테고리에 3가지씩 샌드위치 종류를 넣었다.[12] 여전히 총 12가지나 되는 선택지이지만 이렇게 범주화가 되고 나면 훨씬 선택이 용이해진다. 위의 만다라트에 있는 메뉴의 가짓수는 무려 일흔두 개에 달한다. 체험학습 때 먹을 메뉴를 선택할 때 일흔두 개의 선지를 제공하는 것은 물리적으로도 불가능하거니와 좋은 제시 방법이 아니다. 교내 놀이시간에 어떤 놀이를 할지 정할 때도 일흔두 가지는 너무 많다. 옷을 파는 인터넷 쇼핑몰, 배달 앱에서도 이러한 범주화는 매우 쉽게 찾아볼 수 있다. 6pm은 여성의류를 드레스와 청바지, 스웨터 등으로 구별해 두었고, 우버이츠는 버거, 이탈리안, 지중해 음식 등을 카테고리로 제공함으로써 선택의 편의를 도왔다. 구매욕을 저하시키지 않으면서도 다양한 선택지를 제공하고자 하는 마케팅의 일환이라고 볼 수 있다.

돼지곰탕	마클루바	타코	떡볶이	쿠샤리	에그로티	김밥	시미트	크로크 무슈
꾸이 찰타도	전통음식	수블라키	되뇌르	길거리 음식	괴즐레메	카프레제	간단한 음식	치차론
바베큐립	피자	인제라	차과르마	아레파	냐마 초마	팡지 케이 주	파타타스 브라바스	떨까리
한정식	트러플 파스타	하몽	전통 음식	길거리 음식	간단한 음식	해물파전	우하	양꿍
카르네 아사다	고급음식	가이세키	고급음식	식사메뉴	해산물 요리	물 마리니 에르	해산물 요리	초밥
비프 웰링턴	램 마크니	랍스터	식물성 요리	가정식	면 요리	칼데이 라다	세비체	그라브 락스
			된장찌개	치킨 티카 마살라	뵈프 부르기뇽	냉면	락사	탄탄면
	식물성 요리		빠에야	가정식	굴라쉬	라그만	면 요리	분탕
			피에로기	발라릿	리조또	까르보 나라	쌀국수	스파게티

8가지 식물성 요리는 한번 고민해 보자.

지금까지의 논의를 종합하면 결국 선택지의 정련화가 필요하다. 심지어 '무엇을 좋아할지 몰라서 다 준비했어'와 같은 말이라도 필요하다. '네가 하고 싶은 것은 무엇이든 해 봐', '네가 좋아하는 것을 찾아', '원하는 책을 읽어', '하고 싶은 거 하고 놀아'와 같은 문장이 과연 학생들에게 자유를 제공하고 자율성을 신장시켜 줄 수 있는 것인지 아니면 개별화되지 않은 수월성 교육의 일부인지 그것도 아니면 영교육과정에만 의존하는 행위인지를 고민해 볼 필요가 있다. 의사결정에 어려움을 겪는 일. 우유부단함(indecisiveness)은 DSM-5(정신질환 진단및통계 메뉴얼) 진단기준에도 나와 있는 현상이다. 어른의 역량으로 아이들의 의사결정에 어려움을 줄여 줄 수 있다면, 어른으로서 충분히 고민해 볼 만한 가치가 있는 영역이다. 교실에서도 수업은 구조화된 범위 안에서의 자율이 필요하다. 극단적인 예시로 체육 시간에 운동장으로 나가서 무엇이든 하라는 자유시간은 때때로 좋은 수업일 수 있는 것이지 이를 두고 항상 학생주도적 수업이라고 부를 수는 없다.

이는 토의, 토론 수업에서도 중요한 시사점을 준다. 토의와 토론 수업은 결국 토의와 토론 자체를 해 보는 것이 수업 설계에 반드시 포함이 되어 있어야 한다. 이때 주제를 무엇으로 삼을 것이냐는 매우 중요한 제재에 해당한다. 교육적 숙고 없이 떠오르는 생각은 우리 학생들의 생활 주변에서 해결할 문제를 찾는 것이다. 물론 이 과정이 필요할 수는 있다. 하지만 학생들이 인식하지 못할 문제이거나 학생과 교사의 결정으로 바꿀 수 없는 문제라면 수업의 완성도는 급격하게 떨어진다. 오히려「기예르모 델로 토의 피노키오」나「그대들은 어떻게 살 것인가」, 「인사이드 아웃2」를 보고 해당 내용을 토의하는 편이 낫다. 억지로 문제상황을 만들어 내거나 인위적으로 반반씩 찬반의 역할을 하도록 하는 것보다 훨씬 낫다.

적합한 정보의 제공 또한 선택의 과부하를 줄일 수 있다. 여기에서 적합한 정보라는 것은 정보의 정확성은 당연한 것이고 제공되는 정보가 적절해야 함을 의미한다. 조금 더 세분화해서 언급하면 정보의 양도 적합해야 하고, 어떤 정보가 제공되어야 하는지도 잘 파악이 되어야 한다. 주관적으로 중요하다고 받아들여지는 정보가 객관적으로도 그렇지는 않기 때문이다. 대형동물공포증이 있는 사람에게는 박물관에 박제가 있는지 여부가 상당히 중요한 정보지만 그렇지 않은 사람에게는 불필요한 정보다.

현 세대의 해외여행은 과거 세대에 비해 난이도가 매우 낮다. 이렇게 된 가장 큰 요인은 인터넷을 통해 모자라지 않은 양의 정보를 얻을 수 있기 때문이다. 구글 지도는 공항에서 숙소까지의 정확한 루트를 제공하다 못해 로드뷰로 실제 가 본 듯한 느낌을 주고, 각 주요 여행지들은 입장료는 물론 할인 방법까지도 홈페이지를 통해 안내하고 있다. 게다가 와이키키 해변의 석양이 어떤 느낌일지 미리 사진을 통해서 접해 볼 수도 있으며, 국립박물관 도슨트의 안내를 미리 유튜브를 통해 받아 볼 수도 있다. 이 때문에 이제는 여행계획을 세우는 과정에서 '이걸 진짜 갈 필요가 있는가?' 하는 수준으로 해당 지역을 간접경험 해 볼 수 있다. 그러나 이러한 세상에도 여행사들은 항상 흑자경영을 한다. 패키지 상품에 대한 분명한 수요가 있다는 것이다. 2014년 한 설문조사에서는 해외여행 시 자유여행보다 패키지여행을 선택하는 이유를 물어본 적이 있다. 4,745명의 응답자 중 절반이 넘는 52.46%의 사람들이 '여행사에서 알아서 해 주니까'를 그 이유로 꼽았다. 우리는 선택의 피로감을 덜어내기 위해 무려 '자유' 여행을 돈 주고 포기할 의향이 있다.[13]

사실 중요한 것은 선택의 폭이 아니라 선택의 기회를 넓히는 것이다. 아마도 교육계에서도 이를 추구하고자 하다 보니 선택의 기회와 선택의 폭을 혼동하지 않았을까 하는 추측을 한다. 수천 명의 머리에서 나와 수만 명의 손으로 공교육이 이루어지다 보니 교육계가 하나의 유기체처럼 작동하는 일은 거의 불가능에 가깝다는 것을 교육계 내외적으로 포용하고 가야 할지도 모른다. 선택의 기회와 관련해서는 이탈리아 사람들이 옷을 잘 입는 이유로 생각해 볼 수 있다. 이탈리아 사람들은 유년시절부터 스스로 옷을 고르며 자라나기 때문에 일정 나이가 되면 본인에게 가장 잘 어울리는 옷을 찾을 수 있다는 것은 어느 정도 정설로 받아들여지고 있다. 집에 옷이 많아서 잘 입는 것이 아니라 많이 골라 봐서 잘 입는다는 것이다. 시드니에서 20년 이상의 경력을 가지고 있는 유치원 교사 엘리자베스 미첼[Elizabeth Mitchell]은 2~4세가 되면 옷에 대한 선택권을 아이에게 주어야 한다고 주장한다. 그 이유로 이 과정에서 아이들은 스스로의 의사를 정립할 수 있고, 결정에 대한 자신감을 형성할 수 있다는 점을 꼽았다.[14] 또 한 가지의 이점은 정보를 스스로 취사선택할 기회는 그 정보에 대한 주관적 활용 가치를 높인다는 것이다.[15]

자유주의적 온정주의, 비대칭적 온정주의

예전에는 텔레비전을 켜면 보고 싶든 아니든 시간이 되면 드라마가 흘러나왔고, 저녁이 되면 영화가 틀어졌다. 우리에게 선택권은 없었고, 새벽 3시에 하는 영화가 지금 밤 9시에 하면 얼마나 좋을까도 생각을 했다. 지금은 그것이 현실로 구현이 되었다. 원하는 순간에 원하는 장소에서 원하는 콘텐츠를 소비할 수 있다. 좋다. 이 좋은 것을 두고 자유를 제한하자는 것이 아니다. 자유를 제한하는 것이 아닌 선택의 폭을 제한함으로써 자유의 실질화를 해야 한다는 것이다. 선택의 폭과 선택의 자유는 동의어가 아니다. 축구를 하며 뛰어다니는 것은 신체적 자유에 해당하지만, 축구를 하는 것처럼 뛰어다니는 것은 자유가 아니다. 공이라는 제약물이 자유를 만들어 준 것이다. 선택의 자유에도 제약이 필요하다. 여기에서의 제약물은 정련화된 옵션이다. 축구공이 있고 없음이 신체적으로 향유하는 실질적 자유의 질을 결정했듯, 정련화된 옵션이 있을 때와 없을 때 향유하는 자유는 질적으로 다르다. UFC 심판에게 기대되는 역할은 경기를 얼마나 잘 운영하느냐이다. 단지 반칙이냐 아니냐만을 판단하고, 종이 울리면 양 선수를 떼어 놓는 것만이 그들의 업무가 아니다. 경기 운영에 있

에듀코노믹스

어 매우 중요한 부분 중 하나는 선수 보호도 있다. 한쪽이 기절을 했을 때는 당연히 경기를 중단시켜야 하지만 경기가 너무 기울어 사실상 일방 폭행에 가까워지는 시점에도 심판은 경기를 멈춘다. 그때 우리는 그 심판의 판단 타이밍에 의구심을 가질지언정 기권하지도 않은 선수에게 심판이 무슨 자격으로 직권 기권을 시키냐는 말을 하지는 않는다. 이는 심판으로서 프로페셔널한 모습이기 때문이다. 이를 경제학자들은 비대칭적 온정주의라고 부른다. 선수가 의사표현이 가능한 상황임에도 불구하고 선수가 경기를 더 할 수 있거나 없거나 하는 판단을 스스로 내리지 않도록 해 주는 따뜻함. 그것이 자유를 제한함으로써 얻는 인류의 실익이다. 그리고 그것이 우리를 실질적으로 더 자유롭게 만든다. 만일 심판에게 그러한 권한이 없다고 보자. 파이터가 기권하지 않았음에도 기권을 강제할 수 있는 권한이 없다고 보면, 끔찍한 일이 수반된다. 첫 번째 시나리오는 선수가 끝까지 버텨서 회복할 수 없는 영구적 신체 손상이 일어날 가능성을 높이는 것이며, 두 번째 시나리오는 선수가 기권을 해서 악성 팬들로부터 조롱을 당하는 것이다. 혹은 관객의 감소로 파이트머니가 대폭 줄어들 수도 있다. 이때 선수에게 자유로운 선택권을 주는 것이 그 선수를 자유롭게 하는 것이 아니다. 선택권을 아예 박탈해 버리는 것이 그 선수를 자유롭게 하는 것이다. 현대 격투기는 싸움도 아니며, 콜로세움의 눈요깃거리도 아니다. 스포츠다. 당연하게도 스포츠는 여러 번 승리하고 여러 번 패배할 수 있는 기회가 주어져야 한다. 학생들은 성인들이 이루어 놓은 사회적 합의를 지키지 않는 경우가 많다. 대부분의 경우 학생의 선택을 이해해야 하고, 존중해야 하지만 그렇지 않아야 할 때도 있다. 다 같이 음식을 만들고 이를 먹을 때, 사회통념상 손으로 먹지 않는 음식들을 손으로 먹을 때가 있다. 그렇게 하지 말라고 할 때, 다른 친구들이 저는 상관없다고 해도 그들의 말을 존중해 줄 수는 없다. 직권으로 이를 제지해야 한다.

　조지 뢰벤슈타인George Loewenstein 카네기 멜론 대학교 교수팀에 의하면 비대칭적 온정주의란 개인이 스스로에게 악영향을 끼치지 않으며 스스로의 목표를 달성하도록 돕는 간섭을 의미한다.[16] 여기에서 비대칭이라는 단어가 포함되는 이유는 온정주의적 외부의 간섭이 스스로 자신에게 최선의 선택을 하는 사람에게는 거의 영향을 주지 않음과 동시에 그렇지 않은 사람에게는 더 좋은 선택을 하게끔 만들기 때문이다. 또한 2017년 노벨경제학상 수상자인 리처드 세일러 교수, 그리고 오바마Barack Obama 행정부 당시 정보및규제사무국장을 지낸 캐스 선스타인Cass Sunstein에 의하면 자유주의적 온정주의는 선택의 자유를 보존하면서도 스스로의 복지를 증진하는 방향으로 이끄는 것을 뜻한다.[17] 학교에서는 자유를 옹호함과 동시에 간섭이 필수적이다. 이를 행동경제학에서 적절하게 표현해 준 단어가 비대칭적 온정주의와 자유주의적 온정주의다.

　위대한 철학자 이사야 벌린Isaiah Berlin은 적극적 자유와 소극적 자유를 구분함으로써 자유의 두 개념을 설파했다. 그에 따르면 적극적 자유란 ~로부터의 자유(freedom from), 자율적이고 합리적인 결정을 할 수 있는 상태를 의미한다. 반면 소극적 자유란 목적이 없는 자유이며, ~로의 자유(freedom to), 간섭이나 제약으로부터의 해방을 의미한다. 이 중 그는 두 자유 중 소극적 자유를 더 중시했다. 이 사상이 나온 데는 그가 살았던 그 시기가 매우 중요하게 작용한다. 벌린은 1909년 러시아 제국 출생으로 유년기에 1차 세계대전과 볼셰비키 혁명의 포화를 감당했다. 이후 소년기에는 영국에서 나치 독일을 바라봤고, 청년기에는 2차 세계대전에 정보원

　　　　　　　　　　　　　　　　　　　　　　에듀코노믹스

으로 활동했다. 그가 겪어 냈던 시대상을 볼 때 간섭이나 제약을 벗어내는 자유는 지극히도 소중한 것이다. 그러나 우리가 간과하고 지나가면 안 되는 부분이 있다. 위와 같은 삶을 살아온 벌린 또한 자유를 지상최대의 가치로 두지 않았다는 것이다. 그는 자유는 매우 중요하지만 모든 사람에게 가장 중요한 것은 아니라고 못 박았다. 무려 그의 기념비적인 저서『자유론』에서 말이다. 세계의 도처는 아직도 여전하지만 그럼에도 인류는 그간 더 많은 경험을 쌓아 올렸다. 소극적 자유도 중요하고 적극적 자유도 중요하지만 우리에게는 두 개념이 자유롭게 향유될 기반적 자유가 우선 필요하다. 강제할 부분은 강제하고, 유도할 부분은 유도해야 한다. 강력한 리더십은 형식으로든 실질적으로든 철인정치의 양상을 보여 왔다. 그것이 독재로 흐르지 않았을 때의 빛나는 가치를 우리는 이해하고 있으며, 일부는 증험했다. 권력이란 실권행사가 가능해야 주어지는 것이고 독재란 권력과 억압할 대상이 있어야 이루어진다. 교사가 학생을 부모가 자녀를 억압하려만 하지 않는다면 강력한 리더십은 기반적 자유를 형성시켜 줄 수 있다. 우리는 학생들의 자유를 위해 자유에 개입을 해야 한다. 선택에 간여하고 그 폭을 제한해야 한다. 운동장에서 자유롭게 뛰라고 말하지 말아야 한다. 공을 주든, 술래를 만들어 주든 제약을 주어야 한다. 결코 한 각해서는 안 된다.

학교의 급식 시간은 맛도 있으면 금상첨화지만 학생들에게는 올바른 영양소를 제공하는 시간이다. 더불어 식사예절을 배우는 중요한 교육 시간이다. 일부 국가에서는 매일의 영양소는 차이가 있어도 한 달 단위로는 탄수화물, 단백질, 지방, 비타민 등의 함유량을 맞추도록 규정하고 있다. 그러다 보니 학생들의 선호에 따라 특정 반찬은 수요가 더 많고, 어떤 반찬은 먹어야만 하는 의무가 되어 버린다. 물론 잔반을 버리면 될 문제이기는 하다. 실제로 아무런 장치가 없던 시절 학생들은 권장할 만하지만 먹고 싶지 않은 반찬과 쌀류는 버리고 특정 반찬만 더 받아 갔다. 이는 심각한 영양소 불균형을 학교가 촉진시키는 꼴이 되어 버렸다. 이에 급식 운영팀에서는 식판에 있는 음식을 모두 먹기 전까지 새로운 음식을 추가로 받는 것을 금지했다. 성인의 시각으로 보면 매우 불합리하다. 식사조차 내가 원하는 것을 하지 못하다는 것은 심각한 자유의 침해에 해당한다. 하지만 교육의 시각에서 보면 매우 합리적인 행위다. 교육현장 하에서 학생은 스스로를 해할 권리를 박탈해야 한다. 스스로를 지킬 능력을 교육받고, 스스로를 더 귀하게 여기도록 강제되어야 한다. 리처드 세일러와 선스타인이 급식의 순서만 바꾼 것보다 더 깊숙한 개입이다. 하지만 두 사람의 방법과 지금의 방법은 동시에 사용이 가능하다.

먼저 때린 사람이나 같이 때린 사람이나 똑같아

개인의 선택에 있어 다양성은 옹호되어야 한다. 이는 명백하다. 하지만 분명히도 다양성은 보편성의 반석 위에 올려져 있다. 상궤가 있어야 탈궤도 있으며, 일상이 있어야 비상도 있다. 피카소Pablo Picasso의 큐비즘에 매몰되면 그의 소싯적 작품을 놓치고, 알렉산더 맥퀸Alexander McQeen의 런웨이에만 찬사를 보내면 그가 무대 뒤의 재단사를 얼마나 존경했는지를 알 수 없다. 고든 램지도 랍스터 팝콘에 합격점을 준다. 하지만 수의사가 되살릴 만한 닭요리에는 가차가 없다(1990년대 미국 시트콤에서 먼저 나온 말을 램지가 인용한 것). 기본기를 쌓고 다양함을 추구해야 하는 이유도 여기에 있다. 다양성은 무기이지 방패가 아니다. 우리는 독창적인 인간을 연구하고 있

에듀코노믹스

지만, 그들은 앞서서 우리라는 보편 인류를 연구했다. 다양성은 보편성의 비합리를 꼬집는 데서 시작이 되어야 한다. 보편성에 대한 무지를 다양성에 대한 찬양으로 포장하면 안 된다. 패러다임의 이동은 기존 관행을 엎기 때문에 가치가 있는 것이지 덮기 때문에 가치가 있는 것이 아니다. 한동안 보편은 다양을 지탱해 주었지만, 다양은 결코 보편을 쳐다봐 주지 않았다. 마치 전체주의 시대에 자신이 당했던 것을 복수하는 듯하다. 그렇게 보편이 다양을 짝사랑하는 동안 프로이트^{Sigmund Freud}와 콜버그^{Lawrence Kohlberg}가 쌓아 올린 발달이론도 '사람들은 모두 다르다'는 한 문장으로 무가치한 것이 되어 버렸다. 프로이트와 콜버그의 이론은 반론의 여지가 많은 것은 사실이며, 여러 학자들에 의해 비판받아왔다. 하지만 비판자들은 이론을 먼저 숙지한 뒤 충분한 연구를 기반으로 세밀한 비판을 한 것이지 '우리 애는 다른데?', '사람이 어떻게 다 똑같아'라는 아주 쉬운 문장을 툭 내뱉지 않았다. 이러한 사실들을 누적해서 접하다 보면 세상은 옳은 방향으로 간다는 믿음보다는 편한 방향으로 간다는 확신이 더 커진다. 복잡한 예의는 간소화되고, 안락을 위한 가전과 가구는 꾸준히 개발된다. 하지만 차이와 차별이 구분하기 어렵다는 이유로 모든 것을 차이로 인정해야 하고, 옳고 그름은 판단을 누가 할 수 있냐는 기치 아래 다양성을 지켜내자는 운동만 살아남았다. 정답은 없다는 목소리만 정답이 되었다. 그 결과 진정한 어른이란 듣기 좋은 말을 멋지게 해 주는 사람이 되었다. 결국 불편한 진실은 편리한 현실에 압도당했다. 때문에 공감이라고 포장되지만 사실은 생각 없이 단지 "네가 옳아", "너의 생각을 존중해"와 같은 편리한 자세가 우리를 살아남게 만든다. 심지어 '그것은 개인의 선택이니까'라는 전혀 맥락 없는 문장까지도 옹호되는 실정이다. 세상에 문이 많은지

바퀴가 많은지는 정답이 존재한다. 그 정답이 무엇인지 모를 뿐이지 분명한 정답이 존재한다. 무엇이 문이고 바퀴냐는 정의의 문제가 남아 있기는 하지만 그것이 결론 나더라도 현대의 우리는 이렇게 말해야 옳은 세상에 산다. "네 의견을 존중해". 우리는 정의가 무엇인지도 모른 채 정의를 쫓는다. 호르크하이머^{Horkheimer}가 객관적 이성을 주장한 지 80년이 다 되어 가지만 현대에도 꾸준히 역사적 증거와 논리적 경향성은 묵살된 채 개인의 선택은 숭배를 얻어 냈다. 따라서 어떤 주장을 함에 있어 타인의 시선은 매우 중요하다. 아이러니하다. 다양성이라는 가치가 신성불가침한 것으로 주장되는 세상에서 소수의 언어로 표현되지 않은 주장은 타인에게 쉽게 재단이 된다. 학생을 지도할 때 이는 매우 위험한 전제가 된다. 심지어 학생은 왜 지도를 받아야 하는 존재여야 하냐는 반문도 수용해야 한다. 정부권력이 다양성을 폭압하던 시기 자기검열을 해 왔던 이들과는 달리 현재는 대중에 의해 다양성을 강요받아 자기검열을 하는 이들이 생겨났다. 이들은 다른 이유로 억압되지만 자기검열의 틀에 갇혀야 한다는 사실은 동일하다. 2 더하기 2가 4라고 하면 조지오웰$^{George Orwell}$이 『1984』를 발표했던 1949년에는 정부로부터 고문을 당했지만(『1984』에서 정부는 2더하기2를 5라고 발표했다), 영화 「대안수학」이 세도나에서 최우수단편영화상을 받던 2017년에는 국민들로부터 교사자격을 박탈당했다. 집에 계시는 부모님의 서명을 받아오라는 말은 폭력이 되었기 때문에 법정대리인이라는 단어를 써야 하며, 학생들보다 서너 살 많은 사람을 지칭할 때는 언니, 오빠, 형, 누나 또는 언니, 누나, 형, 오빠 또는 형, 오빠, 누나, 언니 또는… 여하튼 24가지 중에 잘 골라서 말해야 한다(그 이상일지도 모른다). 가장 정의롭게 말해야만 가정의 다양한 모습을 인정하는 사람이 되고, 고정성

   에듀코노믹스

별주의자가 되지 않기 때문이다. 하지만 분명 이는 매우 '틀린' 흐름이다. 2 더하기 2는 페아노 공리계(Peano's axioms)에 의해 반드시 4다. 성별은 다소 단언하기 어려운 문제이기는 하다. 하지만 전체인구의 1.7%로 추산되는 간성에 관한 이야기는 훨씬 단순할지 모른다.[18] 우리 인간의 이성은 항상 옳지도 않지만 그렇다고 항상 그른 것도 아니다. 우리. 우리를 믿는 것을 포기하지 말자. 다양성은 옹호되어야 하지만 모든 문제를 다양성 뒤에 숨어 판단을 유보해서는 안 된다. 자신감을 가지자. 우리는 아주 자주 옳다. 두 명 이상의 학생들이 갈등상황에서 교사에게 중재를 요청했는데 교사의 판단이 양비론 또는 양시론이었을 때 학생들은 좌절감을 느낀다. 이는 매우 비교육적인 (교사만)편리한 방법이다. "먼저 때린 사람이나 같이 때린 사람이나 똑같아"라는 발언은 명백한 교사의 판단 부재에 의한 잘못이다. 하지만 언론에 노출될 만큼의 사건이 아닌 매일 일어나는 다툼은 대개 가해자와 피해자 구분이 어렵다. 양쪽 모두가 가해자이면서 피해자인 경우가 대부분이다. 각자의 이유가 있기 때문이다. 그러나 이를 '그렇게 생각할 수도 있지'로 모두 넘겨 버리면 결국 학생들은 어찌 되었든 이유만 있다면 개인의 판단은 모두 옹호될 수 있다는 달콤한 인센티브를 삼키게 된다. 교사기 양비론이나 양시론을 펼치면서 다양성 뒤에 숨어 버리는 달콤한 인센티브를 삼켰듯 말이다.

모든 학생들의 행동을 관찰하고 이를 교사에게 고지하는 학생이 있었다. 교실 문을 세게 닫는다든지, 쉬는 시간에 옆 친구에게 욕을 했다든지, 1층 복도에서 뛰었다든지와 같은 것들이다. 물론 모두 잘못된 행동이고 사전에 교사로부터 그러한 행동은 옳지 못한 것이라는 이야기를 들었을 것이다. 하지만 교사에게 모든 일을 알리는 학생은 쉽게 표적이 되어, 자신의 행동 또한 다른 학생들에 의해 일거수일투족이 교사에게 전달이 된다. 예컨대, 화장실에서 손을 씻고 바닥에 물을 털거나, 신발장에 신발을 삐딱하게 넣었거나, 연필을 떨어뜨려 바닥에 흑연이 묻게 하는 등이다. 이러한 상호감시체계는 곧 갈등상황으로 촉발이 된다. 이 상황에서 교사가 어떤 자세를 취해야 할지 고민해 볼 필요가 있다. 단지 싸움이 일어나지 않았으니 모르쇠해야 하는 것일까? 혹은 싸움이 일어난다면 문제 해결을 어디서에서부터 해야 할까? 단지 먼저 화를 낸 쪽만 혼내면 될까? 앞선 사안들은 잘못된 행동을 교사에게 고지한 정의로운 일이었으니 넘어가면 되는 것일까? 교사가 학생들의 다양성을 인정해 판단 자체를 하지 않고 방치한다고 해 보자. 실제로 우리는 잘못된 행동을 서로 이르는 행위를 잘못되었다고 말하기 어려운 세상을 살고 있다. 길에 쓰레기를 버리는 사람, 신호위반을 한 사람을 카메라로 촬영하여 경찰에 신고하는 행위를 우리는 나쁘다고 하지 않는다. 심지어 이를 전문적으로 하는 사람들에게 일각의 사람들이 질타를 가하면, 정의의 수호자들은 잘못된 행동을 막으려하는 행위를 왜 지탄하는지 되묻는다. 그렇다 학생들의 잘못된 행동을 교사에게 고지하는 행위를 두고 교사가 하지 말라고 할 수는 없다. 하지만 우리는 슈타지를 겪지 않아도 알고 있다. 상호감시체계 속에 살아가는 것이 얼마나 고통스러운 일인지를. 그리고 그것이 얼마나 제티만 한 사건조차 트리거로 작동해 싸움이 일어나게 할 것인지도 알고 있다. 다시 질문하면 이 상황에서 교사는 어떤 자세를 취해야 할까? 싸움이 아직 일어나지 않았으니 판단을 하지 말고 방치해 두어야 하나? 아니면 잘못된 행동을 이르지 말라고 해야 하나? 여기에서 우리는 정의중독사회가 얼마나 위험한 일인지를 알 수 있다. 분명히 문을 세게 닫고, 욕설을 하며, 복도에서 뛰는 것은 행동수정이 필요하다. 그러나 더 중요한 가치는 공동체의 유지다. 학생 간 탄탄한 상호감시체계는 결코 공동체를 행복하게 유지시킬 수 없으며, 상호 불신 속에 상대의 잘못을 기다렸다가 교사에게 통지하는 것을 공동체 유지보다 더 중요한 가치로 우뚝 세운다. 여기에서 교사는 절대 양시론이라는 다양성 옹호책을 가져오면 안 된다. 지금 교사에게 고지하고 있는 내용을 왜 말하고 있는지 따뜻한 마음으로 물어보아야 한다. 누군가가 혼나는 것이 목적인 것인지, 그 행위가 본인에게 어떤 피해를 끼치고 있는지, 혹은 단지 잘못을 보았기 때문에 말을 하고 있는 것인지 등 이유를 물어야 한다. 그리고 대답해야 한다. 교육이 항상 그렇듯 적정선을 지켜 대답을 해야 한다. 행복한 공동체 유지가 목적일 때 수단으로서 이 일들을 말해야 한다고. 이때 수단이 정당화될 수 있는 인류보편적인 판단력을 신장시키는 것이 교육이다. 다양성 뒤에 숨어서 인류보편을 저버리는 것은 비겁한 일이다. 전혀 교육적인 일이 아니다.

여기에서 우리가 지켜야 할 보편이라는 단어를 명료화할 필요가 있다. 인종, 할당된 성별, 장애에 대한 다양성과 종교의 다양성은 본질적으로 다르다. 전자의 것들은 애당초 합의가 불요한 영역이고 후자는 합의를 포기한 영역이다. 각자가 믿는 종교의 교리를 잠시 내려놓고 인류보편가치 실현을 위해 대승적 포용을 한 것이다. 공통점을 찾고 차이점을 수용하는 것. 우리가 지켜야 할 보편은 이 공통점의 보편이다. 여기에서 적어도 교육만큼은 공통점 찾는 연습이 반드시 필요하다. 인종, 할당된 성별, 장애에는 보편이 없다. 인정하고 말고도 없다. 그 자체다. 하지만 종교는 서로를 인정해야만 병립이 가능하다. 행동양태도 마찬가지다. 인정이 필요한 부분이 다양성이지 그렇지 않은 부분은 보편으로서 그 가치를 인정받아야 한다. 여기에서 문제시되는 것은 이러한 보편까지도 다양성으로 치부되어 판단을 유보하고, 생각을 멈추는 일을 멈춰야 한다는 것이다. 다양한 인생의 목표 중 하나인 '더 나은 삶'은 극단으로 가도 문제가 되지 않는다. 하지만 그 수단인 다양성이나 보편성은 극단으로 가면 문제가 발생한다. 다양성을 나를 나답게 해 주는 용도로 사용해야 한다. 나다움이 없는 다양성은 단지 방어기제다. 페이팔의 공동창업자 피터 틸[Peter Thiel]과 주디케터의 공동창업자 블레이크 매스터스[Blake Masters]는 그들의 저서 첫 문장에 이제는 운영체제를 만들어도 마이크로소프트가 될 수 없고, 검색엔진을 만들어도 구글이 될 수 없으며, SNS를 만들어도 페이스북이 될 수 없다고 했다.[19] 이는 다시는 같은 분야에서 성공할 수 없다는 좌절감을 심어 주는 문장이 아니다. 행간을 읽어야 한다. 동일한 방법으로는 성공할 수 없다는 것을 의미한다. 그렇다면 우리는 동일한 방법을 사용하지 않기 위해 우선 MS가 구글이 메타가 했던 방식을 알아야 한다. 이제는 보편이 된 그들의 방법을 깨닫고 그 후에 일신한 방법을 찾아야 한다. 뒤에서 언급할 내접정다각형 둘레의 원리에 의해 직관적으로 떠오르는 아이디어는 이미 앞선 회사들이 했을 가능성이 높다.

"잘못된 것을 본능이라고 핑계 대면 안 돼."

학교 복도에서 초등학교 4학년 여학생들끼리 대화를 하고 있기에 그 옆을 지나가다 들은 이야기인데, 다행히도 듣자마자 메모를 해두어서 여기 기록에 남길 수 있게 되었다. 우리가 지켜야 할 보편과 다양을 구분하는 가장 좋은 방법은 간절히 취업을 원했던 회사에 자기소개서를 작성할 때

에듀코노믹스

를 떠올리면 된다. 그때 묘사된 내가 우리가 지향해야 할 보편을 해득한 독창적인 인간상이다.

03

개수보다는 횟수

마스터셰프

2023년 전 세계에서 가장 많이 구글링된 음식 레시피는 비빔밥이다.[20] 특히 종주국인 한국에서조차 8위에 머물렀던 검색량 순위가 인도, 싱가포르, 스웨덴 등지에서 1위를 차지했다. 비빔밥의 레시피는 이론적으로는 무제한에 가깝지만 그래도 정해진 골간이라는 것이 있다. 봉골레파스타를 위한 면으로 당면을 사용하면 부연이 필요한 것과 같은 이치다. 상추, 얼갈이, 당근, 애호박, 양파, 표고버섯 등을 위시하여 고사리와 시금치 등을 추가하고 달걀과 볶음고기, 고추장, 참기름을 얹으면 표준에 가까운 비빔밥이 된다. 여기에서 무, 콩나물, 도라지, 오이 등을 추가하느냐 하는 것은 개인의 취향에 맡겨도 비빔밥의 원형은 보존이 된다. 심지어 일부 국가에서는 고수를 추가하거나 생강, 라피니를 넣기도 한다. 이 상황에서 일반적인 한국인들은 선택의 과부하를 겪지 않는다. 이유는 간단하다. 살아오면서 수도 없이 많은 비빔밥을 먹어 보았고 어떤 재료를 추가하거나 제외하는 데 익숙하기 때문이다. 오죽하면 독일 항공사 루프트한자(Lufthansa)에서는 기내식으로 나온 비빔밥의 설명서에 독일어와 영어,

한국어를 병기해 두었는데 한국어로는 '비빔밥 먹을 줄 아시지요…. 영어와 독일어로 충분한 설명을 할 수 있게 지면을 양보해 주세요'라고 써 두었을까 싶다. 선택의 폭보다 중요한 것은 선택의 기회다. (참고로 비빔밥에 고수를 넣은 밀키트를 파는 업체는 남아프리카에 있으며, 생강과 라피니는 각각 캐나다인 요리연구가와 미국의 한 잡지사가 추천한 재료다.)

과제 마감일 선택

듀크 대학교의 댄 애리얼리Dan Ariely 교수는 학생들에게 12주간의 강의가 마치기 전까지 3편의 페이퍼를 제출하도록 했다. 이때, 세 곳의 교실에서 다른 조건을 걸었다.

A교실 : 세 편의 마감일을 스스로 결정하되, 자신의 정한 마감일에서 늦어지면 감점

B교실 : 마지막 강의일 전까지 자유롭게 제출하되, 마지막 강의일 이후 제출 시 감점

C교실 : 교수가 4, 8, 12주차에 과제를 내도록 지시, 해당일에 늦으면 감점

정리된 바와 같이 A교실은 학생이 스스로 자신의 일정을 조절할 수 있다. 가장 유리한 결정을 세 편 모두를 마지막 강의일로 잡는 것이다. B교실은 완전한 자유가 보장된다. 학기가 끝나기 전에만 과제를 언제든 제출할 수 있었다. 사전에 무엇인가를 약속할 필요조차 없다. 현명한 학습자라면 A교실에서처럼 최대한 많은 학습을 한 뒤 페이퍼를 작성할 수 있도록 마지막 강의일에 맞추어 3편의 과제를 모두 제출하는 결정을 할 것이

다. C교실은 일반적인 학교에서 이루어지는 과업시스템을 보여 준다. 직장인으로 생각하면 납기일이, 프리랜서로 생각하면 마감일이 고정된 것이다. 위 세 교실 중 가장 학업성취가 높은 교실은 어디였을까? 적어도 학점만 두고 보았을 때는 C교실이 가장 높았다. 그리고 그 뒤를 A교실과 B교실이었다.[21] 선택에 있어 자유권이 얼마나 보장되느냐가 무조건적으로 신봉되거나 무시되지 않아야 함을 보여 주는 사례다. 이 실험에서 C교실의 성취가 가장 높았다고 해서 이를 근거로 자유권을 부여하는 것이 옳지 않다고 결론 내릴 수는 없다. 아마도 학생들은 살아가면서 과제 마감일을 스스로 결정해 본 일이 몇 번 없었을 것이다. 학생의 입장에서는 대체로 과제든 공모전이든 업무든 또는 집안일까지도 데드라인 결정자가 아닌 수용자의 입장에서 살아간다. 때문에 어떤 일을 언제까지 마무리해야 나라는 존재가 이를 잘 해낼지 생각해 볼 일이 많지 않다. 유사한 선택의 기회가 많았다면 그동안 쌓인 나에 대한 충분한 데이터로 스스로에게 더 적합한 선택을 할 수 있었을 것이다.

글쓰기의 주제

주제 글쓰기가 가져다주는 교육적 이점은 매우 다양하다. 생각에 논거를 붙이며 떼쓰기를 주장으로 발전시킬 수 있으며, 생각을 정리하며 잡념을 구체적 아이디어로 발전시킬 수 있다. 또한 감정을 표현하며 카타르시스를 느껴 볼 수도 있다. 그러나 종이와 펜만 주고 글을 써 보라고 하는 것은 일반적인 학생들에게는 좋은 교육 방법이 아니다. 브라질리아를 설계한 오스카르 니에예메르Oscar Niemeyer 같은 사람이야 "펜을 들어라, 그러라, 건축이 된다."가 되고, 1억 부의 소설을 판매한 히가시노 게이고東野圭吾 같은 사람이야 "첫 줄을 쓰고, 그 다음을 써서 소설을 완성"이 되지만 보편적으로는 이러한 방법은 불가하다.[22][23] 이때, 학생들은 주제를 정해 주기를 요구한다. 교육적으로도 자유롭게 원하는 대로 쓰라고 하는 것보다는 주제를 일정 범위로 좁혀 주는 것이 중요하다. 그 범위라는 것이 학생들의 수준과 경험에 따라 다르지만 일반적으로 여행, 음식, 게임과 같은 수준은 다소 넓을 수 있다. 시애틀 대중문화박물관 명예의 전당에 헌액되어 있는 커트 보네컷Kurt Vonnegut은 글쓰기의 초점화를 위한 방법으로 그의 단편선 서문에 다음과 같은 글귀를 남겼다. "한 사람을 위한 글쓰기를 하세요. 만약 창문을 열어젖히고 세상과 사랑에 빠지면 당신의 이야기는 폐렴에 걸릴 것입니다."[24] 이는 글쓰기 주제의 범위를 줄이라는 말과도 상통한다. 일반적으로 글쓰기의 주제를 선정할 때는 그 범위를 지나치게 협하게 잡아도 안 되지만 되도록이면 작게 잡아야 한다. 또한 그 과정은 번뜩이는 무엇인가가 뇌를 지나가는 것이 아니라 치열한 계산의 연속이다. 따라서 주제 선정은 글을 쓰는 주체인 학생의 자율에 따라야 하지만 교사는 산파와 같은 역할을 한각해서는 안 된다. 한 교수가 교육에 관한 논문을 쓸 때 정년퇴임을 앞둔 사람과 같이 생각하지 말고 연구자가 되기로 마음먹었던 조심자의 마음을 잊지 말라고 한 바 있다. 이는 논문의 주제를 '특수교육이란 무엇인가', '독과점을 생각하다'와 같은 것으로 잡지 말고 구체적이고 세부적으로 잡아야 함을 의미한다. 예컨대 '통합교육에 있어 일반교사와 특수교사가 상호 간 요구하는 바' 또는 '허핀달-허쉬만 지수를 통한 독과점 분류의 기준: 현실 소비자의 관점에서'와 같이 세부적이어야 한다. 글쓰기 연습을 빈 종이에서 하기보다는 바칼로레아의 문항을 찾아보는 활동을 하는 것도 이와 마침 맞는 이야기이다. 중고등학생을 위한 바칼로레아의 예시문항 중 하나는 '기후변화로 인해 농사가 어려워진 40세 농부가 지역사회를 위해 할 수 있는 일을 학제 간 연구 없이 찾아나갈 수 있을까?' 하는 것이다.[25] 기후변화에 대해 쓰라는 지나치게 거대한 주제는 첫 줄을 쓰기 전부터 무력감을 갖게 할 수 있다.

중학교 3학년 학생들이 초등학생들을 놀아 주기 위한 부스를 기획하고 있었다. 방과 후에 별도로 시간을 낸 것은 아니고, 수업시간의 일부를 할애했다. 몇 가지 보드게임과 몇 가지 육체활동 게임을 고안하고 부스 설치까지 마쳤다. 예상보다 수업이 빨리 끝나자 교사는 학생들에게 자유시간을 제공했다. 좋은 마음으로 열심히 기획한 것에 대한 보상이었다. 그러나 학생들은 자유시간에 환호하기보다는 혼동을 겪었다. 남은 25분간 대체 무엇을 하고 놀지 대안이 없던 것이다. 이 지점에서 우리가 고려해야 할 부분은 바닥에 선을 그려 주든, 공을 주든, 혹은 등에 스티커를 붙여 주든 무엇이든 제공을 하고 자유시간을 주었어야 한다. 그렇게 되면 자유롭게 놀 학생은 놀면 되고, 교사가 제공한 무엇인가로 놀 학생은 그것으로 놀면 된다.

AROUSE기법

스트레스연구소(Center for studies human stress) 소장인 몬트리올 대학교의 소니아 루피엥[Sonia Lupien] 교수는 스트레스를 받는 요인으로 NUTS로 축약되는 이론을 제시했다. NUTS란 novelty(새로움), unpredictability(예측불가), threat to the ego(자아에 대한 위협), sense of control(통제감의 부재)을 의미한다.[26] 이는 혼란스러운 선택지 앞에서 우리가 겪는 경험과도 매우 유사하다. 익숙하지 않은 것들이 나열된 선택지에서 우리는 스스로의 만족감조차 예측이 어렵다. 이는 자아에 대한 위협과 잃어버린 통제감을 동시에 느끼게 한다. 좋은 것들로만 이루어진 선택지들은 그나마 낫지만 장단점이 혼재되어 있는 대개의 선택지 앞에서 우리가 고민에 빠지는 것은 여기에서 이유를 찾을 수 있다. 게다가 우리는 프로스트^{Robert Frost}의 말대로 가지 않은 길에 대한 회환이 남으며, 같은 양의 손실과 이익에 있어 손실을 더 크게 느끼기 마련이다. 따라서 학생들에게 선택지를 제공할 때는 숙고의 과정이 필요하다. 교사와 부모가 생각해야 할 것은 아래와 같다.

첫째, 선택할 수 있는 선택지를 제공해야 한다. 선택에는 당연히 실패가 따를 수 있다. 그러나 이를 교사와 부모가 대신해서 해결을 해 주면 선택에 책임이 따른다는 주요한 개념을 놓치게 되고, 해결할 수 있는 능력을 배양할 기회를 잃는다. 따라서 실패를 해도 괜찮은 선택지인지를 확인하고 제공해야 한다. 여기에서 실패를 해도 괜찮다는 것은 실패에 대한 결과물을 본인이 감당할 수 있거나, 뒷갈망을 스스로 해낼 수 있는 정도의 실패를 의미한다. 예컨대 샌드위치에 토마토를 넣을 것인지 아보카도를 넣을 것인지와 같은 것은 학생이 충분히 통제를 할 수 있다. 여기에서의 실패는 맛이 없다는 것인데, 이 정도는 자신의 선호를 알아보는 과정이라는 중요한 가치에 비하면 매우 작은 실패다. 혹은 프라모델을 함께 만들고 스티커를 붙이는 작업 또한 잘못되었을 때 쉬이 수정이 가능하다. 하지만 주관식의 자유도 높은 선택권은 주의해야 한다. 예를 들어 가족이 함께 강으로 캠핑을 갔을 때, 텐트를 어디에 칠지를 정한다고 보자. 강 고섶에 텐트를 치는 행위는 매우 위험하다. 즉 학생이 이 위치를 선택한다고 했을 때 이를 수용해 줄 수가 없다. 따라서 이는 사전에 선택지에서 배제가 되었어야 한다. 네가 원하는 것은 어디든 좋다는 것은 교사와 부모가 고민 없이 학생에게 던질 수 있는 호혜와 같은 것이지 교육적인 고려는 없는 문장이다. 고심해서 선택한 결과에 대해 교사와 부모로부터 차단을 당하면 학생은 상황 통제감을 잃으며, 이것이 지속되면 어차피 정해진 답이 있는데 나의 선택은 진정한 선택이 아니라 정답을 맞추는 것이라고 생각을 한다. 이렇게 되면 학생은 본인의 선호를 알아보거나 상황을 살펴보는 생각을 하는 것이 아니라 교사와 부모의 눈치를 보는 능력이 키워진다. 중학교 2학년 학생 중 한 명이 교사에게 옷을 한 번 입고 빨았는데 줄어들어서 버렸다는 이야기를 했다. 자초지종을 들어 보니 어머니가 이 옷은 손빨래 또는 드라이크리닝만 맡겨야 하는데 형편상 그럴 여유가 없으니 사지 말라고 했지만 본인이 우겨서 구입을 했다고 했다. 학생의 어머니는 스스로 손빨래를 하든지 줄어들지도 모르지만 세탁기에 넣든지를 요구했고, 학생은 세탁기를 선택했다. 어머니 말씀대로 옷이 줄어들었다. 그 뒤 그 어머니의 행동이 매우 교육적이었다. 학생을 앉혀 놓고 옷 안에 있는 세탁표시기호 읽는 법을 지도했고, 추후 옷을 살 때 꼭 확인을 하라고 피드백을 해 주었다. 한편 한 교사가 교실에서 학생들이 원하는 자리에 마음대로 앉을 수 있는 기회를 준 사례가 있다. 이 기회 자체가 잘못된 것은 아니지만 교사는 내심 지나치게 교실이 소란스러워지지 않는 동시에 소외되는 친구가 한 명도 없이 자리 배치가 이루어지기를 원했다. 그러한 틀을 정해 놓고 학생들에게 선택권을 주었고, 학생들은 교사의 의중에 한참 벗어난 자리 배치를 요구했다. 이에 교사는 교실붕괴가 예견되는 상황이라 판단해 학생들의 선택에도 불구하고 이를 묵살하고 직권으로 새로이 자리를 구성했다. 당연히 이는 학생들의 큰 불만을 일으켰다. 교사는 가이드라인 자체도 주지 않았지만 지나치게 소란스럽지 않으며, 소외되는 학생이 없도록 자리 배치를 자유롭게 하라는 두루뭉술한 말도 문제가 된다. 인간은 자신이 포함된 집단의 움직임을 조망하기 매우 어렵다. 카드섹션 응원을 한다고 생각해 보면 이해가 쉽다. 멀리서, 위에서 보는 사람이 카드섹션을 조망하는 것에 비해 카드섹션 안에 있는 사람은 자신이 잘하고 있는지 알아채기 어렵다. 따라서 자리 배치를 함에 있어 학생들에게 자율권을 주기 위해서는 모든 것을 풀어 주거나, 구체적으로 제한되는 선택지를 배제해 주어야 한다. 주었던 선택권을 사전공지 없이 박탈하는 것은 앞서서 본 것처럼 학생의 자아통제감을 상실하게 만든다. 단순한 퀴즈라도 내 본 경험이 있는 사람들은 객관식 출제가 주관식 출제에 비해 얼마나 어려운지를 알고 있다. 숙고 없이 순간순간 떠오르는 선택지 제공은 즐거운 추억으로써 가치를 가질 수는 있지만 교육적인 것은 아니다. 교육적이지 않다는 말이 무엇인가 잘못되었다는 말은 아니다. 단지 그 행위가 교육을 하고 있는 것은 아니라는 것이다.

둘째, 선택지를 정련화해야 한다. 꾸준히 선택지를 줄여야 함을 견지하는 데에는 몇 개 이하로 선택지를 만들어야 한다는 것은 없다. 어떤 상황에서는 그 수가 상당히 많음에도 불구하고 괜찮고, 어떤 상황에서는 몇 개 있지 않은 선택지 마저 줄여야 한다. 즉 선택지를 줄이고 말고는 정련화가 되어 있는지 여부가 중요하다. 또한 선택지를 줄이는 것은 반드시 선택을 돕기 위한 방법 중 하나로 활용이 되어야 한다. 그것이 선택을 방해하는 일이 완전히 없을 수는 없어도 최소화해야 한다. 따라서 불필요한 것은 삭제하고, 유사한 것은 범주화하고, 다른 것에는 라벨을 붙여 구조화해야 한다. 가능한 경우 위계화하고 서열화까지 하면 더 좋다. 다음은 초등학교 5학년 학생들이 교사와 함께 제작한 일인일역표다.

여기에서 또 다른 정련화의 방법 중 하나는 실물을 보는 것이다. 놀이를 선택하기 위해서는 놀잇감이 눈앞에 있을 때 고르기가 더 쉽다. 어떤 그림을 색칠할지 고민이 될 때는 컬러링북을 사전에 보여 주는 것이 좋다. 어떤 음식을 먹을지는 음식을 두고 고르는 것이 가장 좋다. 하지만 현실적으로 이는 매우 어렵다. 따라서 우리가 접근할 수 있는 방법은 사진을 인쇄하거나 동영상을 보는 방법이 있다. 하물며 종이에 글자만 써도 선택에 훨씬 도움이 된다. 매년 교사들은 학년을 마칠 때 다음 학년의 반 편성을 고민한다. 여섯 개 반이 있고 한 반에 30명이 들어간다면 평균적으로 5명씩 같은 반이 된다. 이때 처음 교사들이 하는 일은 성적별로 반을 나누는 것이다. 예컨대 A반에 1등을 B반에 2등을 넣고 F반에는 6등과 7등을 넣는 것이다. 8등은 다시 E반에 배정이 된다. 그렇게 일단 초안을 짜는데 성적은 반 편성에 사실 중요한 요소가 아니다. 더 많은 교육적 중재가 필요한 학생들이 고루 들어가고, 같은 반이 되었을 때 시너지와 안터지가 발생할 학생들을 고려하는 것이 가장 중요하다(antergy는 사전에 있는 단어는 아니나 synergy의 반대말로 적절한 조어라 생각이 된다. 2008년 「TIME」 선정 최고의 웹 사이트 중 하나로 꼽힌 '어번딕셔너리'에서는 이 단어를 등재해 두었다). 따라서 실제 반 편성의 결과는 성적과 거의 무관해진다. 여하튼 이렇게 반 편성을 하려 하면 학년의 모든 교사들이 모여 논의를 하는데, 이때 교사들은 학생들의 이름표를 만들어 이렇게 둬 보고 저렇게 둬 본다. 그렇게 두다 보면 2년 전에 다툼이 잦았던 학생이 붙기도 하고, 동명이인이 한 반이 되기도 한다(교사들은 되도록 같은 반에 동명이인을 두지 않으려 한다.). 또한 가정에 따라서 친척이 같은 학년이라면 같은 반에 배정받기를 원하기도 하고 일부러 피해 달라고 요청을 하기도 한다. 따라서 이러한 요인들을 반영하여 반 편성을 하다 보면 초안과는 전혀 다른 결과물이 나온다. 이러한 과정은 해에 따라 간단하기도 하고 복잡하기도 한데, 만약 눈앞에 학생들의 이름 표가 없다면 훨씬 덜 나은 결과를 도출할 수 있다. 구체적 조작물을 앞에 두는 것은 선택지를 정련화하는 데 큰 도움을 준다.

셋째, 선택의 기회를 많이 주어야 한다. 선택의 폭을 제한한다는 것은 선택지를 줄인다는 것이다. 선택의 기회는 도리어 확장해야 한다. 성공 경험과 실패 경험은 학생들이 누려야 할 거의 전부에 가까운 기능이다. 친구에게 장난을 쳐서 웃어 보기도 하고, 싸워보기도 해야 인간관계에 대해 배울 수 있다. 고수를 먹어 봐야 내 입에 맞는지 아닌지를 생각해 볼 수 있다. 탁구에서 서브를 여러 번 넣어 봐야 일반적인 사람들이 어떤 서브에 취약한지를 파악할 수 있다. 학생들에게 항상 주지시켜 줘야 하는 것은 어른이 보호자로서 존재하지만 항상 네 곁이 아닌 네 뒤에 있다는 점이다. "어떻게 된 일이야? 해결해 줄게!"가 아니다. "해결할 수 있는 부분은 스스로 해결하고, 그래도 안 되는 부분은 이야기를 해"가 옳다. 인생은 선택의 연속이라는 진부한 이야기를 잊고 살면 안 된다. 선택해 볼 기회를 박탈하는 것은 학생이 불확실성에 직면할 기회를 매우 줄여 준다. 마치 미로에서 좋은 선행자가 되는 듯한 뿌듯함까지 느낄 수 있다. 하지만 이 뿌듯함은 제공하는 사람에게 좋은 감정인 것이고 본인이 성장할 수 있는 기회이지 학생이 성장할 수 있는 기회가 아니다. "내가 너를 어떻게 키웠는데"가 여기서 나올 수 있으며, "내가 너희를 위해 얼마나 희생했는데"라는 이야기도 여기에서 나올 수 있다. 방임이 아동학대라는 것은 오래

된 믿음이다. 하지만 과잉 또한 아동이 적절한 발달의 기회를 얻을 수 없게 한다는 점에서 비교육적이라는 사실은 같다. 사랑한다고 사랑이라는 이름으로 행하는 일은 대체로 옳지만 좋은 교육을 담보하지는 않는다. 세프가 정성만으로 요리를 하지 않는 것과 같다. 선택을 유독 쉽게 하는 학생(자녀)들이 있다. 여기에서 선택을 쉽게 한다는 것은 두 가지 의미를 지닌다. 하나는 본인이 스스로를 잘 알아 주체성이 높을 수 있음을 의미하고, 다른 하나는 고민할 능력이 없는 상태를 의미한다. 우리는 학생들을 전자로 이끌어야 한다. 게임보이가 있던 시절 게임기에는 팩을 따로 구입해 꽂아야 했다. 팩에는 대체로 몇 가지의 게임들이 들어 있었기 때문에 어떤 팩을 선택해야 할지는 아주 중요한 과제였다. 고등학생 정도의 나이가 되면 자신이 좋아할 만한 게임을 파악하고 있었고, 친구들로부터 정보를 수집해 통합할 줄도 알았다. 그들은 꽤 손쉽게 팩을 골랐고 만족도도 높았다. 반면 또 다른 부류의 학생들도 팩을 쉽게 골랐는데 초등학교 저학년 학생들이 그랬다. 그들은 팩에 써 있는 게임의 제목만으로 어떤 게임인지 유추해 내기 어려워했고 그동안 해 본 게임이 많지 않다 보니 자신의 선호를 잘 알지도 못했다. 그래서 그들의 선택은 아는 형이 산 것, 가게에서 가장 많이 팔렸다고 소개된 것, 아니면 팩에 있는 여러 게임 중 하나라도 아는 것이 포함된 것을 가지고 갔다. 선택의 기회는 성공과 실패를 경험하게 해 줌으로써 주체성을 기를 수 있도록 돕는다. 선택의 폭은 제한하고 선택의 기회는 확장해야 하는 명확한 이유다. 앞서서 살펴본 한국인들에게 비빔밥이 그런 존재다. 이는 서브웨이, 배스킨라빈스에서도 드러난다. 정확한 선호가 있거나 처음 가보는 사람들은 선택이 쉽다. 하지만 몇 차례만 가본 사람들에게 숱한 메뉴의 조합에서 최상의 선택을 하라는 것은 없던 햄릿증후군도 유발하는 경험이다. 학급의 환경관리를 원활하게 하기 위해 대개의 교사들은 학생들에게 역할을 부여한다. 어떤 학생은 교실 앞을 쓸고, 어떤 학생은 창문을 닦으며, 어떤 학생은 태블릿PC 보관함을 관리한다. 이 역할을 부여하는 방법은 매우 여러 가지가 있다. 교사가 업무희망서를 받고 적재적소에 배치하는 방법, 학생 간 토의를 통해 스스로 업무를 배정하는 방법, 추첨제, 순번제 등이 그것이다. 여기에서 추첨제도 여러 방법이 있는데 교사가 무작위로 학생의 이름을 뽑으면, 해당 학생이 하고 싶은 역할을 고르는 방식이 대표적이다. 이때, 학생들이 30명이라면 30가지의 업무가 있기 때문에 남은 것 중 가장 좋은 것을 선택하는 것이 쉽지 않다. 그러나 몇 차례 추점제를 진행하다 보면 선택의 고민은 점차 짧아지는 것을 볼 수 있다. 실제로 3월에는 두 차례 있었던 추첨은 평균 22분이 소요되었으나 4월에는 19분, 5월에는 12분, 6월에는 14분, 7월에는 11분이 걸렸다. 유월에 다소 늘어난 것을 제외하면 대체적으로 선택의 시간이 짧아졌다. 몇 번 선택의 과정을 거치게 되면 몇 가지의 업무를 경험해 봤고, 자신의 선호도 더 뚜렷해졌고, 다른 친구들은 어떤 것을 고를지 대강 눈에 잡히는 것이 이유일 것이다. 선택의 기회가 늘어나고, 선택지에 대해 파악이 깊으면 선택의 역설은 발생하지 않는다. 오히려 7월에는 에어컨을 켜고 끄는 업무를 따로 분리하자는 건의도 있었다. 업무를 하나 더 늘리자는 것이다. 선택지를 늘려 달라는 것이다.

넷째, 불확실성에 대한 수용력을 길러 주어야 한다. 수년 전부터 불확실성 불내증(Intolerance of Uncertainty; IU)이라는 단어가 심리학계에 자주 등장하기 시작했다. 크리스틴 버[Kristin Buhr]와 미셸 두가스[Michel J. Dugas]는 불확실성 불내증를 불확실한 상황에 대한 감정, 인지, 행동 부정반응적 경향이라고 정의했다.[27] 불확실성 불내증은 있다 혹은 없다와 같이 병리적으로 해석이 되는 것이 아니라 심한 사람과 거의 없는 사람들이 연속선상에 놓인 것으로 판단하고 있다. 그러나 결코 긍정적인 것은 아니기 때문에 완화가 될 수 있도록 해야 한다. UI는 사이버콘드리아(cyberchondria)와 건강불안을 증가시키기도 한다.[28] (사이버콘드리아는 인터넷에서 얻은 의학정보로 부정확한 자가진단과 처방을 하는 이들을 일컫는다.) 선택은 반드시 성공과 실패만 존재하는 것이 아니다. 오늘 도서관에서 책을 한 권 골라서 왔는데, 국가원조에 대해 알아보고자 읽은 책이 나에게 심리적 안정기제를 제공할지도 모른다. 교내 우체국 직원과 방송 엔지니어를 고민하다가 전년도 사례를 보니 방송 엔지니어를 해 보고 싶어져 이를 선택했다. 하지만 올해 갑작스럽게 학생 문해력이 사회적 화두로 등장하며 우체국에 대한 학교 차원의 지원이 증가했다. 이 상황들은 우리가 전혀 예상할 수 없던 결과를 낳은 것이다. 이렇듯 선택에는 확실한 아웃풋이 제공될 때도 있지만 불확실성의 수반은 꽤 필연적이다. 상황이 변해서 선택에 대한 이익(불이익)이 변경되었을 때 이를 수용하고 그 상황에서의 다시 최선의 선택을 할 수 있도록 교육을 해야 한다. 그러한 힘은 처음 선택을 할 때 겪는 불안 증세를 완화시켜 줄 수 있다.

다섯째, 선택 전에 충분한 정보를 제공하고 토의의 과정을 거쳐야 한다. 교실에서 일어나는 개인의 선택은 대체로 전체에 영향을 미치게 된다. 이는 마치 안내견의 실내 출입과 관련한 것이다. 어떤 업주는 안내견 출입을 허용하고, 어떤 업주는 그렇지 않다면 그 사회는 안내견의 실내출입이 사실상 불가능한 사회에 해당한다. 매 순간 모든 업장에 대해 안내견 출입가능여부를 시각장애인이 알아보도록 하는 것은 차별이기 때문이다. 따라서 교실에서의 여러 선택들도 전체에 영향을 미치는 경우들이 대부분이다. 예컨대 일인일역을 결정하는 방식은 누구는 제비뽑기로 하고, 누구는 업무희망서를 쓰고, 누구는 가위바위보를 할 수 없다. 모두가 동일한 방법으로 일인일역을 배정받아야 한다. 급식을 먹는 순서도 마찬가지다. 누구는 번호순으로 먹고 누구는 그날마다 제비뽑기를 한다는 것은 물리적으로 불가능하다. 체험학습이나 학교체육대회 등을 이유로 학급에서 유니폼을 맞추는 경우들이 있다. 이 경우에도 녹색을 선호하면 녹색을, 노란색을 선호하면 노란색을 입을 수 없다. 이 상황에서 학생들은 개인적으로도 어떤 색을 골라야 할지 혼동을 느끼지만 학급 단위로는 그 혼란이 가중된다. 따라서 결국 불합리하지만 다수결로 최종 결정을 내릴지라도 각 주장에 대한 모두발언은 반드시 필요하다. 교사는 충분한 정보를 제공하고, 학생들은 이를 토대로 결정을 해야 한다. 이때 확실히 녹색, 확실히 노란색, 확실히(빨간색, 회색, 베이지색, 보라색, 주황색, 분홍색)을 결정할 학생들이 모두 발언을 함으로써 기로에 있던 학생들의 결정을 도울 수 있다. 교실 내에서 다수결은 정말로 다른 모든 방법이 없을 때 사용하는 것이어야 한다. 학생들은 거의 본능적으로 눈앞에 펼쳐진 다수결의 불합리함을 인식할 때가 많다. 승자들은 다수결을 옹호하고, 패자들은 그렇지만을 이야기한다. 그리고 투표의 주제가 바뀌고 결과가 바뀌면 다시 그때의 승자들은 다수결을 옹호하고, 패자들은 그렇지만을 이야기한다. 이것이 충분한 정보가 제공되고 토의의 과정이 수반되어야 하는 중요한 이유다.

여섯째, 선택에 대한 피드백을 주어야 한다. 학생의 선택으로 인한 후속 사건에 대해 피드백이 필요하다. 이는 선택 자체를 평가하는 것이 아니다. 선택을 잘했어, 못했어라고 규정하는 것은 선택이 마치 정답을 찾아가는 과정이기만 하는 것이라고 오인할 수 있다. 삶에서의 선택은 단지 뒷일을 바꾸는 행위이지 옳은 방향으로 가는 과정이 아니다. 따라서 학생들의 선택 자체에 칭찬이나 교정을 해 주는 것이 아니라 선택으로 인한 후속사건이 어떤 결정에 의한 것인지를 파악할 수 있도록 도와야 한다.

지금까지의 논의를 종합하면, AROUSE 기법으로 정리할 수 있다.

- 허용할 수 있는 선택의 제공: **A**llow choices that can be selected
- 선택의 정련화: **R**efine the options
- 선택의 기회 확대: **O**ffer many opportunities for choice
- 불확실성에 대한 수용력 신장: **U**nderstand and enhance resilience to uncertainty
- 토론이 포함된 정보의 제공: **S**hare information that includes a discussion process
- 선택에 대한 피드백 제공: **E**nsure feedback on choices

part2

불안정한 인센티브

경제적 야망은 좋은 노예이지만 동시에 나쁜 주인이다.

『종교와 자본주의의 발흥』 리처드 헨리 토니 Richard Henry Tawney

일반적으로 인센티브 제도는 사람들로 하여금 동기를 유발한다. 잘 구조화된 인센티브 제도들은 베트남과 하와이에서의 조업량을 늘리기도 했으며, 소비자들이 미국에서 우버택시를 경험하도록 했고, 시드니에서 하버브릿지의 통행량을 줄이기도 했다. 다소 생소한 인센티브도 있다. 브라질의 산타리타 두 사푸카이(Santa Rita do Sapucai) 교도소에서는 거리를 밝힐 가로등을 위해 전기를 생성하는 자전거 페달을 16시간 돌릴 때마다 수감자의 형량을 하루씩 감경해 주었다. 그렇게 밝혀진 도시에서 사람들은 더 늦은 시간까지 강아지 산책을 시키거나 덜 불안정한 치안을 경험했다. 체육시간에 피구를 할 때 학생들의 머리를 보호하는 가장 좋은 규칙은 머리를 맞아도 아웃이 아니도록 하는 것이다. 이렇듯 비근한 예시가 없더라도 인센티브는 '상식적으로' 행동을 원하는 방향으로 유도한다. 보험해지 독촉이 오면 다른 지출에 앞서 보험료 납부를 먼저 하고, 고연봉을 제시받으면 이직을 생각하게 된다. 기다리면 마시멜로우를 2배로 준다고 하니 기다린 것이지 똑같이 1개를 준다고 하면 기다릴 이유 자체가 사라진다. 수많은 말레이시아인들이 왕복 4시간에 걸쳐 싱가포르로 매일 출퇴근을 하는 것은 비싼 월세와 높은 임금 말고는 다른 이유를 찾기 어렵다. 그러나 이번 장에서는 이렇게 일반적인 이야기가 아닌 잘못 설계된 인센티브가 가지고는 파급력을 실제 사례를 통해 살펴본다. 여기에서 말하는 인센티브는 매우 포괄적인 단어 선택이다. 금전적, 비금전적 인센티브를 포함하는 것은 물론 디센티브(dicentive)라고 잘못 불리는 디스인센티브(disincentive) 또한 인센티브라는 단어로 통합해서 지칭한다.

   에듀코노믹스

04

행동의 추동

성과급제 버스운전기사

  2007년까지 칠레의 수도 산티아고 버스 운전자들은 두 가지 임금체계를 가지고 있었다. 한 그룹은 고정임금 제도로 운영이 되었으며, 다른 한 그룹은 성과급 제도로 운영이 되었다. 성과급이라는 것은 승객 수에 따라 임금을 받는 것을 의미한다. 이 두 시스템은 명확한 결과적 차이를 보였다. 고정임금제 기사들이 다니는 노선에서는 성과급제 기사들이 다니는 노선에 비해 승객 대기시간이 13% 더 길었다. 반면 사고가 발생할 확률은 성과급제 기사들이 운행하는 노선에서 67% 높게 나타났다.[29] 이 두 정보는 하나의 사실로 귀일된다. 승객당 임금을 받는 운전자들은 운전을 빠르고 위험하게 할 동기를 얻는다는 것이다. 빠른 대신 위험하다는 것은 분명 장단점이라고 할 만한 요소지만, 통상 우리는 13%를 더 기다리고 사고발생률을 줄이자는 데 동의를 할 것이다. 세계무역기구(WTO) 다음으로 회원국이 많은 무역기구인 아프리카대륙자유무역지대(AfCFTA)의 본부가 위치한 르완다의 수도 키갈리에서도 동일한 현상이 보고되었다. 이곳에서도 승객당 임금을 받는 운전자들은 버스 정류장이 아닌 곳에서도 승객을 태우거나 내렸으며, 운행의 속도도 더 빨랐다.[30] 홍콩에서도 성과제로 운영하는[31] 빨간 버스(Red bus)가 고정된 임금을 받는 녹색 버스(Green bus)에 비해 이동에 걸리는 시간은 짧고 사고율은 높았다.[32] 이와 관련한 질문이 2020년 쿼라(Quora)에 올라온 적이 있다. 질문은 홍콩의 빨간 버스와 녹색 버스의 차이를 묻는 것이었다. 이에 대한 답은 '빨간 버스는 고정된 경로가 없으며 정차 또한 임의로 이루어진다', '빨간 버스는 독립적인 경향이 있다', '빨간 버스는 속도제한 장치가 자주 울리며, 속도는 80km 이하로 운행되지 않는다'는 것들이었다. 모두 홍콩 거주자들의 답변이었다.[33] 남아메리카와 아프리카, 아시아에서 유사한 결과가 나왔다는 것은 버스 기사의 임금을 성과급제로 하는 것이 인류적으로 공통된 행동양식을 불러옴을 알 수 있다. 성과급제도가 일부 억울한 사람을 양산하는 것을 넘어서서 집단이 나아가야 하는 방향을 호도하는 사례다. 더 직접적으로 위험한 사례도 있다. 미국의 뉴욕주의 이야기다.

뉴욕주에서는 심장병 전문의들이 집도한 수술의 사망률을 집계해 점수화하고 이를 토대로 의사들의 순위를 매겼던 적이 있다. 이러한 순위는 의사들의 자존심뿐만 아니라 명성과 수입에 직접적인 영향을 주었다. 때문에 의사들은 그들이 했던 히포크라테스 선서뿐만 아니라 개인의 영달을 위해서라도 사망률을 낮춰야 했다. 그런데 사망률을 낮추고 수술 성공률을 높이는 방법 중 하나는 애당초 사망할 확률이 높은 환자를 수술하지 않는 것이었다. 실제로 심장병 전문의 중 79%는 점수와 순위에 신경을 쓰고 있으며, 이는 수술 여부를 결정하는 여러 근거 중 하나가 된다고 답변했다.[34] 즉, 사망률 순위 제도는 의사들로 하여금 살릴 수 있는 사람만 살리도록 하는 동기가 된다. 영화 「닥터 스트레인지」에서 이러한 상황을 잘 묘사한 장면이 있다. "뇌간 신경교증에 걸린 68세 여성은요?" "경력 망칠 일 있어? 어림없지" "뇌에 전기장치 심었다가 번개 맞은 22세 여성은요?" "그건 구미가 당기네" 의사의 신념으로 끝까지 살려 내야겠다는 숭고한 마음에 돌아오는 것은 미안함과 괴로움만으로도 충분하다. 이를 근거로 낮은 점수의 의사로 만드는 일은 하지 않았어야 한다.

북아일랜드 신재생에너지 인센티브 스캔들

2022년 2월 북아일랜드의 총리 폴 기반[Paul Givan]이 사임을 표하자. 아일랜드의 수도 더블린에 기반을 둔 아이리시 타임스(The Irish Times)는 이 소식을 다음과 같은 헤드라인으로 발표했다. "민주연합당의 폴 기반, 북아일랜드 의정서에 항의하는 의미로서 총리직 사임 - 사임시 신페인당(Sinn Féin)의 미셸 오닐[Michelle O'Neill] 부총리는 자동으로 사무실에서 나가야"[35] 북아일랜드는 총리의 사임이 다른 당 소속인 부총리까지도 '자동으로' 사임하도록 규정되어 있다. 이러한 일이 2017년 1월에도 있었다. 이번에는 부총리의 사임이 자동 총리 사임으로 이어졌다. 이때의 부총리 사임은 총리인 알린 포스터[Arlene Foster]를 사퇴시키기 위한 정치적 행보였다. 그리고 3년 뒤 그녀가 다시 총리로 재귀할 때까지 북아일랜드의 총리와 부총리직은 공석이었다. 이러한 장기간의 권력 공백이 발생할 정도로 총리가 급작스럽게 사퇴해야 했던 가장 큰 이유는 단연코 북아일랜드 신재생에너지 인센티브 스캔들 때문이었다.[36] 부르는 사람에 따라 RHI스캔들 대신 RHI게이트나 '잿더미를 위한 현금다발 스캔들(cash for ash scandal)'로 부르기도 한다. 알린 포스터의 정책이 스캔들 또는 게이트로까지 비화되어 총리직을 사임하기 6년 전인 2011년의 그녀는 북아일랜드의 기업무역투자부 장관이었다. 현재도 마찬가지지만 당시에도 탄소 배출량 감축은 중요한 국가적 책무였다. 특히 2005년부터 EU에서는 탄소배출권 제도를 시행했고, 당시에는 영국도 EU의 회원국이었다. 따라서 북아일랜드에서는 영국 정부의 탄소배출량 감축을 함께하기 위해 신재생에너지 장려 사업을 추진했다. 그렇게 2012년 11월에 탄생한 것이 신재생에너지 인센티브(Renewable Heat Incentive; RHI)였던 것이다. 계획은 좋았다. 2015년까지 북아일랜드의 공장들은 열소비의 4%를 신재생에너지에서 얻고, 2020년에는 그 수치가 10%가 되도록 하는 것이 목표였다. 이를 위해 기업들은 목재 펠릿 또는 태양열을 열원으로 하는 시스템을 구축해야 하는데, 이때 보조금을 지급한다는 것이 RHI의 골자였다. 문제는 보조금을 산정하는 방법에서 나타났다. 신재생에너지 시스템을 구축하고 유지하는데 발생하는 비용에 비해 보조금이 더 많이 책정된 것이다. 2019년에 주장된 바에 따르면 기업들은 1파운드를 사용할 때마다 보조금으로 1.6파운드를 받을 수 있었다.[37] 이러한 시스템은 당연히 부정수급이 아닌 부정수급을 야기했다. 기업들은 공장을 가동하지 않고 단지 신재생에너지(주로 목재 펠릿)을 구입해서 그냥 태우기만 했다. 그래서 앞서 이야기한 것처럼 '잿더미를 위한 현금 더미'라는 말이 나온 것이다. 게다가 설비에 대한 보조금은 20년간 제공하기로 계획이 되어 있었다. 심지어 지급되는 보조금에는 상한선조차 설정되어 있지 않았다. 그래도 북아일랜드 정도 되는 정부에서 무슨 장치를 마련해 두지 않았을까? 정말 이렇게 단순한 계획이 전부인가? 생각이 들 정도다. 하지만 놀랍게도 이게 전부다. 당시에도 이러한 비판이 제기가 되었는데 BBC에 기고된 한 기사의 제목은 "RHI 정책의 문제점을 파악하는데 5분 정도의 시간이 걸렸다"였다.[38] 이러한 심각한 문제점을 안고 있는 RHI는 다행히도 2016년에 조기 철회가 되었다. 정책의 유지기간은 짧았지만 계약에 따라 보조금은 20년간 지급이 되어야 한다. 그리고 그 총액은 10억 파운드에 달할 것으로 예상되고 있다.[39] 익명의 제보인에 따르면 다음과 같은 현상을 보았다고 중언했다.[40 41]

- 외부온도가 24도임에도 불구하고 호텔과 요양원에서는 창문을 열고 난방을 켜고 있다.
- 한 농부가 빈 헛간에 난방을 하고 20년간 총 100만 파운드를 받고자 하는 계획을 세웠다.
- 이전에는 가동하고 있지 않던 공장에서 24시간 보일러를 가동하는 계획을 세웠다. 이는 20년간 총 150만 파운드의 수입을 기대하는 행위다.

코뿔소 뿔

2012년부터 2020년까지 아프리카에서 밀렵된 코뿔소의 수는 8,542마리에 달한다. 숫자가 생각보다 적다고 느낄 수 있는데, 2022년 기준으로 전 세계에 있는 코뿔소의 개체수가 27,000마리가 채 되지 않는다.[42] 밀렵꾼들의 관심은 사실 코뿔소 자체가 아니라 그 육중한 몸 중에서 매우 일부를 차지하는 뿔이다. 코뿔소는 뿔을 베어 내도 죽지 않기 때문에 뿔을 원하는 밀렵꾼들도 코뿔소의 뿔만 베어 가면 그나마 낫지만 다수의 밀렵꾼들은 편하고 값싼 뿔 채취의 도구로서 총기를 사용한다. 그렇기 때문에 코뿔소들은 건강에 좋다고 알려진 뿔을 가지고 있다는 이유로 자주 살해가 된다. 여기에서 더욱 분노할 만한 사실은 실제로 코뿔소의 뿔은 건강에 도움이 되지도 않는다는 것이다. 이 잘못된 정보가 코뿔소의 뿔 값을 올리고 밀렵꾼들을 횡행하게 만드는 것이다.

아프리카에서 서식하고 있는 코뿔소의 68%는 남아프리카공화국에 살고 있다. 이에 남아공 정부는 밀렵꾼을 퇴치하고자 단체를 운영하여 이들을 소탕하고, 코뿔소를 특정 장소에서 보호를 하고 있다. 그러나 광활한 코뿔소 서식지 전역을 지키는 일은 거의 불가능에 가깝다. 심지어 실제 코뿔소 밀렵으로 돈을 버는 이들은 조직원의 말단들이라 현장에서 적발하고 체포를 한다고 해도 도살을 멈추는 일은 어렵다. 코뿔소 살해를 지시하고 실제 뿔 거래를 통해 큰 이윤을 남기는 이들은 현장에서 만날 수가 없기 때문이다. 즉 재생산이 쉬운 말단 밀렵꾼들을 지속적으로 체포를 해도 실제 이윤의 대부분을 챙기는 명령권자가 그대로 있으니 밀렵을 중단시키는 일은 매우 어려웠다. 그렇기 때문에 밀렵을 없애기 위한 다른 방도가 필요했다. 새롭게 고안된 방도는 코뿔소를 밀렵할 이유 자체를 제거하는 것이었다. 당국은 야생의 코뿔소를 발견하면 안전하게 마취총을 쏘고 의료진과 함께 뿔만 제거해 나갔다. 상술했듯 코뿔소의 뿔은 사람의 손톱, 발톱과 성분이 유사해 뿔이 없어도 생존에는 지장이 없기 때문이다(제거에 수반되는 통증도 손톱, 발톱을 깎는 수준이다.). 그리고 이러한 노력들은 코뿔소가 밀렵꾼의 표적이 되는 것을 원천적으로 막아 준다. 밀렵꾼 입장에서의 인센티브를 제거함으로써 특정 행위를 할 동인을 멸각하는 것이다.

아동노동

효율적 이타주의 이념은 아동노동으로 만들어지는 대기업의 상품을 구매할 필요가 있다고 주장한다. 아동노동이라는 단어가 전문가 집단의 용어에서 일상의 용어로 등장한 이래로 식자층에 의한 이러한 주장이 있었나 싶다. 물론 이면의 합리적인 골자가 존재한다. 사람들이 아동노동으로 이루어진 대기업의 상품을 구입하지 않는다고 보자. 그럼 그들을 떠난 대기업의 빈자리는 어떻게 채워질까의 문제가 남는다. 첫 번째는 공백이다. 이 경우 해당 아동과 그 가족의 생계는 심각한 타격을 입는다. 아사보다는 아동의 노동이라도 일어나는 것이 그들에게는 희망적인 이야기다. 실제로 인도의 농장에서는 총수입의 0.3[43]두 번째는 과잉된 노동공급에 맞추어 새로운 기업이 진입할 것이다. 이 상황도 위험하다. 글로벌 대기업보다 더 윤리적이고 더 많은 사회적책임을 가진 기업이 들어올 것이라는 보장은 전혀 없을뿐더러 오히려 그들보다 더 열악한 노동조건을 제시할지 모른다. 글로벌 대기업은 그래도 막대한 자금력과 국제적 평판을 가지고 있다. 그런 기업들보다 더 나은 기업이 들어오리라는 것은 순수히 선의의 기업가 정신에 기댈 수밖에 없다. 다시 말해 대기업이 나간 빈자리에 새로운 기업이 들어온다면, 그 기업은 그 동네의 생사여탈권을 쥐게 된다. 그 동네 사람들의 삶의 질은 새로 들어온 기업이 얼마나 착하냐에 따라 좌지우지된다. 이러한 이유로 아동노동이 일어나더라도 그 기업의 상품을 배척하지 않는 편이 그 지역의 아동과 그 가족들을 살리는 길이라고 주장하는 이들이 있다. 물론 장기적으로 볼 때는 시스템을 구축해나가며 아동노동의 순환고리를 끊어내야 한다. 아동들이 당장 생계전선에 투입되지 않아도 되게 하고, 교육연한이 늘어나게 하면 자연스럽게 아동노동은 사라진다. 아동노동이 선진국에서는 거의 문제시되지 않으면서 개발도상국에서만 두드러지는 현상인 이유가 그것이다. 그러나 이는 장기적으로 진행할 문제다. 당장 전 세계적으로 보조금을 지급할 체계를 마련하고, 이전 세대부터 아동노동을 당연히 여겨 온 부모들의 인식 개선이 되어야 한다. 그렇지 않다면 이번 세대의 아동들과 그 가족의 생계를 볼모로 다음 세대의 아동들과 가족의 생계를 정상화해 보겠다는 주장이 되어 버린다. 지금 세대의 아동들의 삶이 다음 세대의 아동들의 삶보다 존중받지 않아도 된다는 증거는 전혀 없다. 아동노동을 당장 없애자보다 현실적이며, 동시에 이상적인 방법은 아동노동을 할 이유를 없애는 것이지 그들의 일자리를 빼앗는 것이 아니다. 논점을 이동시켜야 한다. 아동노동 그 자체를 없애자는 단편적인 주장이 아니라 아동노동이 일어나지 않을 수 있도록 하는 체계를 이룩하는 방법론에 대한 주장이 일어나야 한다. 아동노동이 보편화된 사회에서 아동노동의 이유는 명확하다. 가족의 생계를 짊어져야 할 나이가 선진국에 비해 지나치게 빠르기 때문이다. 선진국에서는 대체로 대학생 때 아르바이트를 하며 대학을 다닌 것에 자부심을 느낀다. 내 손으로 내 학비를 벌어 가며 공부를 했다는 자부심이다. 하지만 아동노동이 보편적인 사회에서는 6세부터는 제 몫의 밥값은 해야 하고, 10세 즈음에는 동생들의 몫까지, 15세가 되면 가족의 생계를, 20세가 되면 해당 분야의 전문가로서 후학(마을의 아동들) 양성까지 책임져야 한다. 이 차이다. 이 차이를 좁히는 정책이 필요하다. 손이 부르튼 6살 아이를 당장 집으로 돌려보내는 것이 능사가 아니다.

BBC의 「셜록」 시즌2 마지막 에피소드에서 빌런 모리어티(Moriaty)는 런던타워에 방문한다. 그리고는 왕실보석이 전시된 관광객용 전시장에 들어갔다. 입장 할 때 보안검색대에서 경고음이 울린 것은 맥거핀이니 넘어가자. 모리어티는 손에 들린 스마트폰처럼 생긴 기계의 어플을 터치하

에듀코노믹스

더니 가볍게 런던타워의 보안장치에 에러가 뜨게 하고, 동시에 런던은행의 금고를 원격으로 개방했다. 그러면서 그는 보석이 전시된 유리장에 셜록을 데려오라는 글자를 쓰고 그 유리를 소화기로 부쉈다. 도망가지 않아 현장에서 체포된 그는 곧장 법정에 섰다. 여기까지의 사실을 종합해 볼 때 그의 목적이 무엇이었을지 배심원의 입장에서 생각해 보자. 셜록은 그가 보석을 훔치려 하지 않았다고 말했고 그 근거는 '그럴 이유가 없기 때문'이었다. 런던은행을 개방할 힘을 가진 자가 왕실의 보석을 탐낼 것 같지는 않다.

참깨함유

2021년 조 바이든^{Joe Biden} 대통령이 FASTER 법안에 사인을 했다. Food Allergy Safety, Treatment, Education and Research(식품 알레르기 안전, 치료, 교육 및 연구)의 약자로 미리 단어를 만들어 놓고 문장을 만든 역두문자라고 볼 수 있다. FASTER법의 주요골자는 알레르기 8대 항원에 참깨를 추가한다는 것이다. 즉, 달걀, 우유, 콩, 밀, 땅콩, 견과류, 생선, 갑각류 및 연체동물을 8대 알레르기 항원이라고 하는데 여기에 참깨를 추가해 9대 알레르기 항원을 구성하는 것이다. 법안의 통과로 8대 알레르기 항원이 법으로 명문화된 지 17년 만에 새로운 식자재가 항원으로 포함되었다. 이제 미국 내에서 판매되는 모든 식품에 참깨가 포함되었을 경우 이를 표시해야 한다. 뿐만 아니라 참깨가 들어갔다고 표시하지 않기 위해서는 교차오염의 가능성 또한 방지를 해야 한다. 문제는 교차오염을 방지하는 대책을 마련하고 시설을 갖추는 데 발생하는 비용이 참깨와 관련한 알레르기를 겪고 있는 0.23%의 사람들에게 상품을 판매함으로써 얻는 이득보다 크다는 것이다.[44] 이에 요식업계에서는 본래 참깨가 들어가지 않던 음식에도 참깨를 소량 넣고, 참깨함유라는 라벨링을 하는 것으로 문제를 해결해 나갔다. 모래사장에서 모래를 모두 제거해야 하는 법안이라는 토로와 함께 말이다. 물론 이러한 행위는 위법은 아니지만 법의 정신을 훼손한다는 비판을 받았다.

2024년. 호주의 학교에서 견과류를 먹을 수 있는 시대가 도래할지 모른다. 이전까지는 견과류의 직접 제공뿐 아니라 교차오염을 방지하기 위해 견과류가 스쳐 지나갔을지도 모르는 모든 식재료에 대한 사용이 금지되어 있었다. 견과류 알레르기는 목숨도 경각에 다다르게 할 수 있으며 심지어는 사망에 이르게 할 수도 있다. 그러나 스쿨너츠(Schoolnuts)의 연구에 따르면 멜버른에 거주하는 10~14세 학생 중 약 5%가 식품 알레르기를 겪고 있다.[45] 즉 단지 견과류만의 문제가 아니라는 것이다. 따라서 우유 알레르기 반응이 있는 학생이 발견되면, 우유를 금지하고. 갑각류, 복숭아 알레르기가 있는 학생이 발견되면 이 또한 금지시켜야 한다는 논리가 형성될 수밖에 없다. 이는 달걀과 밀, 어패류도 자유롭지 않다. 게다가 잘못된 안전인식을 심지 않기 위해 학교가 견과류 소지를 전면 금지하더라도 'nuts free'라고 공언을 할 수 없도록 해두었다. 견과류를 금지한 것만으로 모든 학생이 견과류를 가방에 넣어서 오지 않을 것이라는 보장이 없다는 것이 그 근거다. 이는 또다시 앞선 논의에 따라 학교에 사실상 반입 가능한 음식이 없다는 것이 된다. 이러한 문제 삭제식 해결방법이 때론 옳을 때도 있지만 견과류 전면금지는 다소 과한 정책이라는 여론이 존재했다. 이와 더불어 2021년 호주 알레르기 및 아나필락시스(A&AA) 협회장인 마리아 사이드^{Maria Said}는 식품 알레르기가 견과류에만 국한 되는 것도 아니며, 금지조치가 실효성이 없다고 밝혔다. [46] 일부 학부모들 또한 다른 부모에게 심려를 끼치는 결정을 하고 싶지는 않지만 동시에 자녀가 다른 친구들과 함께 음식을 먹는 방법 자체를 배울 수 없을 것을 우려하고 있었다. 이러한 목소리가 꾸준히 수면 위로 올라가면서 방향은 금지가 아닌 대응으로 바뀌고 있다. 이 방법은 매우 교육적이다. '네 주변에 견과류를 모두 제거했단다'가 아니라 견과류는 도처에 있을 수 있으니 서로 조심해야 한다는 것을 상기시킨다. 나아가 서로 어떠한 식품 알레르기가 있는지 알기 어려우므로 음식을 공유하지 말고, 더 자주 손을 씻도록 하며 동시에 알레르기 반응에 더 적절한 대응을 위한 교직원 훈련이 병행된다. 사실 오랜 기간 동안 호주가 견과류를 금지했던 것은 그들의 중요한 사정이 있었다. 결코 호주 정부의 노력이 기우였다거나, 국민들이 호들갑을 떤다고 볼 수는 없다. 호주의 유아들은 생후 1년 이내에 식품 알레르기를 겪는 비율이 10%에 달하며, 2021년에도 17세 소년이 배달 음식에 들어 있던 캐슈넛을 먹고 사망한 사건이 있었고, 2024년에도 식품 알레르기로 사망한 고등학생이 있었다. [47] 그리고 그들은 정부차원에서 영아에게 견과류 알레르기 치료법을 제공하는 최초의 국가다. [48]

창문세(window tax)

세상에 정해진 것은 세금과 죽음 그리고 그렉 매덕스^{Greg Maddux}의 15승뿐이다라는 말이 있듯 세금은 필수 불가결한 존재다. 심지어 세금이란 무엇인가라는 질문은 '정의란 무엇인가?' 정도의 무게감을 가지는 논제이기도 하다. 미국의 제35대 대통령 존 F. 케네디^{John Fitzgerald Kennedy}는 소득세를 "시민권에 대한 연회비(annual price of citizenship)"[49]라고 언급했으며, 영국의 윈스턴 처칠 수상은 "세금은 필요악이지만 여전히 악이며, 적을수록 좋다."[50]라고 했다. 경제학에서도 세금은 이중적 관점으로 볼 수밖에 없다. 세금의 존재 자체는 사회적 손실((사중손실(死重損失), deadweight loss)을 가지고 오지만, 세금이야말로 자유경쟁시장에서 자유롭게 경쟁할 수 있도록 하는 주요한 수단으로 보기 때문이다. 이러한 모순적 존재의 가치로 인해 세금은 사회를 유익한 방향으로도 유해한 방향으로도 이끌어 왔다. 역사는 반복되지 않지만 인간은 같은 실수를 반복하기에 우리는 역사적 사례에서 이를 살펴볼 필요가 있다. 1662년 영국에서는 난로세(hearth tax)가 법으로 제정되었다. 집에 있는 난로의 수에 따라 과세를 하는 제도였다. 일반적으로 부유한 집일수록 난로의 수가 많기 때문에 어느 정도 합당성을 인정받았고, 주택가액이 일정액을 넘지 않으면(정확히는 연간 임대료 수익이 20실링이 넘을 수 없는 주택) 세금을 면제해 주었다.[51] 그러나 이 방법은 난로의 수를 세기 위해 징수관이 집에 들어가서 난로의 수를 일일이 세야했다. 이는 영국인들 입장에서 심각한 프라이버시의 침해였고, 명예혁명 이듬해인 1689년 폐지가 되었다. 이를 대체하여 나온 것이 창문세(window tax)였다. 1696년 영국에서 창문세가 시행이 되었는데, 역사적으로 최초는 아니지만 현재 남아 있는 자료가 상당히 구체적인 사례이므로 이를 살펴보자.[52] 창문세는 말 그대로 주택에 있는 창문의 수 대로 세금을 부과하는 것인데, 이는 징수관이 집 밖에서 단순히 세면 되는 것이기 때문에 프라이버시를 침해할 일이 매우 적었다. 또한 난로는 벽난로나 화덕이 아니면 어찌저찌 숨길 수 있기에 탈세의 여지가 있었지만 주택 내부와 외부를 연결하는 것이 유일한 목적인 창문의 경우에는 숨길 수도 없었고 숨겨봐야 창문으로서의 기능이 없기 때문에 정부

입장에서 탈세의 위험도 적었다. 게다가 당시 기술력으로는 창에 달 유리의 크기를 키우는 것이 제한적이었기 때문에 재력과 창문의 갯수는 어느 정도 비례했다(비슷한 지역일 때만). 이로 인해 당시에는 창문의 개수가 재력의 상징이었다. 그런데 현재에도 '우리 집에는 창문이 100개가 넘어'라고 하면 부유해 보이기는 하겠지만 매우 어색하게 들리는 것은 사실이다. 심지어 애매한 숫자. 누가 우리 집은 창문이 7개가 있다고 했을 때, 우리 집보다 부자인지 가난한지 즉, 재산세를 우리 집보다 많이 내야 하는지 적게 내야 하는지는 전혀 분명하지 않다. 더구나 당시 법령에는 무엇을 창문으로 볼지에 대한 규정 또한 존재하지 않았다. 따라서 식품저장고에 작게 뚫린 여러 개의 창문을 개별로 세야 하는지 어떤지에 대해 징수관에 따라 해석이 달라 시민들의 불만은 매우 컸다. 또한 당대에도 창문이 많다고 모두 부자였던 것은 아니다. 애덤 스미스의 언급대로 시골에 집을 지어 두고 농사를 짓는 사람들이 도시의 부유한 계층보다 창문 개수는 더 많은 경우가 많았다. 이러한 모호함과 더불어 절세를 위한 시민들의 노력은 창문을 제거하게 하는 충분한 동기가 되었다. 영국 의회의 자료에 따르면 잉글랜드와 웨일즈에서 6개를 넘는 창문에 추가적 과세를 하자 정확히 7개의 창문을 가지고 있던 주택의 수가 3분의 2로 감소했다. 현재에도 영국에는 창문이 있어야 할 위치에 흰색으로 창문틀만 마련해 두고 창이 있어야 할 자리를 벽돌과 석고로 메운 건물이 많다. 이때의 전통이 남아 있는 것이다. 이러한 작태에 위대한 영국의 작가 찰스 디킨스^{Charles Dickens}는 '공기처럼 자유롭다'는 속담은 이제 사용할 수 없는 문장이라고까지 했다. 창문세가 부과된 이후 공기도 빛도 그 이동이 자유롭지 못했기 때문이다. 따라서 그는 공기와 빛에 대한 비용을 감당할 수 없는 이들은 공기와 빛이라는 두 가지 생필품을 잃었다고 적었다. 매우 마침맞은 통찰이다. 실제로 창문세는 심각한 전염병을 창궐시켰다. 특히 이질, 괴저, 티푸스와 같은 질병이 전파가 되어 과세를 피하고자 했던 시민들을 죽음으로 몰았다.[53] 햇빛을 쬐지 못해 생기는 질병은 이미 16세기에 귀족의 가문에서도 일어났다. 메디치 가문[54] 창문세는 이후로도 150년가량 살아남아 1851년 폐지가 되었다. 사실 창문세를 아무 생각 없이 설계한 것으로 치부할 수는 없는 제도이기는 했다. 당시 창문의 수는 분명 부의 척도가 될 수 있었고, 국민들의 프라이버시를 지키기 위해 고안된 것이었다. 심지어 그 시대에 이미 누진세의 성격도 갖추고 있었다(누진공제는 없었다.).

창문 10개 미만	세금면제(기본 2실링)
창문 10~14개	창문당 6펜스
창문 15~19개	창문당 9펜스
창문 20개 이상	창문당 12펜스

*당시에는 1실링 = 12펜스

이러한 과세표준의 설계는 각 과세기준보다 1개의 창문이 적은 주택을 다수 등장시켰다. 즉, 창문 9개짜리 집, 14개, 19개의 집들이 많아졌고 반대로 10개, 15개, 20개의 창문을 가진 주택 수가 현저히 줄어들었다.[55]

8개	9개	10개	13개	14개	15개	18개	19개	20개
3.9%	18.4%	4.6%	6.0%	16.6%	1.8%	3.4%	7.1%	0.7%

색칠한 셀은 다음 과세구간이 시작되는 기준

 에듀코노믹스

비슷한 현상은 프랑스의 옹플뢰르와 네덜란드의 암스테르담에서도 일어났는데, 두 도시의 시청은 직선거리로 460km나 떨어져 있음에도 불구하고 독특한 형태의 주택이 유사하게 나타난다. 두 도시를 구글에서 이미지 검색하면 가장 많이 나타나는 건물의 형태는 정면에서 보았을 때 폭이 비율파괴적으로 좁고 높이는 높은 것들이다. 이는 과거에 주택에 대해 과세를 할 때 1층 폭을 그 기준으로 삼았기 때문에 일어난 현상이다. 지금은 이 형태가 곧 두 도시를 상징하는 형태가 되어 관광자원으로 활용되고 있다.

위에서 본 표와 매우 유사한 그래프가 있다. 미국 플로리다주의 한 지역에서 치른 IQ 검사 결과가 그것이다. 해당 지역에서는 영재아동 선발을 위한 절차를 2단계로 구성하고 있다. 첫 번째는 교사의 추천이며, 다음 단계는 심리학자가 IQ 검사를 하는 것이다. 이때 저소득층 또는 영어가 모국어가 아닌 학생들은 IQ가 116이 넘어야 하고, 일반 학생들은 130이 넘어야 영재로 인정이 된다. 그런데 우연의 일치인지는 모르겠으나 전자 그룹의 학생들은 유독 IQ가 딱 116인 경우가 가장 많았고, 117인 경우는 급감했다. 또한 115인 학생은 극히 드물었다. 후자 그룹의 학생들도 마찬가지였다. 정확히 130인 학생은 압도적으로 많았으나 131인 학생은 그 절반 수준이었고, 129는 극히 드물었다.[56]

코브라효과

인센티브가 잘못 실현된 사례들을 코브라효과라고 부른다. 독일의 경제학자 호르스트 시버트[Horst Siebert]가 명명한 것인데, 그가 주목해서 보았던 사건이 영국통치시기 인도에서 추진된 코브라 포획 계획이었기 때문이다. 당시 영국에는 길거리에 코브라가 너무 많아 영국에서 파견된 관리들은 이를 해결하고자 했다. 그렇게 해서 세운 계획이 코브라를 잡아오면 포상금을 주는 것이었다. 여기까지는 현재에도 종종 시행되는 정책과 유사하다. 2017년부터 플로리다주에서 버마 비단뱀을 잡아 오면 포상금을 지급했고(1.2m가 넘으면 50달러, 추가 30cm당 25달러),[57] 오리건주에서는 유해물고기종을 어획해 오면 6~10달러를 지급했다. 하지만 인도에서는 포상금이 코브라 사육 비용보다 높게 책정이 되었던 것이 문제였다. 따라서 사람들은 코브라를 잡아서 포상금을 얻기도 했지만, 가정에서 몰래 사육한 뒤 이를 당국에 제출하기도 했다. RHI와 매우 유사하다. 이 사실을 알게 된 인도총독부는 포상금제도를 폐지했고, 그러자 가정에서 키울 이유가 없어진 코브라들이 방생되며 오히려 그 전보다 코브라의 개체 수가 늘었다. 이는 잘못된 인센티브의 매우 전형적인 사례다. 한편 하노이가 프랑스령이던 시기에는 쥐가 그랬다. 꼬리를 잡아 오면 포상금을 지급하자 이번에도 사람들은 쥐를 키우기 시작했다. 더 큰 문제는 그로부터 100년이 넘게 지난 후에도 동일한 일이 일어났다는 것이다. 심지어 이번에는 더 쉬운 방법에 의해 제도가 무너졌다. 2007년 조지아주에서는 야생돼지 꼬리를 가져오면 40달러를 지급했다. 그런데 정육점에서 파는 돼지 꼬리는 그보다 저렴했다. 이제 돈이 복사가 되는 과정을 경험할 수 있게 된 것이다. 이번에는 동물이 아닌 식물의 사례를 살펴보자. 2002년 아프가니스탄에서 있었던 일이다. 당시 아프가니스탄의 아편 생산량은 아프가니스탄을 제외한 나머지 전 세계가 생산하는 것보다 많았다.[58] 이에 아프가니스탄에 주재하고 있던 영국정부인사들은 양귀비(야편의 재료) 농장을 파괴하면 1에이커당 700달러를 지급한다는 정책을 시행했다. 그러자 양귀비를 기존에 재배하지 않았던 사람까지도 양귀비 농장을 만들어 양귀비를 판매한 뒤 농장을 파괴했다. 이는 그들에게 양쪽으로 매우 큰 수입을 보장했다.[59]

하한선 효과

교사들은 국어 시간에 학생들에게 자주 글쓰기 지도한다. 또한 방학 숙제로 독후감을 써 올 것을 주문하거나 때론 주말을 이용해 주제 글쓰기를 시키기도 한다. 이때 학생들의 다수가 하는 질문은 '몇 줄 써야 돼요?'이다. 평소에 글을 쓰지 않는 사람들도 알고 있다. 글이라는 것이 양은 거의 중요하지 않다는 것을. X나 인스타그램에 짧게 글을 올려도 충분히 내용이 전달될 수 있고, 『맨큐의 경제학』처럼 거의 1,000페이지를 할애해도 아주 중요한 내용밖에 전달하지 못할 수도 있다. 때문에 몇 줄 이상을 써야만 글을 쓴 것으로 인정을 해 줄 것인지에 대한 교사들의 고민은 깊을 수밖에 없다. 글쓰기의 본질을 가르치고자 한다면 헤밍웨이가 그랬던 것처럼 6단어만 써도 된다고 할 수도 있지만 과연 그것이 학생들의 글쓰기 실력을 신장시켜 줄 수 있을지 의문이 따른다. 때문에 교사들은 자신만의 기준을 세우기는 하는데 일부 교사들은 별다른 교육적 고민 없이 아마존 베이직 연습장(8.5인치×11.75인치) 한 페이지 정도를 쓰라고 말한다. 학생들에게 글쓰기로 몇 줄 이상을 쓰라고 규정하는 것은 그것 자체로 하한선 효과를 유발한다. 만약 교사가 "연습장 한 페이지 이상은 써야겠지요"라고 말을 한다면, 그것이 기준이 되어 대부분의 학생들이 한 페이지에 맞춰 글을 쓰게 되는 것이다. 덜 쓰면 인정이 되지 않고, 더 쓰는 것은 왠지 손해 같아 보이기 때문이다. 실제로 4주간 독후감 3개를 써 오면 되는 숙제가 있었는데, 교사 지시를 착각하여 6개를 썼던 학생이 상당히 안타까워했던 사례도 있었다. 글의 양을 미리 정해 주는 것은 두 종류의 학생들에게 동시에 잘못된 인센티브를 제공할 수 있는데, 글을 함축해서 쓸 수 있는 학생들이 그렇게 할 수 없도록 만드는 동시에 더 쓸 마음과 내용과 실력이 있는 학생들도 단 한 장만 쓰도록 하는 효과를 낳을 수 있다. 하지만 반대로 양을 정해 주지 않으면, 또 일부의 학생들은 '개수 채우기'가 유일한 동기로 작용해서 큰 의미 없는 몇 문장으로 독후감, 일기, 설명문, 주장하는 글을 다 썼다고 말해 버린다. 따라서 글쓰기 교육은 그 양을 정하는 일에 있어 교육적으로 가치를 지닐 수 있게 신중을 기해야 한다.

일례로 한 대학교의 수업에서 교수가 성적으로 인한 컴플레인을 방지하기 위해 학생들의 수업 태도를 정량화해 평가한 것을 본 적이 있다. 당시 교수는 한 학기 동안 총 32회 발표를 하면 발표점수를 만점을 주겠다고 첫날 공표했다. 학생들의 발표 횟수는 다른 수업에 비해 많았지만 결코 32회를 넘기는 학생은 거의 없었다. 또한 마치 점수를 받으려고 발표를 한다는 인상이 다른 학생들에게 심어지는 것을 부담스러워했기 때문에 학생들은 암묵적으로 한 수업 시간에 4회 이상은 발표하지 않는 것을 불문율로 삼았다.

2009년 대만 정부는 22K 프로그램을 통해 대졸자들의 취업률을 높이고 임금을 견인하는 효과를 얻고자 했다. 22K는 말 그대로 대졸자를 채용하는 기업에게 1년간 NT$22,000를 정부에서 지원을 해 주는 것이었다. 당시 정부의 기대는 이 지원금이 기업들의 신규채용 부담을 완화시켜 준다는 것이었다. 실제로 일자리를 늘리는 일에는 어느 정도 효과가 있었다. 그런데 문제는 NT$22,000가 임금의 기준이 되어 버린 것이었다. 지원금에 더해 추가로 기업이 임금을 주리라는 정부의 기대와 달리 기업들은 정부에서 주는 지원금을 곧 임금이라고 여겼다. 그리고 사회적 분위기도 그렇게 형성이 되었다. 지원금이라는 인센티브가 하한선 효과를 가져온 것이다. 심지어 정책이 도입되기 바로 전년도의 20~24세의 평균임금은 NT$23,351였으나, 정책을 시행한 첫 년도에는 그 금액이 NT$21,685로 떨어졌다.[60] 인센티브가 완전히 반대의 결과를 낳은 것이다. 정책은 폐지가 되었지만 이때 잘못 설계된 인센티브는 2024년까지도 대만이 1인당 GDP에 비해 매우 낮은 수준의 임금을 유지하는 데 일조했다. 2023년을 기준으로 대만의 1인당 GDP는 약 $32,440이다. 이는 사우디아라비아($32,530)보다 매우 근소하게 적으며, 슬로베니아($32,230)보다 매우 근소하게 많은 수치다.[61] 하지만 각국의 통계청에 따르면 사우디아라비아 근로자의 평균임금은 2018년에 이미 $32,738였고[62] 슬로베니아는 2023년에 $30,328이었다. 반면 대만 근로자들의 평균임금은 2023년을 기준으로도 $21,947에 불과했다.[63] 지금도 대만의 청년들은 높은 임금을 쫓아 싱가포르와 홍콩으로 가고 있다.

하한선 효과는 마트에서도 그 증거를 찾을 수 있다. 2023년 기준으로 미국 8개 주에서 258개의 매장을 운영하고 있는 대형마트 브랜드 해리스티터(Harris Teeter)[64]는 온라인으로 구매 시 달걀을 1인당 3판까지만 구입할 수 있다는 공지를 올렸다. 이는 당시 미국 내 달걀 가격이 급등했기 때문에 수요 조절을 위한 방책이라고 밝혔다.[65] 2022년 영국에서 가장 저렴한 대형마트에 선정된 알디(ALDI)에서도 생필품에 대해서 수량제한 정책을 사용하고 있다.[66] 2파인트짜리 저지방우유와 무염버터는 15개, 미디엄으로 익힌 통닭과 봉지설탕은 10개와 같은 식이다. 이는 수요량을 통제하는 정책이지만 반대로 이러한 수량제한이(1개로 제한 제외) 오히려 판매량을 올릴 수 있을 것이라는 실증적 결과가 있다. 연구자들은 미국 아이오와주의 수 시티(Sioux city)에 위치한 3개의 마트에서 3일간, 3가지 방식으로 캠벨 스프 캔을 판매했다. 3가지 방식이란 '1인당 제한 없음', '1인당 4개 제한', '1인당 12개 제한'의 팻말을 붙인 것이다. 그러자 놀랍게도 제한이 없는 날에는 평균적으로 한 사람이 3.3개의 캠벨 스프캔을 가져갔지만, 4개로 구매가능 수량을 제한하자 3.5개, 12개로 제한을 했을 때는 7개를 사 갔다. 특히 더 주목해야 할 대목은 이제부터 나온다. 제한이 없는 날에는 고객 한 사람이 보통 한두 개의 캔을 구입했지만, 4개로 제한을 하자 4개를 가져간 사람이 가장 많아졌다. 심지어 12개로 제한을 했을 때는 그 많던 한두 캔 소비자들이 단 한 명도 없었다.[67] 구매제한이라는 글귀와 그 숫자가 마치 이만큼이나 구입할 수 있다는 신호로 받아들여진 것이다. 스니커즈 초코바와 KFC 감자튀김도 이와 같은 효과를 봤다. '냉장실에 스니커즈 초코바를 채우세요'라고 말할 때보다 '냉장실에 18개의 스니커즈 초코바를 채우세요'라고 했을 때 판매량이 1.4개에서 2.6개로 증가했다.[68] 호주의 KFC에서는 광고사 오길비(Ogilvy)를 통해 '우리의 (감자튀김 가격에 대한) 제안은 너무 좋아서 1인당 단 4개만 구입할 수 있습니다'라는 문구의 광고를 내보냈다. 그러자 동년대비 판매량이 56%가 증가했다.[69] 인센티브의 경계선은 분명한 신호가 된다. 최소한 이만큼은 하라는 학생에 대한 지시는 정말 그만큼만 하게 될 가능성이 높다. '최소한 이만큼'이라는 구문 자체에 대한 활용을 신중히 해야 한다. 안 쓸 수 있다면 안 쓰는 것이 좋고.

                                          에듀코노믹스

경쟁의 제한

2015년 영국의 광고표준위원회(Advertising Standards Authority: ASA)는 입생로랑(현재의 생로랑)이 「엘르 UK」지에 게재한 광고를 금지시켰다. 이유는 갈비뼈가 보이고, 다리가 지나치게 얇은 여성을 모델로 기용했다는 것이 이유였다. 당시 독자들의 여론도 건강에 해로울 만큼 마른 모델을 광고에 기용하는 것은 사회적으로 무책임한 행동이라고 혹평을 했다.[70] 그리고 10년 뒤인 2025년에도 비슷한 사안이 생겼다. ASA가 의류 브랜드 NEXT의 광고에 기용된 모델이 건강하다고 보기 어려울 정도로 말랐다는 이유로 광고를 중단시켰다. 2015년 이미 프랑스에서는 BMI 지수가 일정 수치 이하인 모델은 패션쇼 런웨이를 걷지 못하게 하는 법안이 발의되었고,[71] 이스라엘은 이보다 3년이 앞선 2012년에 이미 BMI가 18.5가 되지 않으면 모델로 활동을 할 수 없도록 법안을 통과시켰다.[72] 이렇게 경쟁을 제한하는 규정은 스포츠계에서 다수 찾을 수 있다. 우선 어린 선수를 보호하기 위한 출전 나이 제한이 있다. 올림픽위원회에서는 체조를 16세, 다이빙은 14세가 넘어야 출전이 가능하도록 규정하고 있다.[73] 장기적인 경기력 향상을 위한 규정도 있다. 미국농구협회와 NBA는 12세 미만의 경기에는 3점 슛 제도를 없앴다. 즉 모든 필드골은 2점이다.[74] 이는 어린 선수들이 발달단계에 적합한 슛 연습을 유도하기 위함이다. 선수의 신체보호를 위한 규정은 일본에는 중학생들이 참가하는 야구 리그중에 포니 리그(pony league)에서 찾을 수 있다. 포니는 Protect Our Nation's Youth의 약자로 '우리 아이들을 지키는' 리그 정도로 해석이 가능하다. 이 리그에는 학년별로 투구수 제한이 있다. 한 경기에 1학년은 60구, 2학년은 75구, 3학년은 85구까지만 던질 수 있으며, 50구 이상을 던진 경기가 있다면 다음 날은 등판이 불가능하다.[75] 이는 포니의 약자 그대로 경쟁을 제한함으로써 어린 선수들을 보호하는 규정이다. 기회와 관련한 규정도 있다. 일본미니농구협회의 규정에는 후보선수를 포함한 모든 선수들이 1쿼터 이상을 뛰도록 하고 있다. 이는 잘하는 선수들만 경기에 뛰는 것이 아닌 모든 선수들에게 최소한의 기회가 돌아가야 한다는 취지에 따른 것이다.[76]

인센티브의 제공방식

한계소비성향(Marginal Propensity to Consume: MPC)이란 소득이 증가했을 때, 지출의 증가 폭을 의미한다. 연봉이 100만 원 인상되었을 때, 100만 원을 더 지출하면 MPC는 1인 것이고, 연봉이 인상되더라도 추가적인 지출이 없다면 MPC는 0이다. 따라서 경제학에서는 각 개인 또는 가구의 MPC를 0과 1 사이에 있다고 가정을 한다. 그런데 내가 버는 돈이 증가하지 않더라도 일시적으로 가계소득이 증가하는 경우가 있다. 정부에서 현금을 풀거나 세금감면이 대표적인 예시다. 이는 경기부양 또는 가구의 생계를 지원하기 위해 시행된다. 2020년 코로나19가 전 세계를 강타하고 이에 따라 세계인구의 발이 묶인 시기가 있었다. 이는 소비위축의 정도가 아닌 소비의 마비 사태를 불러일으켰고, 기업은 도산했으며 일자리는 무더기로 사라졌다. 이 시기 각국의 정부는 이전지출(transfer payment - 정부가 민간에 현금을 주는 것)을 증액했다. 한국에서는 긴급재난지원금, 미국에서는 경제적 충격 지급금(Economic Impact Payment: EIP), 일본에서는 특별정액급부금(特別定額給付金)의 이름으로 시행된 정책들은 각 가구나 개인에게 돈을 지급하였다. 이 정책들은 소비진작에 도움이 되었다. 한국개발연구원(KDI)에서는 현금으로 긴급재난지원금을 받은 가구에서는 본래 지출에 더불어 지원금의 21.7%를 추가로 소비했다고 발표했으며(대출도 갚고 저축도 해야 했다.)[77], 미국의 경우에는 EIP를 대부분 지출에 사용했다는 사람들이 약 54.3%였다.[78] 일본의 경우에는 특별정액급부금의 지급이 있을 것이라는 발표가 있은 후 지급이 이루어지지도 않은 전 달에 이미 소비지출이 약 4%가량 증가했으며, 지급이 이루어진 달에는 약 8%가 증가했다.[79] 과거에도 이러한 사례가 있었다. 일본은 1999년과 2009년에 미국은 2001년, 2008, 2009년에 대규모 이전지출을 진행한 바 있다. 이전 사례와 코로나 시기의 사례를 살펴보면 전 세계 국가들이 왜 재난지원금을 지급하는 데에 있어서 현금 지급의 방식을 채택했는지를 알 수 있다. 과거에는 현금지급방식뿐 아니라 세금감면을 통해 경기를 부양하고자 시도를 하기도 했었다. 미국에서 2001년과 2008년에 시행된 정책에 따라 각 가구는 수표를 지급받거나 계좌이체를 통해 현금을 받았다. 반면, 2009년에는 소득세의 원천징수액 일부를 줄이는 방식으로 돈을 풀었다. 사실 현금을 제공하거나 세금을 감면하거나 금액이 같다면 효용도 같고, 증가하는 가계지출의 액수도 같아야 한다. 100만 원을 받는 것과 100만 원을 덜 내는 것은 완벽히 동일하게 가계의 소득을 증가시키기 때문이다. 그리고 이 당연하게 보이는 가정이 전통적인 경제학에서 상정하고 있는 기본적인 사고체계에 해당한다. 그러나 실제의 결과는 달랐다. 2008년 지원금 수급 후 가계지출이 증가한 가구의 수는 25%였으나, 2009년에는 지원급을 수급하더라도 가계지출을 늘리겠다는 답변을 한 가구는 13%에 불과했다. 세금감면을 받을 때보다 현금을 받았을 때 소비를 늘리겠다는 가구가 2배 가까이 많다는 것을 의미한다. 이는 아마도 눈에 보이는 소득과 눈에 잘 안 보이는 소득의 차이일 것이다. 계좌는 자주 확인하지만 세금은 1년에 한 번도 제대로 보지 않는 사람들이 많기 때문이다. 이처럼 인센티브를 설계할 때는 마치 동일해 보이는 것일지라도 디테일에서의 차이가 결과의 큰 격차로 이어질 수 있다.

05

마음의 전이

하이파 유치원 지각비

셜록홈즈가 즐겨 읽는 영국의 신문 「더 텔레그래프」에서는 "하이파는 일하고, 예루살렘은 기도하며, 텔아비브는 논다"[80]라는 제목의 기사를 낸 적이 있다. 실제로 하이파에는 인텔, 구글, 야후, 퀄컴, 마이크로소프트 등의 다국적 기업들이 입주해 있다. 기업이 많은 만큼 유치원에 대한 수요도 많다. 하이파의 부모님들은 아이들을 유치원에 등원시키고 각자의 가정과 직장에서 일과를 보낸다. 문제는 하원이다. 불가피한 이유들, 예컨대 야근이나 교통정체 또는 이미 시작해 버린 요리 등 개인적인 사정들으로 하원시간을 지키기 어려운 날들이 있다. 이는 유치원에 추가적인 비용을 발생시킨다. 전기료나 난방비 같은 것은 소소하다손 치더라도 유치원 교사들 중 일부가 아동을 위해 남아있어야 하고, 이는 유치원에서 추가적으로 교사에게 임금을 지불해야 하는 사유가 된다. 따라서 유치원에서는 학부모들이 하원시간을 반드시 지켜 주기를 원한다. 이와 관련하여 선구적인 연구자들은 하이파에 소재한 유치원들에서 한 가지 실험을 진행했다. 실험설계는 매우 단순하다. 지각을 한 학부모에게 벌금을 부과해 보

는 것이다. 그뿐이다. 이스라엘계 미국인 경제학자 유리 그니지^{Uri Gneezy}와
이탈리아계 미국인 경제학자 알도 루스티치니^{Aldo Rustichini}는 하이파에 소재
한 유치원 10곳을 선정했다.[81] 그들은 6곳의 유치원에는 지각 시 벌금을
부과했고, 다른 4곳은 부과하지 않았다. 벌금은 10분 이상 지각한 학부모
에게 부과가 되었고, 금액은 10세켈로 책정하였다. 당시 이스라엘의 월평
균 수입은 5,595세켈이었다. 월급이 200만 원이라고 할 때, 3,600원 정도
가 되는 부담이다. 실험이 시작되고 처음 4주간은 우리의 예상대로 벌금
이 부과된 유치원에서 학부모의 지각이 그렇지 않은 곳보다 적었다. 그러
나 5주차에는 벌금을 부과한 곳과 그렇지 않은 곳의 차이가 없어졌고 더
놀라운 것은 6주차부터는 벌금을 부과한 곳에서 지각하는 학부모가 그렇
지 않은 곳보다 훨씬 많아졌다. 이른바 지각비가 벌금의 개념이 아닌 지
각을 해도 되는 정당한 대가로 인식이 되기 시작한 것이다. 비용을 추가
로 내고 있으니 추가적으로 우리 아이를 돌보게 하는 것이 정당화되는 것
이다. 이러한 결과에 대해 『괴짜경제학』의 저자 스티븐레빗^{Steven D. Levitt}과
스티븐 더브너^{Stephen J. Dubner}는 죄책감이라는 도덕적 인센티브를 10세켈이
라는 경제적 인센티브로 대체한 것이 문제라고 해석했다.[82] 그렇다. 만약
도덕적 인센티브를 경제적 인센티브로 대체하기 꺼릴 만큼 큰 액수가 걸
려 있다면 결과는 달랐을 것이다. 10세켈이 아니라 한 7,000세켈(월급이
200만 원일 때, 25만 원 정도의 금액에서 느끼는 부담)쯤 되었다면 학부모
들의 지각 비율이 많이 줄어들었을 것이다. 물론 이 정도 금액의 지각비
는 유치원을 옮기게 하는 '인센티브'로 작용할지도 모른다.

하이파 유치원의 사례는 실험상황이었으나 자연적으로도 비슷한 현상
을 노르웨이에서 발견할 수 있다. 노르웨이에서는 고령의 환자들이 치료

를 마친 후에는 병원을 떠나 요양시설이나 재활시설로 이동을 하도록 규정하고 있다. 장기입원에 따른 병원운영 손실과 병상부족 현상을 방지하기 위함이다. 이 규정에 따른 운영을 다르게 하는 두 병원을 비교해 보자. 한 곳은 오슬로에 있고, 다른 한 곳은 아케르스후스(Akershus fylke)에 있다. 오슬로에 위치한 병원은 퇴원일이 늦어질 때마다 하루에 2,000크로네(한화 약 25만 원)을 부과했고, 인접한 도시 아케르스후스의 병원은 벌금제도를 운영하고 있지 않았다. 그런데 조사해 보니 벌금제도를 운영하고 있는 오슬로의 병원의 환자들 퇴원일이 더 늦었다.[83] 그들은 하이파 유치원의 사례과 같이 벌금을 '그래도 될 비용'으로 간주한 것이다.

또 다른 간단한 예시는 학교에서 찾을 수 있다. 교실을 돌아다니며 수업을 하다가 보면, 텀블러라든지 스마트폰을 해당 교실에 두고 올 때가 있다. 이때면, 학생들이 스스로 해당 교사에게 물건을 전달을 하고 올 때가 있다. 이때 간혹 학생들은 작은 간식을 보상으로 요구를 하는 경우가 있는데, 이때 교사가 고맙고 귀엽다는 의미로 간식이라는 강화(재화)를 제공하면 학생의 선의는 곧 배달이라는 서비스로 바뀌게 된다. 이는 사제 간의 관계를 딱딱하게 만들 뿐만 아니라 교사가 물건을 두고 가기를 기다리는. 마치 놀부가 제비 다리가 부러지기를 기다리는 것과 같은 상황이 나타날 수 있다.

독서 활동, 그런데 이제 칭찬스티커를 곁들인

한 지역의 초등학교에서 독서마라톤이라는 것을 했다. 행사명에 걸맞게 1년간 4,219페이지의 책을 읽으면 소정의 상품이 주어졌다. 재미있는 점은 하프마라톤도 있었다는 것이다. 2,109페이지만 읽으면 되는 코스였고 상품도 약간 더 약소했다. 목표한 페이지의 책을 모두 읽어 결승선을 통과한 학생들을 도서관 한쪽 벽에 이름 스티커를 붙여 주었다. 책을 읽었는지 확인하는 방법은 A4용지 절반 분량 이상의 독후감을 작성하는 것으로 하였다. 처음에는 올바른 독서습관이 있던 아이들만 도전을 했고 독후감의 퀄리티도 좋았다. 그런데 도서관 벽에 한 명씩, 두 명씩 이름이 붙자 아이들은 경쟁적으로 상품을 위해 독후감을 써 내려갔다. 내용은 중요하지 않아졌으며, 책을 고르는 기준은 페이지당 삽화의 양이 되었고, 글씨는 겨우 알아볼 정도로 변하였다. 꽤 많은 아이들이 소정의 상품을 받아갔지만 교육적으로는 옳지 않았다. 50년도 더 된 실험에서도 이는 어느 정도 입증이 되었다. 마크 레퍼Mark R. Lepper, 데이비드 그린David Greene 스탠퍼드 대학교 교수와 리처드 니스벳Richard E. Nisbett 미시건 대학교 교수는 40~64개월 사이의 유아들을 대상으로 실험을 진행했다. 유아들은 세 그룹으로 나누어졌다. 첫 번째 그룹은 그림을 그리면 그림을 그렸다는 증서를 받기로 했고, 두 번째 그룹은 증서에 대해 이야기를 하지 않았고, 마지막 그룹은 증서를 제공한다고 말하지 않았지만 나중에 그림을 완성하면 증서를 제공했다. 그 결과 증서를 받기로 한 그룹보다 그렇지 않은 두 그룹에서 그림을 완성할 확률이 더 높았다. 연구자들은 이 결과를 두고 보상이 있는 경우 내적 동기가 감소하고, 활동에 대한 몰입도가 낮아졌다고 해석했다.[84] 외부의 보상이 내재적 동기를 악화시킨다는 것은 이제 정설로 받아들여지고 있다. 외부의 보상과 내재적 동기의 관계를 연구한 전거(典據) 128개를 분석한 메타연구에서는 유형적 보상은 특히 대학생보다는 초등학생과 유치원생들에게 더 안 좋은 영향을 미친다고 결론을 내렸다.[85] 대니 브라셀Danny Brassell 박사는 한 강연에서 학생들이 더 많은 독서를 하기 위해 사탕을 주라고 했다. 그래도 안 되면 탄산음료를 주고, 그래도 안 되면 피자를 사 주고, 그래도 안 되면 $20~$50 정도를 쥐어 주라고 했다. 물론 이게 옳겠냐는 것을 강조하기 위해 기풍(譏諷)한 것이다. 책 읽기에 대한 보상은 책 읽기가 되어야 한다는 것이 그의 주장이다. "책상 아래에서 읽어 보자", "펭귄처럼 읽어 보자"와 같은 동기 부여 방식을 추천한다.[86] 칭찬은 고래도 춤추게 하지만 교육적 고민 없이 던지는 칭찬과 그렇게 설계된 인센티브는 비교육적인 것을 넘어서는 반교육이 된다. 의도가 좋았다고 과정이 무성의한데 결과가 좋기는 어렵다.

선의와 처벌 피하기의 차이

인센티브가 내적동기를 훼손하는지에 대해서 여러 문화권에 대해 연구를 한 사례도 있다. 무려 14명의 경제학자와 인류학자가 참여한 기록이다. 그들은 탄자니아, 볼리비아, 미국, 케냐, 피지, 에콰도르, 러시아, 파푸아뉴기니, 가나, 콜롬비아 총 10개국에서 15곳의 사람들을 만났다. 그들 중에는 수렵과 채집이 주된 경제활동인 사람들도 있었고, 임금노동자도 있었으며, 농업 종사자와 목축업자도 있었다. 연구자들은 이들에게 게임을 하도록 주문을 했다. 하나는 독재자 게임이며, 다른 하나는 제3자 처벌이 있는 독재자 게임이었다. 후자는 전자의 파생이다. 독재자 게임이란 두 사람 중 한 사람에게 일정액을 준 뒤 상대방에게 얼마를 나눠 줄 것인지를 묻는 게임이다. 여기에서 주목해야 할 점은 처음 돈을 받은 독재자도 무상으로 단순히 돈을 얻었다는 것이다. 그리고 상대방은 그 결정을 그대로 따라야 한다. 게임 설계자에 따라 예, 아니오를 할 수 있게 하기도 하고 그 기회마저 없애기도 한다. 여하튼 이 실험에서 확인해야 할 부분은 독재자 게임(DG)과 제3자 처벌이 있는 독재자 게임(TPU)의 차이를 보는 것이다. TPU는 독재자 게임과 규칙은 동일하지만 게임에 참여하지 않는 한 사람이 추가되어 독재자의 행동에 벌금을 부과할 권리를 지니게 된다. 즉, 독재자가 지나치게 적은 액수를 분배할 경우 독재자에게 벌금을 부과할 수 있다. 인간이 경제학에서 상정하고 있는 호모에코노미쿠라면 DG에서 독재자는 돈을 분배해 주면 안 되고, TPU에서는 절반 정도를 분배해 주어야 한다. 그러나 다양한 문화권에서 인간은 그렇지 않은 결정을 내렸다. 15개 집단 중 4개의 집단에서는 처벌이 있을 때보다 오히려 처벌이 없던 독재자 게임에서 상대에게 더 많은 액수를 주겠다고 이야기를 한 것이다.[87] 단순 독재자 게임에서는 돈을 선의로 베풀었지만, 처벌이 있는 독재자 게임에서는 처벌을 피할 만큼의 액수만 주면 되었던 것이었다. 인센티브가 오히려 이타적인 내적동기를 훼손하는 것을 볼 수 있었다.

이번에는 스위스의 작은 마을로 가 보자. 볼펜쉬셴(Wolfenschiessen)은 1996년 기준으로 인구가 약 1,200명 정도인 마을이었다. 당시 이곳의 사람들은 핵폐기장을 어딘가에 지어야 한다면, 자신들의 마을에 짓는 것을 기꺼이 수용하겠다는 데에 51%가 찬성을 했다. 이는 시민적 의무감으로 행한 결정이다. 그런데, 의회에서 매년 보상금을 지원하겠다고 하니 찬성표는 25%로 급감했다.[88] 보상금이 없었을 때 본인들이 내린 시민적 용단이 훼손이 된 것도 있고, 갑자기 보상금을 주겠다고 하니 그 약소한 금액에는 수용을 할 수 없었던 것이다. 보상금이 없었을 때는 더 많은 인원이 찬성했는데도 말이다. 분명히 경제적 인센티브가 역효과를 낳은 사례다.

1986년 소련에서도 유사한 일이 있었다. 40년이 다 되어 가는 지금도

에듀코노믹스

그곳에는 방사능으로 인한 통제구역이 있다. 지금은 통제구역이지만 원자력 발전소가 폭발해 방사능 수치가 정점을 찍을 당시에는 그곳에 사람들이 근무하고 거주하고 있었다. 그리고 그들 중에는 체르노빌의 다이버라고 불리는 세 사람도 있었다. 그들은 46세의 보리스 바라노프, 29세의 발레리 베스파로프, 27세의 알렉세이 아나넨코였다. 2019년 HBO에서 방송된 「체르노빌」은 그들의 활약상을 묘사했다. 임무를 수행하는 대가로 매월 400루블(당시 월급으로 300루블 이상을 받은 사람들은 9.6%밖에 되지 않았다.[89])과 승진을 약속할 때는 아무도 자원하지 않았으나 누군가는 반드시 해야 수백만의 인류를 구할 수 있다는 사명감이 상기되자 세 사람이 곧장 자원을 한 것이다. 그들의 임무는 방사능이 얼마나 오염이 되었는지도 파악이 불가능한 원자력 발전소 지하의 물에 들어가 밸브를 열고 오는 것이었다. 그들은 임무수행 후 1주일 이내에 사망할 수도 있다는 이야기를 들었음에도 불구하고 자원을 했다. 다행히도 그들은 임무 수행 후에도 살아남았고, 29년 뒤에 바라노프가 셋 중 처음으로 유명을 달리했다. 그리고 그들은 2019년 우크라이나 정부로부터 최고 훈격의 훈장을 수상했다. 체르노빌은 현재 우크라이나 영토. 그들의 영웅적 행동은 보상이라는 외적동기가 아닌 당위와 사명감이라는 내적동기에서 발현한 것이다. 헌혈과 관련해서도 내적동기가 더 중요하다는 증거들이 있다. 2012년 릴라 카스안Leila Kasraian과 마탑 마수달루Mahtab Maghsudlu가 수행한 헌혈자의 동기에 대한 연구에 의하면 74.7%의 사람들은 인센티브를 받고자 하는 의사가 없으며,[90] 오히려 인센티브가 자발적 헌혈을 감소시킬 것으로 추측하고 있다.[91] 더구나 헌혈에 금전적 보상이 있는 경우 헌혈을 하면 안 되는 질병을 가진 사람이 헌혈을 하는 비율이 높아진 위험한 연구 결과도 있었다.[92] 앞서 본 볼펜쉬센과 헌혈에 관한 결과는 내적동기가 충분하다면 인센티브가 필요하지 않거나 오히려 독이 되는 사례였다.

학생들은 놀라울 만큼 심부름을 좋아한다. 아주 자주 미안할 만큼 심부름을 자처한다. 학습준비물을 한 교사가 대표로 주문하고 이를 각반에 분배해야 할 때가 있다. 학생들이 모두 하교한 뒤 교사들끼리 나눠도 될 일이지만 분배해야 할 학습준비물이 교실로 도착한 이상 학생들의 열의를 잠재우는 일은 굳이 할 이유도 없고, 하기도 어려운 일이다. 그럴 때면 일부러 한 학생이 아니라 여러 학생들에게 부탁 아닌 부탁을 하게 된다. 매우 아름다운 풍경이다. 도움을 주겠다는 학생들은 도움을 줄 수 있도록 허가를 원하고, 도움을 받겠다는 교사는 허가가 아닌 부탁으로 화답을 하기 때문이다. 여하튼 이럴 때면 최대한 많은 지원자들에게 도움을 요청하기 위해 일부러 심부름 거리를 쪼갠다. 1반 가는 김에 2반까지 들려서 오면 되지만 일부러 1반에 한 명, 2반에 한 명이 가도록 부탁을 한다. 이렇게 해서 분배를 모두 마치고 나면, 교사는 고맙다는 인사와 함께 수업시간 종이 곧 칠 것을 알린다. 이때 아주 가끔 교사에게 보상을 요구하는 학생이 있다. 이때 절대 보상을 해 주어서는 안된다. 한 명에게 보상이 제공되는 것을 보는 순간 다수의 학생들의 마음에 있던 선의가 업무가 되어 버리기 때문이다. 간혹 매체에서 어린이들이 선의로 한 행동에 대해 사탕이나 NBA 방청권을 건넬 때가 있는데, 이야깃거리는 이야깃거리로 봐야지 실제로 행해서는 안 된다. 발달장애를 겪고 있는 친구를 도운 학생들에게 초콜릿을 나눠준다고 생각해 보면, 교육이라는 이름 하에 기분 나쁨이 올라온다.

학습된 무기력

마틴 셀리그먼^{Martin E. P. Seligman} 교수의 업적 중 하나는 학습된 무기력(learned helpessness)이라는 개념을 심리학계에 각인시킨 것이다. 셀리그먼과 스티븐 마이어^{Steven F. Maier}는 1967년 30마리의 강아지를 데리고 한 실험을 실험심리학저널에 기고했다. 논문의 제목은 「트라우마적 충격으로부터의 탈출실패」이다. 학습된 무기력이라는 개념은 매우 선명하다. '해도 안 되면 포기한다'는 것이다. 실험에서 연구자들은 강아지를 세 그룹으로 나눈 뒤, 두 그룹의 강아지들에게 하네스를 채우고 미량의 전기충격을 가했다. 이 중 첫 번째 그룹의 강아지들은 주변에 있는 전기충격중지 버튼을 눌러서 전기충격을 중단시킬 수 있었다. 두 번째 그룹의 강아지들에게도 버튼이 있기는 했지만 눌러도 소용 없이 60초간 꾸준히 전기충격이 가해졌다. 세 번째 그룹은 통제그룹으로 아무런 조치가 취해지지 않았다. 이후 두 번째 실험에 들어갔다. 강아지들이 충분히 뛰어넘을 수 있을 수 있는 높이의 장애물을 두고 전기충격을 가했다. 그러자 놀랍게도 첫 번째 그룹의 모든 강아지들은 장애물을 뛰어넘어 전기충격을 피했지만 두 번째 그룹의 강아지들은 그러지 않을 확률이 높았다. 이전 실험에서 해도 안된다는 것을 경험했기 때문에 여기에서도 알아서 전기충격이 멈출 때까지 기다린 것이다(통제그룹의 강아지들은 대부분 장애물을 뛰어넘었다.).[93] 이것이 학습된 무기력의 골자다. 예전에 TV 예능에서 한 출연자가 미성년 자녀의 저금통에 손을 댄 적이 있었다. 미성년자이다 보니 돈의 출처는 부모로부터 나왔겠지만 이를 부모까지도 그렇게 생각해서는 안 된다. 그럼에도 불구하고 해당 출연자는 원래 내 돈이라며 자녀가 무엇인가를 사려고 모은 돈을 가져갔다. 저금을 하는 행위는 보상지연을 스스로 해낼 수 있음을 의미하고 특정 목표를 이룰 수 있는 원동력이 된다. 그러나 이를 산산조각 낸다는 것은 학습된 무기력을 유발할 수 있고, 이것이 지속되면 저금이라는 멍청한 행동을 할 필요가 사라진다. 해당 출연자는 부모로서 자녀에게 무기력이 학습될지 모르는 행동을 한 것이다. 물론 모든 강아지들이 탈출에 실패한 것은 아니듯 해당 자녀도 이러한 사건들이 곧 그 아이의 삶을 완전히 무너뜨리지는 않을 것이다.

삶의 전반적인 부분뿐만 아니라 극히 일부인 학업과 관련해서도 학습된 무기력은 굉장한 파괴력을 가진다. 학습된 무기력은 개인이 스스로 성공을 할 수 있을 것이라는 기대감을 낮추기 때문에 이는 곧 학업성취도의 하락과 학습효능감의 감소로 연결될 수 있다.[94] 학습된 무기력이 학업성취도를 낮출 뿐 아니라 그 반대도 예측성이 있었다. 독서습관이 나쁜 초등학교 5학년 학생들을 조사해 보니 독서습관이 보다 좋은 학생들에 비해 무기력감이 학습되어 있을 가능성이 더 높았던 것이다.[95] 또한 자신이 무엇인가를 통제할 수 있다는 사실만으로도 과제를 수행할 수 있는 가능성을 높이기도 한다. 도널드 히로토Hiroto, DS와 셀리그먼은 96명의 대학생들을 대상으로 과제를 제시하고 소음을 들려주었다. 이때, 한 집단은 소음을 스스로 제어할 수 있었고 다른 집단은 그럴 수 없었다. 이때 실제로 소음을 끄던 안 끄던 소음을 통제할 수 있는 집단의 성공률이 더 높았다.[96]

오래전 어떤 학교의 장이 가지고 있던 업무 스타일을 접한 적이 있다. 해당 학교장은 사람들을 별로 신뢰하지 않았다. 또한 모든 일이 자신의 손아귀에서 이루어지기를 원했다. 강력한 통제력이 빛을 발할 때도 있지만, 빛이 바랠 때도 많다. 안타깝게도 해당 학교장은 후자에 해당했다. 그는 학부모들을 학교에 초청해서 교육에 대한 이야기를 나누는 것을 좋아

에듀코노믹스

했는데, 사실 나누는 것이 아니고 혼자 연단에서 학부모를 가르치기를 좋아했다. 하지만 놀랍게도 이는 학부모들에게 꽤 좋은 반응을 얻어서 매회 수십 명 이상의 학부모들이 참석을 했다(내용은 좋았기에). 여기까지는 좋게 볼 수 있다. 문제는 학부모들이 왔을 때 앉을 의자를 배치하는 과정에 있었다. 초기에는 먼저 학교에 도착한 학부모들이 솔선수범해서 모두가 앉을 양의 의자를 배치했다. 하지만 학교장은 항상 이런 식이었다. 오른쪽에 치우치게 두면 왼쪽으로 이동시키고, 가운데에 맞춰 두면 오른쪽으로 치우치게 하라고 하고, 앞쪽으로 배열하면 뒤로 배열하라고 하고, 뒤쪽에 배열하면 앞으로 당기라고 했다. 그렇다. 대중이 없었다. 이러한 일이 몇 번 반복되자 학부모들은 자신의 의자조차 챙기지 않고 우선 서 있다가 학교장이 장소에 들어오면 이제서야 "어디 앉을까요?"라고 물으며 각자 자신이 앉을 의자를 들고 움직이기 시작했다. 얼마나 비효율적이고 복잡스러우며 비교육적인 과정인지를 생각하고 싶지도 않다. 이런 사람은 안 만나는 것이 유일한 답이다.

위 사례들은 스스로가 교육을 한다고 믿지 않는 사람들에게도 명백하게 잘못된 것임을 인지할 수 있다. 하지만 때때로 우리는 세부적으로 숙고하지 않으면 우리도 모르는 새 학생들에게 무기력을 학습시킬 수 있다. 첫째로는 학생들이 스스로 논리적이라고 생각하며 주장하는 건의사항을 받아들일 때가 그것이다. 학생들과 교사는 정보의 비대칭성에 의해 교사의 판단이 옳을 때가 대부분이다(그렇지 않은 사례가 특별하기 때문에 기억에 더 각인이 되는 것이다.). 단순한 정보의 비대칭 사례는 수업일수에 관한 것이다. 법정수업일수는 법으로 정해져 있고, 이는 교사의 재량권 밖의 문제다. 그러나 학생들은 이 사실을 알기 어렵고, 옆 학교가 우리보다 방학이 더 길다고 주장한다. 실제로 먼저 방학을 했는데도 더 늦게 마치기도 하는 학교가 있기도 하다. 그러나 이는 교육과정상의 이유에 의해 방학의 위치가 조정된 것일 뿐이지 결코 방학이 더 길 수는 없다. 이러한 단순한 정보의 비대칭부터 시작해서 삶의 경험, 교육과정의 이해도, 개별학생이 아닌 전체학생을 보는 부감 능력까지 여러 면에서 학생과 교사의 판단력에는 차이가 발생한다. 때문에 학생의 주장에 흠결이 있다고 건의를 받아들이지 않는 경우가 많은데, 이는 논리학에 기초한 것이지 교육학에 기초한 결정이 아니다. 학생의 건의사항은 일정 부분 흠결이 있어도 수용될 여지가 있다. 그렇지 않으면 완벽한 주장을 하지 못했다는 생각 또는 완벽한 주장임에도 불구하고 받아들여지지 않았다는 생각이 무기력을 학습시킬 수 있다.

두 번째로 단순한 떼쓰기를 무조건적으로 차단해서는 안 된다. 성인들도 스스로의 욕구를 모두 수사적 표현으로 설명할 수는 없다. 그러나 유독 어린이들의 욕구에는 타당한 이유가 수반되기를 기대한다. 그리고 그렇게 하는 것이 마치 교육적으로 훌륭한 교사 또는 부모가 된 것으로 착각을 한다. 물론 떼쓰는 행위에 모두 반응을 해 주면 그것 자체가 학습이 될 수 있어 경계는 해야 한다. 하지만 반대로 모든 떼쓰기 행위를 묵살하는 것은 학생들이 '단지 하고 싶은 것'은 하면 안 된다고 오판을 하게 만든다. 그래서 교육이 어렵다. 이래도 문제 저래도 문제다. 하지만 이는 교육에서만 오는 어려움은 아니다. 적당히라는 것은 대부분의 상황에 통용이 되는 어려움이다. 갑자기 학생들이 이번 주에는 과자파티를 하자고 했을 때, 하지 않아야 할 특별한 사유가 없다면 굳이 '우리가 왜 과자파티를 해야 하며, 그로 인해 얻어지는 효과가 무엇인지'를 따질 필요까지는 없다.

단순한 욕구를 교사와 부모에게 요구하고 이것이 수용되는 결과는 곧 학생과 교사, 자녀와 부모와의 관계를 더욱 돈독하게 만들어 줄 수 있다. 관계의 개선이 곧 교육은 아니지만 교육을 위해서 관계의 개선은 매우 중요하다.

세 번째로 위험에 대한 지나친 보호에서 오는 무기력감이 있다. 사실 삶 전체를 아울러도 위험이 없이 얻어지는 성취는 극히 드물며 이를 우리는 '꿀'이라고 표현한다. 학생들은 뛰어다니며 사물에 부딪히기도 하고, 사람을 치고 가기도 한다. 이것은 당연히 위험한 행동이다. 하지만 모든 상황에 있어 안전제일주의를 내세우는 것은 산업현장에서는 중요한 기치이지만 교육적으로는 전혀 옳지 않다. 그냥 넙둬야 하는 위험의 수위는 꾸준히 논의되어야 하지만 모든 위험을 통제하려는 행위가 나쁘다는 것은 논의의 여지가 없다. 분명히 나쁜 것이다. 달리는 행동은 위험해서 안 돼, 무엇인가를 쏴서 맞추는(고무줄이나 수수깡 같은) 행동은 남을 맞출 수 있어서 안 돼, 비 오는 날 밖에서 노는 행위는 감기에 걸릴 수 있어서 안 돼, 친구와 다투게 되니까 장난치면 안 돼. 이러한 '안 돼'의 연속은 대체 무엇이 되는 것인지에 대한 혼동을 주며, 운신의 폭이 자연히 협소해진다. 이는 곧 소극행정과 같은 결과를 낳는다. 그것의 비효율이 학생의 심신에 주입되는 것은 잔인하다.

지역 농구대회에 나가기 위해 준비를 하던 교사가 있었다. 초등학생들을 위한 농구대회에서도 림 높이는 성인대회와 동일했다. 농구선수로 등록된 학생들은 출전할 수 없는 대회다 보니 선수로 뽑힌 학생들은 운동신경이 좋지만 농구를 체계적으로 배운 경험이 없었다. 이에 교사는 림 높이를 낮춰 골을 넣어 보는 경험을 먼저 쌓아 주고자 했다. 학생들은 조금 더 쉽게 골을 넣기 시작했고, 달려와 덩크도 몇 차례씩 도전했다. 그 과정에서 키가 컸던 학생이 덩크슛을 잇달아 성공을 시키다가 림에 머리를 부딪혔다. 림은 흔들리게 설계가 되어 있는 데다가 세게 부딪혔기에 소리가 컸다. 교사는 우선 학생에게 어떠냐고 물었고 본인은 괜찮다고 답을 했다. 하지만 그 판단을 신뢰할 수 없다는 생각하에 가지 않겠다는 학생을 달래가며 보건실로 학생을 보냈다. 간호사 출신의 보건교사는 소견상 뇌진탕의 징후는 보이지 않는다고 판단했다. 이후 교사는 이 사실을 학부모에게 전화를 통해 전달했고, 학교장에게도 보고를 했다. 전화를 받고 화들짝 놀란 학부모는 1시간 거리에 있으니 지금 학교에 방문을 하겠다고 하여 그렇게 진행이 되었다. 그 사이 농구 연습을 마치고 해당 학생은 코딩 수업을 듣기 위해 학교 컴퓨터실로 갔다. 코딩 수업이 이루어지는 도중 학부모가 학교에 도착했다. 자녀의 머리를 만져도 혹은 없었고, 자녀 또한 유난하다는 표정으로 코딩 수업을 이어 수강을 하겠다고 했지만 학부모는 완강했다. 수학도 국어도 100점 맞고, 나중에 프로그래머가 될 아이인데 머리를 다쳐서 어떻게 하냐며 사건현장을 보고자 했다. 이에 학생은 코딩 수업 중간에 나와 다시 체육관으로 향했다. 학부모는 림을 보더니 원래 이렇게 낮냐며, 아이들 쓰는 림을 진짜 선수들이 쓰는 림이랑 같은 재질로 된 것을 학교에서 구매하면 어떻게 하냐고 푸념했다. 다행히 화를 낸 것은 아니고 어쩔 수 없는 상황이긴 한데 속상함을 받아 줄 대상으로 지도교사를 택한 것이다. 현장검증을 마친 뒤 학부모는 MRI를 찍으러 같이 가자고 했다. 15분 거리에 병원이 있어 교사의 차를 타고 세 사람이 함께 이동을 했다. 병원에 도착하자 의사가 MRI보다 CT를 권해서 그렇게 하기로 했다. 검사 결과가 나오는 동안 학부모는 교사에게 원망을 하지는 않았지만 사건이 이렇게 된 것에 대한 속상함을 이야기하기 시작했다. 어릴 적부터 영특했으며, 지금도 꾸준히 공부도 잘하는 데다가 운동까지 이렇게 학교 대표로 나가려 하니 마음 같아서는 운동은 안 시키고 싶다는 내용이었다. 다행히도 검사 결과는 좋았고, 약국에서 살 수 있는 2,500원짜리 무언가를 처방받았다(어떤 약이 있겠지만 교사도 그것이 무엇인지는 모른다고 했다.). 그 이후 학생은 친구들 보기 부끄럽다며 농구대회 출전을 거부했다. 그리고 추후에 열린 대회에서도 어떠한 종목도 출전하지 않았다. 높이뛰기랑 줄넘기도 잘하던 학생이었는데. 학교차원의 변화도 있었다. 학교 대표로 운동을 할 때 몇 줄의 문구가 학부모동의서에 추가가 되었다. 내용을 요약하면 다음과 같다. '운동중 부상 가능성이 있음을 인지하였으며, 보건교사의 판단하에 직접처치 또는 병원이송에 동의합니다. 아울러 절차상 하자상 없음이 무조건적인 교사의 면책사유로 보지는 않음을 고지합니다.' 자연스럽게 해당 학교의 체육 프로그램은 지원 교사의 부족으로 축소가 되었다. 좋은 점 하나는 부상의 염려가 지극히 적은 스피드스태킹팀을 신규로 꾸린 것이다.

06

또 다른 이야기들

의사의 인센티브

어떤 회사의 약품을 사용할 것인지를 결정하는 것은 의사의 고유권한이다. 그런데 A약과 B약이 성분적으로 동일하여 둘 다 환자를 살릴 수 있고, 비용 측면에서도 동일하다고 할 때 의사는 자신에게 유리한 쪽으로 약을 처방할 인센티브를 가지게 된다. 이러한 현상은 전 세계의 병원에서 일어나고 있다. 대만의 병원에서 이루어진 연구에서는 효능이 같다면 의사들은 자신에게 마진이 더 남는 약을 처방하는 것을 확인했다.[97] 미국에서는 의사의 마진율이 10% 증가하면 해당 약물의 처방률은 적게는 11%에서 많게는 177%까지 올라간다는 연구 결과를 내놓았다.[98] 일본에서 이루어진 연구에서는 이러한 현상이 전문가의 대리인(expert's agency) 문제에 기인한다고 분석했다.[99] 우리가 옷을 구입하고 입으면 값도 내가 지불하고, 옷을 고르는 것도 나다. 이러한 경우에는 대리인 문제가 발생하지 않는다. 하지만 약은 다르다. 값은 환자가 지불하지만 약을 선택하는 것은 의사의 몫이다. 따라서 전문가의 대리인 문제가 발생하게 된다. 이는 넷플릭스 시리즈 「중증외상센터」에서도 확인할 수 있다. 의사들은 병원 전체의 예산회의에서 각 과별 흑자와 적자 규모를 공개적인 자리에서 상호 공개를 한 뒤 경제적 측면에서 병원운영의 성과를 나누었다. 흑자 전체 1위는 장례식장이었으며, 의료과목 중 1위는 신경외과가 차지했다. 결과가 발표되자 배석 의사들은 박수로 이를 칭찬했다. 일부 과목에서는 적자가 발생했다. 그럼에도 분위기 자체는 괜찮았다. 꽤 많은 적자가 발생한 흉부외과의 의사들에게 작년보다는 나아졌으니 앞으로도 힘을 내보자는 격려의 메세지가 있었다. 여기에서 흑자과에 박수와 적자과에게 격려를 주었다는 것은 어떤 행위에 대한 것인데, 대체 어떤 행위를 하라고 이러한 피드백이 제공되었는지를 생각하지 않을 수가 없다.

하지만 우리 중 절대 다수는 의사가 아닌 환자의 입장에서만 병원을 다녀보았다. 따라서 우리가 이해하고 있는 부분은 매우 피상적이다. 10년을 환자로 통원했어도, 20년을 병수발 했어도 막 의대를 졸업한 의사보다 의료적 지식이나 병원 생리에 대해 지식이 미천한 것은 명백하기 때문이다. 또한 의료기관은 사기업이다. 공공적 측면이 매우 짙을 뿐이다. 따라서 수익추구에 대해 옳지 않은 행태라고 비난만 할 수는 없다. 현재까지의 공신력 있는 문헌을 통해서는 의사의 수익이 환자의 손해로 이어진다는 증거가 확언할 만큼 누적되어 있지 않다. 미용사가 자신의 집에서는 비싼 샴푸를 쓰면서 미용실 손님들에게는 협찬받은 보급형 샴푸를 사용한다고 직업 윤리가 결여되었다고 치부하기는 다소 무리가 있는 것과 같다.

영웅화

몇몇의 직업들은 다른 직업들보다 영웅적 이미지를 가지고 있다. 구직서 작성을 도와주는 사이트인 제티(zety)의 2022년 조사에서는 의사,

과학자, 농부, 소방관, 교사가 가장 존경받는 직업에 이름을 올렸다.[100] 이 결과는 여러 기관의 결과와 값이 유사하다. 인터넷 커뮤니티인 레딧 (Reddit)의 2023년 글들을 분석했을 때는 의사, 간호사, 소방관, 교사, 군인 순으로 많은 존경을 받고 있었다.[101] 다보스 포럼이라고도 불리는 세계경제포럼에서는 2018년에 의사, 변호사, 엔지니어, 학교장, 경찰이 세계에서 가장 존경받는 직업들로 조사가 되었다고 발표했다.[102] 때때로 내가 종사하는 직업이 존경받는 직업들에 선정이 되면 자부심과 사회적 효능감을 느끼게 된다. 이는 분명한 인센티브다. 그런데 이 존경의 관점이 영웅화로 바뀌면 어떤 사회적 분위기가 형성될지 생각을 해 볼 필요가 있다. 퇴역군인들의 직업 선택의 폭에 관한 연구에서는 그들이 가지고 있는 영웅적인 이미지가 직업 선택의 폭을 현저히 낮춘다고 보고 있다. 구체적으로 퇴역군인들은 사명감이 있고, 이타적이며, 돈과는 거리가 하원한 직업군에서만 두 번째 직업을 선택하도록 사회적 압력이 있다는 것이다. 이는 그들이 낮은 보수와 좋지 않은 근무조건을 수용해야 하도록 종용한다. 해당 연구에서는 일반 시민들을 대상으로 설문조사를 진행하였는데, 설문조사 참여자들은 퇴역군인들의 다음 직업으로 다국적 대기업보다 비영리 자선단체가 더 잘 어울린다고 답했다.[103] 이는 분명히 잘못된 사회적 인식이다. 캡틴 아메리카가 활동비 단가가 맞지 않다며 출동하지 않으면 어떤 생각이 들지를 생각해 보자. 출장 뷔페 업체가 단가가 맞지 않다며 출장을 거부하는 것과 다른 감정이 가슴과 머리에 맴돌 것이다. 또 다른 연구에서는 간호사들을 영웅과 천사라고 부르는 사회적 인식은 그들에게 비현실적인 치료성과를 요구하며, 비합리적인 근무조건에도 묵묵히 자리를 지키도록 하는 압박이 있다고 확인했다. 이를 두고 듀크대학교 푸쿠아 경영대학원의 연구원과 교수인 스탠리 매튜와 케이 아론은 착취라고 표현했다.[104] 이러한 인식은 2018년 독일 연방헌법재판소의 판결문에서도 볼 수 있다. 노동자의 기본권리로 인정된다며 파업을 했던 4명의 교사들에 대해 판결문에서는 학생들의 교육권 보장을 위해 교사들은 파업이 불가하다고 명시를 했다.[105] 그러는 동시에 공무원은 노동자가 아니라는 견지를 추가적으로 나타내 모든 공무원들은 파업권이 없다고 판시했다.[106] 노동자의 권리보다 국민의 안전, 국민의 생명, 국민의 교육권을 우선시하는 사회적 분위기는 멋진 말이지만 '노동자'에 속하는 이들은 지나친 요구를 견뎌내야 한다. 그들도 더 좋은 조건에서 일하고 싶은 우리와 같은 평범한 사회 구성원이다. 희생이 숭고하다고 해서 희생하지 않음을 악독하다고 표현할 수는 없다.[107]

앞서서 살펴본 체르노빌 원전사고 당시 영웅들의 사명감으로 원자력 누출을 최소화했던 이야기를 상기해 보자. 그들은 영웅이 맞고, 그들의 행동은 영웅적이지만 이 선례를 바탕으로 우리는 추후의 사건도 그렇게 하면 되겠다는 교훈을 얻으면 안 된다. 다시 이야기하지만 희생이 선이라고 정당한 요구를 악으로 돌려서는 안 된다. 체르노빌 원전사고 이후 25년이 지난 2011년. 일본에는 리히터 규모 9.0의 지진이 발생했다. 이 지진의 여파로 후쿠시마 원자력 발전소의 원자력이 누출이 시작되었다. 국제원자력기구(IAEA)는 원자력 사고에 대해 국제원자력사고등급을 부여하는데 가장 낮은 등급은 0등급, 가장 높고 위험한 등급은 7등급이다. 체르노빌과 후쿠시마의 두 사고는 2024년까지도 유이한 7등급 사고이다. 이 사고에서도 체르노빌 때와 비슷한 임무 수행이 필요했다. 이때 그 임무를 수행할 사람들을 점퍼(jumper, ジャンパー)라고 불렀다. 이들을 모집한 도

쿄전력(TEPCO)의 하청업체가 제시한 근무조건은 1일 1시간 내외 작업에 20만 엔이었다. [108] 당시 일본인들의 평균 월수입은 30만엔보다 적었다. [109]

영웅적 면모를 강요하여, 국가를 위해, 인류를 위해 희생을 강요해서는 안 된다. 영웅적 면모는 스스로 보이는 것이지 누가 강요하는 것은 착취다. 업무에 따른 금전을 요구하거나 명예를 요구하거나 지위를 요구하는 일은 매우 정당한 일이다. 또 한 번 말하지만 희생이 고결하다고 희생하지 않음이 파렴치한 것은 아니다. 반대로 스스로 대의를 위하고자 하는 사람에게 금전을 제공함으로서 그의 대의를 폄훼하는 것도 매우 치졸한 행동이다. 이는 아주 가끔 정치적으로 활용이 된다.

영웅화의 또 다른 부정적인 면도 있다. 2016년 제43회 새턴상을 수상한 영화「히든 피겨스」에서는 1960년대 흑인 여성들이 NASA에서 어떤 대접을 받고 어떤 기여를 했는지가 묘사된다. 우선 흑인의 삶도 팍팍한데 그 시대에 여성이라니. 인권은 백인 남성들에게만 혹은 간간이 백인 여성들에게도 콩고물과 같이 떨어지던 시대였다. 바비 인형이 1950년대에 등장하여 다양한 직업군의 의상을 입으며 여아들도 꿈을 다양하게 키울 수 있는 촉매제가 되기는 했지만 아직 그 아이들은 이제 사회초년의 여성에 진입했을 시기다. 아직도 사회 분위기를 주도하고 관점과 규칙을 정하는 일은 백인 남성들의 권한이었다. 그 상황을 단편적으로 보여 주는 일은 사무실과 화장실 간의 거리였다. 유색인종은 백인들에 비해 먼 화장실을 사용해야 했다. 그런데 그것은 남성일 때의 이야기고, 유색인종인데 여성이기까지 한 이들의 화장실은 아예 건물 내에 있지도 않았다. 이러한 대접이 팽배할진대 흑인 여성이 자신의 능력을 펼칠 공간은 확실히 남성들과 함께하는 사무실 내에는 없었다. 그럼에도 불구하고 세 흑인 여성들은 압도적인 능력으로 성취를 이뤄냈다. 중력에는 성별도 인종도 없어서 그녀들의 계산이 아폴로11호가 달로 갈 수 있는 기회를 빼앗지 않았다. 그렇게 영화는 그녀들을 칭송하고, 그녀들의 업적을 기리는 것으로 끝을 맺었다. 사회적으로도 고무적인 스토리이고, 특히 유색인종과 여성들에게 희망찬 이야기였다. 우리도 할 수 있음을 자각하는 동시에 그들도 할 수 있음을 주지시키는 사건이었다. 하지만 여기에서 우리는 비뚤어지지 않도록 해야 할 일이 있다. '그 정도는 되어야' 성공할 수 있는 것은 아니어야 한다는 것이다. 사회적 약자가 사다리를 오르기 위해 영웅적 면모를 보여야만 하는 것이 아니라 누구나 비슷한 정도의 능력과 비슷한 노력을 한다면 사다리를 오를 수 있도록 해야 한다(실제로 영화에서 거대 사다리에 오른다.). 영웅화는 자칫 우리에게 잘못된 논리적 기초를 다져 준다. '네가 그 급으로 하면 인정해 주지 말라고 해도 인정을 받는다니까?'와 같은 왜곡되고 폭력적인 논리적 기초가 세워지면 안 된다. 우리는 영웅이 아니어도 평범한 기여를 할 수 있는 기회와 인정을 받을 권리가 있다.

러셀 3,000지수에 포함된 기업 중 4.2%는 2021년에도 여전히 이사회에 여성이 전혀 포함되지 않았다. 그래도 2016년에는 24.5%였으니 그보다는 훨씬 나은 수치이기는 하다. 이와는 대조적으로 S&P500을 구성하는 기업들 중 이사회에 여성이 전혀 없는 기업은 2019년에 완전히 사라졌다.[110] 그럼에도 불구하고 2020년을 기준으로도 최고위직에 있는 유색인종의 여성은 백인, 남성들에 비해 매우 적다. 포춘지에 따르면 포춘500이 발표된 이래 여성 CEO의 수는 최대치를 기록했다. 무려 37명이 여성 CEO였다. 포춘이 말하는 성에는 남성과 여성만 있는데도 말이다. 그중 유색인종인 여성은 3명에 불과했다. 셋밖에 없기 때문에 머릿속에 떠오르는 인물이 있을 것이다. 그렇다. 소니아 신갈^{Sonia Syngal}(GAP Inc.), 리사수^{蘇姿丰}(AMD), 조이 와트^{Joey Wat}(Yum China)가 그녀들이다.[111] 그녀들을 보고 배우고 영감과 가능성을 얻는 것은 장려되어야 할 일이다. 하지만 그녀들을 보고 네가 유색인종 여성이라 차별받는 것이 아니라 무능하기 때문이야라고 말하는 것은 안 된다. 그녀들만큼의 통찰력이 없어도 우리들은 우리가 한 만큼은 공평하게 대우를 받아야 한다.

주뉴욕 외교관들의 주차위반

2002년 10월 뉴욕에서 외국의 외교관들에 대한 주차단속이 시행되었다. 그 이전에는 외교관들의 면책특권에 주차위반도 포함이 되어 있던 것이다. 즉 외교관들에게는 주차를 합법적으로 해야 할 경제적 유인이 없었다. 이 상황에서 외교관들의 주차는 어떠했을까? 본국 내에서야 주차위반에 대한 면책특권이 없었으니 어느 정도 잘 지켰을 것이라고 예상이 되지만 경제적 유인이 전혀 없는 뉴욕에서는 어땠을지 예상을 해보자. 결과를 이야기하자면 국가별로 매우 상이했다. 우선 터키, 스웨덴, 파나마, 오만, 노르웨이 등지의 외교관들은 5년간(1997년~2002년) 위반 사례가 전혀 없었다. 그나마 스위스, 뉴질랜드, 과테말라의 외교관들이 1인당 평균 0.1건 정도를 행했을 뿐이다. 그러나 쿠웨이트의 외교관들은 같은 기간 동안 1인당 246.2건, 이집트는 139.6건, 차드와 수단, 불가리아의 외교관들은 각각 124.3건, 119.1건, 117.5건에 달했다. 5년간 주차위반을 전혀 하지 않았던 외교관들부터 평균 246.2건의 주차위반을 했던 외교관들은 도합 매달 1,000건 이상의 주차위반을 했다. 그러나 2002년 10월에 면책특권이 해제되면서, 2002년 11월부터 2005년 11월까지 주차위반에 단속된 외교관들은 매월 100건이 채 되지 않았다. 주차단속이 주차위반을 10분의 1로 줄인 것이다. 물론 원래 안 하던 국가의 외교관들은 꾸준히 하지 않았고, 주차위반을 많이 하던 외교관들의 주차위반의 횟수가 급격하게 줄어든 결과에 따른 수치다.[112] 인센티브가 행동을 바꾼다는 것을 볼 수 있으면서 동시에 사회문화적 규범이 경제적 인센티브보다 강력할 수 있음을 보여 주는 사례다. 본국에서 얼마나 주차단속이 강력하고, 그 벌금이 얼마나 큰지는 뉴욕이라는 땅에서는 무관했다. 그럼에도 불구하고 국가별로 이런 정도의 극단적 차이를 보인다는 것은 결국 사회문화적 규범에서 그 원인을 찾을 수밖에 없다. 개별 외교관들의 성향이라고 하기에는 조사 기간도 5년이며, 각국에서 보내는 외교관이 한두 명도 아니라는 넌센스가 생긴다.

처벌규정의 제정

자발적 기여 메커니즘 게임(VCM game)이라고 불리는 게임이 있다. 게임이론과 재정학 연구에 대한 기여가 매우 높은 사회실험이다. VCM게임은 워낙 연구자들이 다양하게 변용을 해서 이제는 그 원형이 무엇인지 찾기도 어렵다. 하지만 게임의 규칙상 원형은 다음과 같다.

- $20씩을 가지고 있는 4명의 사람이 있다.
- 각 사람은 각각 2개의 통장을 가지고 있는데, 하나는 개인계좌이고 다른 하나는 공동계좌다.
- 개인계좌에 들어간 돈은 2배가 되어서 온전히 나에게 돌아오고, 공동계좌의 돈은 3배가 되어 네 사람에게 똑같이 돌아간다.
- 공동계좌에 얼마를 넣을 것인가?

위 규칙에 등장하는 숫자는 거의 모든 연구자들마다 바꾸어 사용을 하고 있지만 골자는 한 가지다. 결국 공동계좌에 얼마를 넣겠냐는 것이다. '나'라는 한 개인의 관점에서 정답은 정해져 있다. 내 돈은 모두 내 통장에 넣고, 다른 세 사람은 공동의 계좌에 모든 돈을 넣어 주는 것이다. 그렇게 되면 나는 개인계좌에서 $40을 받는 동시에 공동계좌에서는 [($20*3명)*3배/4]=$45를 받아서 총액이 $85가 된다. 이 결과 값이 최댓값이다. 하지만 나만 그렇게 생각하는 것이 아니기 때문에 모든 사람이 나처럼 행동한다면, 네 사람은 모두 자기 계좌에 $20를 모두 넣어서 네 사람은 모두 각각 $40를 받게 된다. 반면 네 사람의 총액이 최대가 되기 위해서는 네 사람 모두가 공동계좌에 모든 돈을 넣어야 한다. 그렇게 되면, 각각 $60씩을 얻을 수 있다. 이 상황에서 공동계좌에 얼마를 넣을 것인가? 실제로 위의 규칙에 따라 초등학생들에게 실험을 한 결과가 있다.

				공동계좌 입금액
A그룹	6학년	21명	1차	$5.26
			2차	$13.49
B그룹	4학년	23명	1차	$7.15
			2차	$13.00
C그룹	6학년	18명	1차	$4.31
			2차	$13.00
D그룹	6학년	20명	1차	$6.41
			2차	$4.20
E그룹	6학년	19명	1차	$10.78
			2차	$12.83

에듀코노믹스

학생들에게 쪽지를 한 장씩 주고 공동계좌에 넣을 금액만 무기명으로 적도록 했다. 그리고 투표 결과를 발표하듯 교사가 한 장씩 열어가며 얼마를 기입했는지를 공개했다. 학급회장 선거와 동일한 개표방식이다. 모든 종이가 펼쳐지면 각 개인은 얼마를 갖게 되었는지 본인은 알 수 있었다. 그런데 한 가지 공통적으로 나왔던 반응은 $20를 적은 종이가 나오면 박수를 친 것이고, $0를 적은 종이가 나오면 누구냐고 물어보는 장난기 있는 핀잔이었다. 그 뒤 곧장 2차로 게임을 하면 위 표에서 볼 수 있듯 대체로 공동계좌에 넣는 금액이 올라갔다. 여기에서 중요한 사실은 우리는 누군지 색출해 내지도 않았고, 적은 금액을 적어낸 학생을 이기적이라고 몰아세우지도 않았다. 그럼에도 불구하고 1차 시기보다 2차 시기가 대체로 더 높은 액수를 기록한 것이었다.

성인들은 어떨까? 교육에 대해 논의하고 있는 우리에게는 교실이 더할 나위 없이 좋은 실험 환경이지만 논의의 확장을 위하여 교실 밖에서, 그리고 성인들은 어떤 반응을 할지 살펴보자. 에른스트 페어^{Ernst Fehr}와 사이먼 게히터^{Simon Gächter} 교수의 연구에 따르면, 모르는 사람끼리의 협력에 있어서 처벌을 매우 중요하다. 연구자들은 서로 모르는 사이인 112명의 사람들을 모아 VCM게임을 하도록 했다. 이때, 게임은 두 가지로 진행이 되었다. 하나는 무임승차자에게 처벌을 가할 수 있도록 하다가 처벌을 하지 못하게 했고, 다른 하나는 그 반대로 처벌을 못 하게 하다가 처벌을 할 수 있도록 했다. 또한 무분별한 처벌을 방지하기 위해 처벌에는 비용이 발생하도록 게임을 구안했다. 상대에게 벌금을 부과하기 위해서는 나 또한 일정액을 지불해야 하는 것이다.[113] 따라서 사람들이 적정수준의 금액을 공공기여했다면 굳이 내 돈을 들여서 처벌을 할 이유는 없는 것이다.

실험의 결과는 우리에게 분명한 시사점을 주었다. 먼저 처벌이 가능했다가 불가능하게 설계된 게임에서 처벌은 높은 수준과 안정성 있는 정도의 기여도를 이끌어 냈다. 사람들은 처벌이 있을 때 꾸준히 높은 양의 토큰을 공공기여하다가 처벌이 사라지자 급격하게 공공기여를 줄이기 시작했다. 두 번째로 처벌이 불가능했다가 가능하게 설계된 게임에서도 처벌은 높은 기여도를 이끌어 냈다. 하지만 다른 점은 점차 기여도가 올라가는 우상향 그래프를 그렸다는 것이다. 또한 처벌이 불가능했을 때 낮은 기여를 보이는 것도 동일하고 꾸준이 기여도가 낮아지는 것도 동일했지만 다소 들쑥날쑥했다는 점에서 차이가 있다. 여기에서 우리는 무임승차에 대한 처벌이 필요하다는 것을 알 수 있으며, 처벌이 이미 있다면 이를 제거 하는 일에는 매우매우 신중한 자세를 취해야 한다는 것이다. 처벌이 있다가 사라지는 것은 그렇게 해도 된다고 승인을 하는 효과를 낳기 때문이다.

관광객이 지역경제를 마비시키는 과정

해외여행에서는 평소보다 지갑을 여는데 훨씬 유연한 자세를 취한다. 집 앞에 있는 고급 스테이크 가게는 가격이 부담스러워 가 보지 못했어도 하와이에 가면 달라진다. 차로 30분도 안 걸리는 곳에 위치한 테마파크는 자녀가 없다면 잘 안 가지만 오사카에 가면 USJ를 필수코스처럼 들어간다. 이러한 심리로 인해 자국에서는 꼭 먹을 만큼만 주문하던 음식을 골고루 먹어 보고 싶다고 먹지 못할 만큼이지만 다양하게 주문을 하기도 한다. 또한 지역 가이드에게 감사한 마음을 담아 어느 정도의 금액을 팁으로 줄 수도 있으며, 시장에서 상인이 처음 부른 흥정용 가격에도 호의로

에듀코노믹스

그 가격을 그냥 수용해 버리기도 한다. 심지어 여기 있는 과일이 총 얼마인지 물어보고 수레에 들어 있는 과일을 통째로 구매하는 선의를 베풀기도 한다. 하지만 이러한 행위들은 지역 상인들을 위한다는 호의로 이루어지지만 종국에는 지역경제를 붕괴시킬 수 있는 행위가 된다. 첫 번째로는 관광지의 사람들 입장에서는 생산적인 일을 하는 것보다 오히려 팁이 자신들의 생계에 더 큰 도움이 될 수 있다. 예컨대 어떤 국가에서는 자전거로 하루 종일 나무를 운송하는 것보다 지나가던 외국인 관광객에게 '1달러만 주세요'를 외치는 것이 훨씬 효율적인 경제활동이 될 수 있다. 또한 관광상품을 개발하거나 생산적인 일을 해서 경제를 굴리기보다는 지갑을 여는 데 관대한 관광객 몇 명이 더 큰 소득원이 될 수 있다. 이것이 지속되면 그 국가의 경제는 극심한 양극화를 겪는 동시에 관광객의 호의에만 의존하는 경제가 될 수 있다. 두 번째로 관광객이 돈을 지나치게 고민 없이 쓰게 되면 해당 지역 물가가 오르게 되어 정작 그곳에서 살아야 하는 이들은 해당 지역의 물가를 감당할 수 없게 된다. 여행이라는 것은 기본적으로 돈을 쓰러 가는 행위이기 때문에 하루 체제비가 일상을 살던 본국에 있을 때와는 다를 수밖에 없다. 한 곳이라도 더 보고 싶고, 하나의 음식이라도 더 먹고 싶기 때문이다. 이로 인해 여행객이 많이 찾는 지역은 물가수준이 높게 형성되어 있다. 이러한 사태에 대해 전문가들은 감당할 수 있다는 이유만으로 높은 가격으로 거래를 하지 말고, 팁을 줄 때는 해당 국가 물가 수준에 맞추어서 지불을 하기를 권고하고 있다. 이 권고는 교육에 거의 직접적으로 적용이 가능하다.

현재는 17년차 교사인 마렉Marek이 교육실습생일 때의 이야기를 해 주었다. 당시 급식에 맛있는 음식이 몇 가지가 나왔었다고 회상했다. 한 날은 급식에 닭다리가 있었으며, 후식으로 과일이 약간 곁들여 있었다고 했다. 당시 초등학교 5학년이던 한 학생이 그에게 다가와 닭다리를 줄 수 있냐고 물었다고 했다. 물론 그 학생도 동일한 닭다리를 하나 받았다. 아마도 담임 교사였으면 아예 물어보지도 않았을 테지만 마렉은 이 귀여운 부탁을 거절할 수가 없어 닭다리를 내주었다. 그러자 다른 학생이 와서 과일을 자신이 먹어도 되냐고 물었고, 마렉은 웃으며 괜찮다고 먹으라고 했다. 다음 날이 되자 학생들은 매우 자연스럽게 마렉의 식판으로 다가와 먹어도 되냐는 물음이 시작되면서 포크를 뻗었고, 포크가 음식에 도착한 시점은 부탁이 끝나기 전이었다. 이는 급식에서만이 문제가 아니다. 학생들은 교육실습생들은 자신들의 이뻐하고 귀여워해서 싫은 소리를 하지 못한다는 사실을 알고 있다. 때문에 교육실습생은 교사가 없으면 독립된 교육기관으로서 기능을 하지 못하는 경우가 많다. 양보할 수 있고, 넘치게 사랑하며, 충분히 감당할 수 있다고 해서 학생과 자녀들에게 교육적 고려 없이 무엇인가를 제공해서는 안 된다. 성취를 통한 자립심, 패배를 통한 회복력, 실패의 과정에서 얻는 노하우, 감내와 인내를 통한 성숙의 기회, 사랑의 감정교류에서 오는 행복감 등을 얻을 수 있게 해 주어야 한다. 도와줄 때까지 기다리는 것이 가장 효율적으로 무엇인가를 얻을 수 있는 방법이 되면 그것 이외의 능력은 배양될 수 없게 된다.

그래서 인센티브

정리하면 인센티브는 대체로 학생들의 동기를 유발하지만 이는 매우 섬세하게 사용해야 하는 칼과 같은 것이다. 학교에 방문하는 외부강사들의 대부분은 학생들을 상당히 귀여워한다. 때문에 학생들의 행동에 보상을 해 주고자 하는데, 그 보상이 대체로 물질적인 것이다. 보통은 젤리나 사탕과 같은 것인데 아주 가끔은 학생들을 데리고 나가서 아이스크림이나 길거리 음식을 사 주기도 한다. 이 행동은 어른과 어린이와의 관계로서는 좋은 형태이지만 교육자와 피교육자의 입장에서는 전혀 그렇지 않다. 학생들에게 부여되는 인센티브는 비물질적이고 내재적일수록 좋다. 칭찬토큰이나 학급 내 파티 같은 것들을 보상으로 사용하는 교실들도 있다. 이것이 옳지 않다는 것은 아니다. 편식을 하는 학생에게 칭찬 스티커로 유인을 해서 더 고른 영양분을 섭취하게 할 수 있고, 개인에게는 어려운 학습과제이지만 해당 학령기에 반드시 습득해야 하는 성취기준 앞에서 눈물을 보이는 학생을 달랠 수도 있다. 학생들에게 인센티브를 전혀 사용하지 말고 내적동기를 유발하는 방법만으로 교육을 하자는 이야기가 아니다. 우리는 분명히 인센티브에 반응을 하며 처벌을 피하기 위해 특정한 행동을 하거나 하지 않는다. 교육은 이상이 아니라 현실이다. 우리가 아무리 조미료를 피하려 해도 조미료의 감칠맛에 순응하며 사는 편이 오히려 정신건강에 나을지 모른다(대부분의 조미료들은 FDA승인을 받았다.). 하지만 우리는 우리의 자녀들에게 해 주는 음식에서 만큼은 조미료를 적게 넣거나 혹은 아예 넣지 않으려 노력을 한다. 단순히 건강상의 문제가 아니라 그것이 부모의 마음이라 생각한다. 그러다 자녀가 일정 나이가 되면 조미료를 더 먹고 덜 먹고에 대해 거의 신경을 쓰지 않는다. 매연이나 미세먼지에 있어서도 비슷한 정도의 '조바심 내려놓음'을 한다. 심지어 그렇게 단속했던 술과 담배에 있어서도 상당히 유연하게 대처를 한다. 그렇다. 몇 살까지는 안 되지만 몇 살부터는 그럴 수도 있고, 몇 살부터는 안 그랬으면 좋겠지만 네 선택이야라고 넘긴다. 보상과 처벌도 마찬가지다.

이상적으로는 분명 사라질 필요가 있다. 하지만 현실적으로 가능한 이야기가 아니다. 교육학의 발전이 그 이상에 다가가게 해 줄지는 모르겠으나 현재 우리 인류가 가지고 있는 지식의 총체에는 그럴 방법이 존재하지 않는다. 특히 전술한 페어와 게히터 교수의 연구를 보면 협력에 이타적 처벌이 얼마나 효과적인지를 살펴볼 수 있었다. 인센티브가 이렇게 효과가 직접적이고 분명한데 사용을 하지 않는다는 것은 사회적 지식의 낭비다. 하지만 안 쓸 수 있으면 안 쓰는 것이 좋다. 조미료처럼 말이다. 이상향에 도달하지 못했다고 아무것도 시도하지 않은 것과 같은 것이 아니다. 이상향으로 가려고는 해야 한다. 유인우주선이 우주로 날아가기 전까지 인류는 수많은 발사체를 쏘아 올렸다. 유인우주선도 아닌데 왜 쏘냐는 질문은 어리석다. 린네^{Carl von Linne}의 생물분류체계(계문강목과속종)가 모든 생물을 적절히 분류할 수 없다고 하더라도 현재로서는 대안이 없다. 더 나은 방법을 찾는 동시에 현재는 이 방법을 사용해야 한다. 행동을 유발하는 인센티브를 섬세하게 사용하자는 것이지 없애야 할 악으로 규정하는 것은 옳지 않다.

사회적으로 타당한 행동을 교육목표로 두었다는 전제하에 다음 체크리스트를 살펴보자. 이는 우리가 인센티브를 보다 섬세하게 다루는 데 도움을 준다.

		4	3	2	1	0
1	이미 동기가 내재되어 있지 않은가					
2	편법으로 얻는 이득이 더 작은가					
3	보상 및 처벌의 종류가 교육적으로 타당한가					
4	다른 방법을 사용한 뒤 남은 유일한 방법인가					
5	강화를 받는 행동과 사고가 교육목표에 부합하는가					
6	행동 및 사고의 변화가 그로 인해 잃는 것보다 큰 가치를 가지는가					
7	보상을 주는 사람의 행복이 아니라 받는 사람의 행복을 고려했는가					
8	보상 및 처벌 자체가 사회통념상 용인이 될 수 있는가					
9	보상 및 처벌 체계가 명확한가					
10	보상 및 처벌을 중단했을 때도 강화 유지가 기대되는가					

4=매우 그렇다/3=그렇다/2=아니다/1=전혀 아니다/0=생각해 보지 않았다.

part3

머리는 차갑게,
가슴은 뜨겁게

최대한 많은 사람을 구한다는 것이 모두를 구한다는 의미는 아니야.

하지만 손을 놔 버리면 우리는 아무도 구하지 못할 거야.

「캡틴아메리카: 시빌워」

효율적 이타주의(effective altruism)라는 단어에는 인류애가 전제되어 있다. 자동화 공장에서 더 빠르고 더 정확한 부품을 찍어내는 차가운 이성도 효율이지만 우리 아이가 먹을 음식의 영양성분을 따지는 부모의 따뜻한 이성도 효율이다. 시험지 위에 더 정확한 답을 더 빠르게 써 내려가는 것도 효율이지만 앎과 삶을 더 잘 연결시키는 것도 효율이다. 모두 중요한 효율이지만 전자들은 후자들에 비해 지나치게 많은 주목을 받아왔기에 우리는 지금 후자의 효율을 생각해 볼 필요가 있다. 스탠딩코미디에도 효율이 있고, 감동에도 효율이 있다. 사랑에도 효율이 있고, 영화에도 효율이 있고, 교육에도 효율이 있다.

여기에서 말하는 효율은 결코 이런 것이 아니다. 포도는 상품성을 높이기 위해 일부의 포도를 솎아낸다. 그래야 효율적인 생산이 가능하다. 이는 농업에서 옳은 일이지 교육에서는 일어나면 안 되는 효율이다. 공장에서 만들어지는 과자들은 판매순위에 따라 생산량 조절을 위해 공장라인 사용규모가 다르다. 이 또한 경영적으로 옳은 판단이지 교육에서는 추구하는 바가 아니다. 프로스포츠의 지상최대 목표는 승리이고 우승이다. 그것을 위해 우리는 윤리를 저버리지 않는 한도 내에서 모든 수단을 동원한다. 주전 스쿼트와 라인업은 어느 정도 붙박이다. 기회는 더 잘하는 사람들이 독식한다. 간혹 세대교체를 위한 용인술과 계약사항에 따른 출전, 주전들의 체력안배를 위한 결장이 이루어지기는 하지만 중요한 경기일수록 그런 일은 일어나지 않는다. 이는 스포츠에서 승리를 위해 감독들이 추구하는 극한의 효율이다. 이를 저버리면 프로스포츠가 안겨주는 쾌감은 존부를 고민해 보아야 한다. 명장의 반열에 오르는 길은 더 많은 트로피이다. 선수 육성에 대한 평가는 부차적이다. 따라서 이는 교육이 추구해야 할 효율이 아니다.

07

효율적 이타주의

전문분야의 조력가 - 에필로그

스위스의 기업가 롤프 도벨리 Rolf Dobelli는 사진작가에게 멸종 위기 새들의 집 짓기 봉사활동 요청이 들어오면 당연히 거절을 해야 한다고 주장한다. 비전문적인 분야에 가서 8시간 동안 봉사활동을 하는 것보다는, 그 시간 동안 본업을 한 뒤 얻은 추가적인 수익을 기부하여 전문가를 고용할 수 있도록 도와야 한다는 취지다.[114] 그렇게 되면 단위시간당 훨씬 많은 새 장을 만들 수 있는 것은 물론 품질까지도 담보가 된다. 교사가 검정고시를 준비하는 학생들을 위해 무료로 수업을 하는 것은 자신이 가지고 있는 전문성을 발휘한 자원봉사에 해당하며, 이는 재능기부라는 말로도 통용된다. 그러나 시간당 200달러를 버는 변호사가 시간당 50달러어치밖에 일을 못 하는 아마추어 목수(조차 아닌)가 되어서 집을 짓는 봉사활동에 참여하는 것이 옳은가에 대한 문제는 생각을 해 보아야 한다.[115] 전문 분야가 아닌 곳에서 활약을 하는 봉사를 자원봉사자의 어리석음(volunteer's folly)라고 하며, 이러한 단어는 대개 효율적 이타주의자들이 만든다. 그러나 할리우드 배우의 경우에는 재능을 달리 보아야 한다. 그들의 재능은 분명 연기력에 있지만 인지도 그 자체가 그들의 재능이다. 따라서 안젤리나 졸리[Angelina Jolie], 샤론 스톤[Sharon Stone] 등이 자신의 비전문 분야에서 봉사를 하고 언론에 노출이 되는 것은 세간의 이목을 끌 수 있다는 점에서 매우 효율적인 봉사라고 할 수 있다. 실제로 시에라리온 내전은 개전 이후 미국 방송사들이 연간 2회가량 방송을 내보내 왔는데, 레오나르도 디카프리오[Leonardo DiCaprio]가 시에라리온을 찾은 뒤에는 보도 건수가 11회로 크게 증가했다.[116] 덕분에 시에라리온 내전에 대한 미국인들의 관심도는 자연스럽게 올라갔다. 또한 미스터비스트[MrBesast]는 해양쓰레기를 치우겠다며 자신의 유튜브에 모금요청 영상을 업로드했다. 그리고 3,400만 파운드가 모였다. 미스터비스트도 인지도 자체가 재능인 인물이다. 2024년 7월을 기준으로 유튜브 구독자가 3억 명이 넘어섰으니 이 부분에 대해서는 논의의 여지가 없다. 아프리카 마을 100곳에 우물을 파거나, 시각장애인들을 무료로 수술해 주는 일은 그가 청소부도 건축가도 의사도 아니어도 좋다. 그의 인지도는 곧 재능이고 그것으로 선한 영향력을 행사한 것이기 때문이다.

전문분야의 조력가 I - 셰프편

일반적으로 바리스타라면 커피를 잘 만들 것이고, 미용사라면 파마를 잘할 것이다. 그리고 셰프라면 외식경영을 잘할 것이다. 국제요리전문가협회는 2015년 평생공로상 수상자로 호세 안드레스[Jose Andres]를 선정했다. 2024년에는 미국 민주당이 그를 노벨평화상 후보로 추천했다. 호세 안드레스는 스페인 출신으로 미국에서 여러 레스토랑을 운영하는 셰프다. 레스토랑의 숫자는 그의 사업수완을 보여 주고, 미슐랭 스타는 그의 요리

실력을 증명한다. 하지만 그를 가장 빛나게 만든 업적은 단연코 월드 센트럴 키친(World Central Kitchen; WCK)을 설립한 것이다. WCK를 가장 잘 설명해 주는 문장은 호세 안드레스의 말에서 찾을 수 있다. "의료 서비스가 필요한 곳에는 의사와 간호사를, 재건이 필요한 곳에는 엔지니어와 건축가를 찾으세요. 그리고 사람들을 먹어야 하는 곳에는 전문 셰프가 필요합니다."[117] WCK는 2010년 아이티 지진 이후 그들을 돕기 위한 아이디어로 출발했다. 성공한 사업가인 그는 기부를 할 수도 있었고, 미디어 노출을 위해 건물 잔해를 옮기거나 아이들을 안고 있는 사진을 촬영할 수도 있었다. 하지만 셰프인 그의 선택은 음식을 제공하는 것이었다. 이는 그의 요리 실력과 식자재 유통 노하우를 쏟을 수 있는 가장 효율적인 방법이었다. 그 결과 2024년 1월을 기준으로 WCK가 전 세계에 제공한 음식은 누적 3억 5만 인분에 달했다. 요리사보다 요리로 세상을 밝힐 수 있는 사람들은 거의 없다. 의사가 학교 건물을 디자인하고, 건축가가 무료 급식소 음식을 만들고, 요리사가 아이들의 배를 어루만지는 것보다는 각자 자신의 전문 분야를 활용하는 것이 훨씬 낫다.

전문분야의 조력가 II - 음악가편

스웨덴 국왕은 노벨상과 동일하게 스톡홀름 콘서트홀에서 폴라음악상(polar music prize)을 매년 시상한다. 1992년에는 폴 매카트니Paul McCartney가 수상했고, 2000년에는 밥 딜런Bob Dylan이 수상을 했다(16년 뒤 노벨문학상도 수상했다). 그리고 2009년에는 피터 가브리엘Peter Gabriel과 더불어 '호세 안토니오 아브레우 & 엘 시스테마'가 수상을 했다. 엘 시스테마(EL Sistema)는 호세 안토니오 아브레우Jose Antonio Abreu가 설립한 빈민의 어린이들을 위한 음악교육단체다. 호세 안토니오 아브레우의 이력은 다소 독특한 편인데 체계적인 음악교육을 받은 경제학자로 요약하는 것이 가장 적절해 보인다. 그는 경제학자로서 빈곤문제에 관심을 가졌으며, 음악교육을 받은 사람으로서 그것을 음악교육으로 해결하고자 했다. 실제로 그는 오케스트라 지휘가 가능한 수준의 음악적 기능과 지식을 가지고 있었다. 그가 설립한 엘 시스테마는 2018년을 기준으로 공식적인 회원수만 80만 명에 달한다.[118] 엘 시스테마는 무료로 음악교육을 받을 수 있는 프로그램이며 그들의 원칙은 '시스테마 유럽' 홈페이지에 잘 나와 있다. 1. 오케스트라, 보컬 및 앙상블과 같은 음악 활동을 제공한다. 2. 모든 청소년이 참여할 수 있지만 특히 더 많은 지원이 필요한 청소년을 우선적으로 참여할 수 있다. 3. 지역사회의 네트워크 연결성을 강화한다.[119] 등이 그것이다. 체계적 음악교육을 받은 경제학자가 설립한 단체다운 원칙이다.

전문분야의 조력가Ⅲ - 작가편

1996년 브로드웨이에서 「버자이너 모놀로그(vagina monologue)」가 초연되었다. 그리고 30년 가까운 세월이 지난 지금은 UN회원국 중 이 연극이 공연되지 않은 나라가 더 적다. 그 완성도와 내용의 경각성은 작가 이브 엔슬러Eve Ensler(현재 그녀는 이름을 'V'로 불리기를 원함.)의 연필에서 나왔다. 버자이너 모놀로그를 직역하면 음부의 독백이 된다. 실제로 연극의 내용 또한 성폭행, 할례, 생리, 매춘, 성적취향 등의 주제를 여성의 관점에서 바라보는 것이다. 그런 그가 콩고민주공화국에 방문하여 진행한 여성에 대한 폭력 근절 캠페인은 세계인의 이목을 끌었다. 또한 그녀가 추진한 V-DAY운동은 강간, 할례 등을 근절하는 것을 목표로 하고 있으며 그 파

                                            에듀코노믹스

급력은 2010년에 1,500개 장소에서 V-DAY운동이 동시다발적으로 일어났다는 것을 통해 짐작해 볼 수 있다. 작가는 글로써 세상을 밝히는 것이 가장 효율적이다.

전문분야의 조력가 - 프롤로그: 기부처 토론회

"저는 상속된 돈과 힘을 얻기 위해 노력한 바가 없습니다. 심지어 국가는 세금을 부과하지도 않았습니다." 세계 1위의 화학회사 바스프(BASF) 설립자의 후손인 마를렌 엥겔호른Marlene Engelhorn의 발언이다. 그녀의 모국 오스트리아는 2008년에 상속세를 폐지했고, 그녀는 세금부과를 요청했으나 받아들여지지 않았다. 정확한 상속금액을 밝히지는 않았으나 평소 자신의 재산 중 90~95% 기부하겠다고 공언을 해왔으며, 2024년 1월에 공개적으로 기부를 하겠다고 밝힌 금액은 €2,500만에 달했다. 이것만으로도 충분히 아름답지만 그녀는 이를 한 번 더 훌륭하게 만들었다. 기부의 방식이 매우 효율적이었던 것이다. 우선 그녀는 모국인 오스트리아 국민 1만 명에게 초대장을 보냈다. 그리고 참여의사를 밝힌 사람 중 50명을 선정하기로 했다. 이들은 무작위로 선정을 하되 오스트리아의 인구 구성을 최대한 반영하도록 했다. 이렇게 모인 50명은 구터라트(Guter Rat-좋은 조언이라는 의미)라는 위원회의 구성원이 되어 기부금 운용에 대해 결정을 한다. 이 의사결정에 있어서는 기부자 본인인 마를렌 엥겔호른조차 발언권을 갖지 못한다. 위헌, 반생명, 반인류, 영리목적만 제외가 될 뿐이다. 이러한 방식의 기부는 자연스럽게 오스트리아 국민들이 필요로 하다고 생각되는 분야에 우선적으로 기부가 될 가능성이 높다. 이는 기존의 전문가 방식에 비해 국민의 눈높이에 더 잘 들어맞는다는 장점을 보인다. 예컨대, 인테리어 업자가 기부할 곳을 결정한다면 소상공인들에게 600각 타일을 300각 타일 가격에 지원해 주겠다는 아이디어로 아주 가려운 곳을 긁어 줄 수 있다. 야구선수 출신이 선정되면 유소년 스포츠 선수들을 위한 사회적 장치를 생각해 낼 수도 있다. 또한 배우라면 경제적 어려움을 겪는 예술인들을 위한 기부를 제안할 수도 있다. 따라서 마를린 엥겔호른의 방식은 오스트리아의 전형적인 일반 국민들이 필요할 만한 적재적소에 기부를 할 수 있을 가능성이 훨씬 높은 것이다. 반드시 극빈층 지원 또는 거대담론에 기부하지 않아도 우리는 효율적인 방법을 찾을 수 있기 때문이다.

생명을 계산해야 하는 이유

효율적 이타주의의 세계적 좌장은 단연 피터싱어Peter Albert David Singer 교수다. 그의 주장은 명쾌하다. 기부를 하든 봉사를 하든 더 효율적으로 하라는 것이다. 100명을 살릴 수 있는 일과 1명을 살릴 수 있는 일이 있다면 100명을 살려야 한다는 것이다. 자선단체에 기부를 해서 말라리아로부터 100명의 어린이를 살리는 것과 화재가 난 건물에 뛰어들어 가서 100명의 인원을 구조하는 것은 동일한 정도의 선행이다. 그런데 전자의 경우에는 일반적인 미국인 한 명 소득의 10%만으로도 충분하지만 후자의 경우에는 어벤저스급 히어로가 필요하다는 것이 그의 주장이다. 따라서 전자가 우선시되어야 한다는 것이다.[120]

세계보건기구(WHO)는 2020년에만 전 세계적으로 62만 7천 명이 말라리아로 사망했으며, 이 중 96%는 사하라 이남의 아프리카에서 발생했다고 발표했다. 그리고 이 지역 사망자 중 80%는 5세 미만의 아동이었다.[121]

가나의 어퍼웨스트주(Upper west region, 州)에서 말라리아에 걸린 5세 이하 아동의 치료비는 평균적으로 한 사람당 4.91달러다(최소 $0.13~최대 $46.75).[122] 반면 백혈병, 뇌종양, 신경모세포종 등의 질병을 겪고 있는 아이들에게 소원을 들어주는 자선단체는 텍사스 중남부를 기준으로 한 명의 아동에 대한 소원성취 비용이 7,500달러라고 밝힌 바 있다.[123] 기부라는 신성한 행위는 존경받아 마땅하다. 그러나 어떤 아동의 생명을 살리는 데에는 5달러가 투입되고, 어떤 아동의 소원을 이루는 일에는 7,500달러가 투입된다. 이러한 차이가 오는 것은 둘째치더라도 기부금이 전자 또는 후자에만 몰리지 않는 이유에 대해서는 생각을 해 볼 필요가 있다. 효율적 이타주의를 주창하는 이들에게 있어서는 전자에 기부금이 몰려야 한다.

세계보건기구는 2024년 2월에 '청력장애와 청력상실'이라는 글을 홈페이지에 게재했다. 해당 글은 전 세계 인구 중 5% 이상이 청력과 관련한 재활이 필요하다고 안내를 했다. 청력의 손실은 기본적인 의사소통의 어려움을 초래할 뿐만 아니라 경제활동에도 제약이 따르며 사회적으로 고립되어 외로움을 겪을 확률도 올라간다. 이를 해결하기 위해 세계보건기구는 재활을 돕고, 교육을 하며, 문제의 심각성을 세계에 공표하도록 하겠다고 공언했다. 이러한 내용의 가장 첫머리에는 다음과 같은 글이 쓰여 있다. "핵심적 사실: 청각관리를 위해 1인당 1.4달러 미만의 투자가 필요하며, 1달러 투자 시 16달러의 추가수익이 보장됩니다."[124] WHO의 빈곤퇴치 및 인권신장을 위한 활동에도 가격을 붙이기 시작했다. 심지어 투자에 대한 수익률까지도 공개하며 이러한 관점으로 바라보는데 연대하기를 원해 보였다. 매우 효율적인 인권신장의 방식이다.

2016년 게이츠 재단(Bill & Melinda Gates foundation)에서도 유사한 관

점을 보여 주는 연구를 지원했다. 범세계적으로 큰 두려움을 초래하는 질병들에 대한 백신의 비용-편익 분석을 위한 연구를 지원한 것이다. 연구는 각 질병에 따라 투자한 금액과 경제적 이익의 비율을 나타낸 것으로 투자수익률과 같은 형태로 볼 수 있었다. 그 결과 홍역 백신은 투자대비 경제적 이익이 58.2배에 달했으며, 황열병과 수막구균은 각각 13.2배와 11.2배를 기록했다.[125] 이 내용은 게이츠 재단의 최대 기부자인 워렌 버핏Warren Buffett에게도 서한의 형태로 전달이 되었다. 버크셔 해서웨이를 이끌고 있는 워렌 버핏에게도 5,800% 수익률은 일상적인 일은 아닐 것이다.[126] 하지만 이렇게 긍정적인 결과물이 있음에도 죽음은 완전히 근절되지는 못했다는 점은 안타까운 사실이다. 2000년부터 2022년까지의 기간 동안 백신이 홍역으로 인한 사망자를 5,700만 명이나 예방했지만 여전히 13만 명 이상이 홍역으로 사망하고 있다. 그리고 이들 중 대다수는 5세 미만의 아동이다.[127] 좋아지고 있지만 좋은 상황은 아니다.

트롤리 문제

공리주의자가 아니어도 도덕적 딜레마 상황에서 무언가 결단을 내리려 하면, 상황을 세밀하게 쪼개어 분석을 해 보게 된다. 윤리를 배반하지 않으면서도 더 나은 선택지를 찾아 헤매는데 결국 이 과정은 사람의 가치를 효율이라는 저울에 올리도록 만든다. 흔히 선택지에도 없는 독창적이라고 믿는 방법을 제시하는 사람들이 있는 이유는 이 딜레마가 얼마나 우리 인간을 심히도 불편하게 만드는지를 보여 주는 편린이다. 가장 유명한 도덕적 딜레마 사고실험은 트롤리 문제다. 내가 기관사라면 기차의 방향을 틀어서 5명을 살리고 1명을 죽일 수 있을 것인지 혹은 그것이 옳다고 생각하는지에 대한 질문이다. 이 문제는 지나치게 유명하기 때문에 이미 각자의 답을 내려본 경험이 있을 수 있다. 따라서 여기에서는 다른 상황을 제시하고자 한다(트롤리 문제에서 '난 브레이크를 잡을 수 있어' 혹은 '승객이 다 탈출하고 기차를 탈선시킬 거야'와 같은 방안이 위에서 말한 그 편린이다.).

- 적국의 암호를 해독하는 데 성공했다. 덕분에 오늘 우리의 함선 2대를 폭격할 것임을 알아냈다. 그러나 폭격에 미리 대비하면 우리가 암호를 해독한 것을 적국에게 탄로가 나게 되고 적국은 암호체계를 바꿀 것이다. 그렇게 되면 이제 우리는 더 많은 폭격에 대비를 할 수 없게 된다. 이 상황에서 함선 2대와 그 안에 타고 있는 우리 해군을 살리는 것이 옳을까? 혹은 그들의 희생으로 더 많은 우리 군인과 민간인을 살리는 것이 옳을까?

- 원거리 폭격장치가 우리 민간인을 사살하고 있다. 그런데 적국의 목표는 인구가 많은 A지역이었지만 실수로 인구가 적은 B지역을 폭격했다. 우리는 추후 대처를 통해 그들에게 A지역에 폭격이 된 것인지 B지역에 폭격이 된 것인지를 알릴 수 있다. 적들이 B지역에 폭격이 된 것을 알게 되면 재조준을 통해 A지역을 폭격할 것이다. A지역에 폭격이 된 것처럼 위장해서 더 많은 인구를 살리는 것이 옳은 행위인가?

제2차 세계대전을 지휘한 영국 총리 윈스턴 처칠^{Winston Churchill}은 매일 도덕적 딜레마 상황에 직면했을 것이다. 그의 결정 중 가장 잘 알려진 사례는 이미 독일군 암호를 해독하고도 그 사실을 숨기기 위해 독일군의 공격을 모른 척하여 다수의 영국군을 수장시킨 일이다. 하지만 그 일로 종전은 앞당겨졌고, 더 많은 민간인과 군인의 희생자를 막을 수 있었다. 또 다른 사례는 이중간첩을 활용하여 영국 내 폭격지역을 결정한 것이다. 당시 독일은 V1 미사일로 런던 중심부를 폭격하고자 했다. 물론 버밍엄 궁전을 타격하기도 했으나 상당수의 미사일이 런던 외곽지역에 떨어졌다. 이 지점에서 윈스턴 처칠은 또다시 도덕적 딜레마 상황에 직면했다. 군사적, 정치적 중심지이자 더 많은 인구가 살고 있는 런던 중심부를 살릴 것인지 아니면 상대적으로 인구가 적은 런런 외곽지역의 국민을 살릴 것인지 결정을 해야 했다. 이때 처칠이 내린 결론은 에디 채프먼^{Eddie Chapman}과 후안 푸욜 가르시아^{Juan Pujol Garcia}를 활용하는 것이었다. 이 둘은 독일과 영국의 이중스파이로서 영국을 위해 일을 하고 있었다. 독일군은 자신들의 스파이라고 생각했던 둘에게 V1이 런던 중심지에 제대로 폭격을 가하고 있는지를 물었다. 이에 처칠의 지령을 받은 두 사람은 V1이 런던 중심지에 제대로 폭격을 가하고 있다고 보고를 했다. 그로 인하여 런던 외곽지역은 더 많은 폭격의 표적이 되었다. 처칠은 더 많은 사람과 더 중요한 군사요충지를 지켜내기 위해 런던 외곽지역에 더 많은 폭격을 가하도록 결정한 것이다. 이는 부작위로서 런던 외곽지역의 국민이 죽도록 둔 것이 아니라 작위로서 그들이 더 많이 사망하도록 결정을 내린 것이다(물론 피해를 최소화하기 위한 대비가 있었다.). 그의 이러한 결정들에 윤리적 문제제기를 할 수는 있지만 그렇다고 더 나은 대안을 제시하기는 매우 어렵다.

1999년 노벨평화상 수상자이자 국경없는의사회 회장을 지낸 제임스 오르빈스키^{James Orbinski}는 르완다 내전 당시 그곳에 있었다. 말 그대로 인간이 산을 이루고 인간이 바다를 이룬 환자들의 비명은 그 소리의 크기로 삶과 죽음을 나눌 수 있을 정도였다. 의료인력의 부족과 한정된 의약품, 그리고 속절없이 흘러가는 골든타임은 그 군상들을 더욱 참혹하게 보이게 했다. 이 상황에서 제임스 오르빈스키는 결정을 내렸다. 더 많은 사람을 살리기로. 더 많은 사람을 살려야 한다는 결정은 당연한 것으로 들리지만 한정된 자원에서의 결정은 방법론이 뒤따른다. 그렇다. 그의 결정에는 누구를 죽일지도 포함되어 있다는 점에서 매우 철학적이었다. 그는 환자들의 이마에 숫자를 표시했다. 1, 2, 3. 1은 즉각적 치료가 있다면 살아날 사람들, 2는 24시간 이내에 치료가 있다면 살아날 사람들. 그리고 마지막 3은 치료를 해도 가망이 없는 사람들이었다. 그리고 오르빈스키와 동료들은 사력으로 1번과 2번이 쓰여진 이들을 치료했다. 그 사이 3번이 쓰여진 이들은 죽어 갔다. 그의 결정은 매우 효율적으로 수많은 사람을 살렸다. 『팩트풀니스』의 저자 중 한 명인 한스 로슬링^{Hans Rosling}은 1980년대 초 모잠비크에서 의사로 활동을 했다. 그의 견해에 따르면 스웨덴에서 100명의 의사가 돌볼 환자를 그곳에서는 단 두 명이 모두 맡았다고 했다. 그렇게 의술을 펼치던 중 소아과 의사인 친구가 그의 병원을 찾았다. 그리고 그 친구는 로슬링의 치료방식을 보고 화를 냈다. 자네 저녁식사와 환자의 목숨을 바꾸는 게 의사냐는 것이 주요한 내용이었다. 로슬링 스스로도 인정하듯 모잠비크에서 그의 치료는 수준이 매우 낮았다. 하지만 그에게도 충분한 이유가 존재했다. 높은 수준의 치료 지시는 현지 간호사가 의료사고를 낼 가능성을 높인다는 점, 매일 단 하루 치료할 것처럼 하면 스스로가 한 달도 못 버틸 것이라는 점, 내원 환자에게 모든 시간과 자원을 쏟으면 내원이 불가능한 병원 밖 환자들은 버려야 한다는 점이 그것이었다.[128]

영화 「진주만」에서도 비슷한 일을 묘사했다. 1941년 당시 일본제국은 선전포고 없이 하와이를 공습했다. 이 일로 루즈벨트^{Franklin D. Roosevelt} 대통령은 '치욕의 날 연설'로 속칭되는 발표를 했으며, 미국의 제2차 세계대전 참전은 상원의원 전원 찬성으로 가결되었다. 당시 폭격은 일본제국의 선제공격이었으며, 선전포고도 없었기에 미군의 인명피해가 상당했다. 일순간 하와이의 진주만 일대는 폭격으로 인한 부상자들이 속출했고 그들은 군병원으로 물밀듯 실려 갔다. 결국 환자 수를 감당할 수 없던 의료진은 환자의 급을 나누기 시작했다. 간호사는 자신을 가장 돋보이게 하는 컬러로 고른 립스틱을 주머니에서 꺼냈다. 그 순간 그녀의 표정은 흡사 인류가 추구해야 할 최대선을 고민하는 철학자의 얼굴로 바뀌었다. 그리고 굳센 표정의 그녀에 의해 이마에 붉은색 F가 표시된 이들은 병원 내부로 들어가 보지도 못한 채 죽음을 모르핀 주사와 함께 맞이해야 했다. 이와 동시에 의료진들은 효율적인 방식으로 최대한 많은 인명을 살려 냈다.

근접발달영역

교육자원의 분배에 있어서 선택의 문제가 발생하면 그 기준은 비고츠키^{Lev Vygotsky}가 정립한 개념인 근접발달영역(ZPD: Zone of Proximal Development)의 넓이가 되어야 한다. (오르빈스키가 이마에 적은 것처럼) 도움이 없어도 성장할 수 있는 0번이 아닌, 도움이 있어도 성장을 할 수 없는 3번이 아닌. 도움이 있으면 더 많은 성장을 할 분야를 도와야 한다. 우리는 체력만 고갈되는 것이 아니라 자아도 고갈(ego depletion)이 되기 때문이다. 의료서비스와 마찬가지로 교육서비스도 유한하다. 한 교실에 있더라도 A에게 개별교육이 이루어지면, B는 그만큼의 교육기회를 잃게 된다. 학교에 대한 신뢰가 떨어지는 문장으로 들린다면 선진국의 출산율이 낮은 이유를 생각해 보자. 가정에는 돈만 유한한 것이 아니라 엄마, 아빠가 줄 수 있는 신경의 양도 유한하기 때문이다. 둘째에게 신경이 투입되면 당연히 그만큼 여섯째에게 투입되는 신경은 줄어들 수밖에 없다. 사랑과 관심에도 총량이라는 것이 있을 수밖에 없다. 첫째 아이가 배 속의 동생에게 위기감을 느끼는 것은 이를 인간이 본능적으로 알고 있음을 보여준다. 미국과 캐나다의 어린이들이 투표하는 키즈 초이스 어워드(Kid's choice award)에서 최고의 애니메이션 후보에 올랐던 「보스 베이비: 돌아온 보스」의 네 번째 시즌에는 '노란색 100%'라는 에피소드가 포함되어 있다. 해당 에피소드에서는 보스 베이비가 베이비 나라의 책임자가 되면서 겪는 시행착오를 다루고 있다. 보스 베이비는 모든 관심과 재원을 아기들에게 쏟을 것을 천명하고, 이를 다른 사람들에게도 주문했다. 하지만 보스 베이비에게는 부모 형제가 있고, 아기들 말고도 지켜야 할 회사 사람들이 있었다. 30분짜리 짧은 러닝타임이지만 그동안 가정과 회사는 엉망이 되었고, 에피소드 말미에는 개인의 역량과 사랑, 관심을 한 곳에 100% 쏟을 수 없음을 깨닫게 된다. 이러한 교훈을 유아기에 습득할 수 있다는 사실은 「보스 베이비」의 가치를 한 번 더 확인시켜 주는 점이다. 사실 인간은 자아고갈을 훨씬 더 쉽게 경험한다. 단지 다 큰 성인이 눈앞에 있는 초콜릿 먹는 것을 참는 것만으로도 그 뒤 이어지는 퍼즐 맞추기에서 포기할 확률이 높아진다는 연구 결과도 있다.[129] 심지어 거시경제학 분야에서 역사상 가장 위대한 경제학자인 케인즈조차 아내와 연애할 시절에 '저널리즘은 사람은 사람을 소진시켜서 다른 더 고결한 일을 처리할 만한 에너지를 내지 못하게 한다'고 편지를 써서 보낸 적이 있다.[130] 우리가 교육을 효율의 관점에서 봐야 하는 중요한 이유 중 하나다. 천사도 모든 곳에 계실 수가 없어서 어머니를 내렸는데, 인간이 모든 아이들 한 명 한 명에게 100%를 쏟는다는 것은 아름다운 은유로 봐야 한다. 그러나 이 논리를 개별 학습자에게 사용해서는 안 된다. 즉 누구를 포기하고 누구를 더 많이 교육할까의 논거가 아니다. 누구의 어떤 영역을 선택하느냐의 문제를 해결하는 논리가 되어야 한다. 또한 이미 잘하고 있느냐 혹은 못하냐도 판단의 기준이 아니다. 앞으로 도움을 받았을 때 성장가능성이 있는 영역인지가 판단의 기준이 되어야 한다. 도움 없이도 성장할 수 있다면 이 또한 ZPD가 작은 것이다.

- 판단인자=A의 교우관계, B의 운동신경, C의 수학성취도
- 판단기준=도움을 받았을 때의 성장가능성

한 교사의 책상에 800페이지가 넘는 앤드루 솔로몬^{Andrew Solomon}의 저서 『부모와 다른 아이들』이 올려져 있었다. 초등학교 4학년의 한 여학생이 그 책을 열어 보았다. 학생들을 위한 책이 아니다 보니 그 학생에게는 자국어이지만 해석을 해야 하는 수준의 문장들이 즐비했다. "선생님 이방인이 뭐예요?", "정신분석학자가 뭐예요?", "격세 유전자가 뭐예요?"와 같은 질문을 쏟아냈다. 고맙게도 그 뒤에 나오는 '자아상'이 무엇이냐고 묻지는 않았다. 이때 당연히 교사는 최선을 다해서 단어에 대해 설명을 해 줄 수는 있다. 그러나 필시 이는 교육이 아니다. 단지 어른과 어린이의 대화에 불과하다. 대화에서도 배울 것이 있지만 그것은 결코 교육이라고 할 수 없다. 몇 가지 질문을 들은 뒤 답변을 멈추고 학생의 수준을 어렴풋이나마 파악하고 도서관에서 학생의 수준에 맞는 책을 함께 찾아주는 것이 교

육이다. 넘어지고 일어나는 법을 배우는 것이 좋다고 해서 세발자전거를 이제 배우기 시작한 아이에게 MTB를 쥐어 주는 어른은 없다. 이와 같은 논리는 영국의 국가 교육과정에서도 찾을 수 있다. '교사는 적절한 평가를 통해 의도적으로 학생이 의욕적으로 참여할 수 있는 목표를 설정하도록 해야 한다.'[131]

교육에 있어서의 사랑

잘 가르친다라는 명제를 생각해 보자. 우리는 흔히 이런 문장을 사용한다. '원숭이도 이해할 수 있는', '1분 만에 이해할 수 있는'. 이 문장이 마케팅 용어로 사용된다는 것은 분명히 우리는 교육도 효율적으로 이루어져야 함을 알고 있다는 것이다. 동일한 시간만큼 교육을 했을 때 더 많은 교육목표가 달성되면 이를 우리는 효율적으로 교육을 했다고 말할 수 있다. 그렇다면 효율적 이타주의자들의 생각과 같이 교육에 있어서도 그러한 냉철함이 더 우선하는가에 대한 문제가 남는다. 교육에 있어서의 사랑을 어떻게 해석을 해야 할까? 우리는 교육에 있어서 사랑의 의미를 분해해서 생각해 볼 필요가 있다.

교육을 받는 사람이 얻는 사랑은 최종적 의미를 지니지만 교육을 하는 사람이 쏟는 사랑은 중간단계의 의미를 가진다. 사랑은 감정이다. 하지만 우리는 사랑의 기술이라는 문구도 사용하며, 머릿속에 떠오르는 무언가가 있다. 이를 분해해 보자. 감정으로서의 사랑과 기술적으로 활용할 수 있는 사랑은 구분될 수 있다. 우리 집 강아지를 사랑한다고 하면, 그것으로 문장은 끝이 난다. 최종적인 의미이기 때문이다. 하지만 사랑도 기술이야라고 말하는 문장은 이대로 끝나면 안 된다. 부연설명이 붙어야 한다. 여기에서의 사랑은 중간단계적 의미를 갖고 있기 때문이다. '교육은 결국 사랑이다'라고 말할 때는 이 두 가지 의미를 모두 염두에 두어야 한다. 사람 대 사람으로서의 사랑은 최종적인 의미인 것이고, 학생에게 더 많은 열정을 쏟기 위한 사랑은 중간단계적 의미인 것이다. 오일파스타를 싫어하는 사람도 레시피를 보고 그럴싸한 오일파스타를 만들 수는 있다. 하지만 거기까지다. 오일파스타는 오일파스타를 좋아하는 사람이 만드는 편이 낫다. 교육에서의 사랑도 그것이다. 학생을 사랑하지 않아도 기술적으로 교육이 가능하다. 그러나 학생을 사랑하는 사람이 교육하는 편이 낫다. 결국 사랑이 중요하다는 것은 옳다 하지만 중간단계의 의미로서의 사랑은 결국 부연이 필요하다. 여기에서 적절한 부연은 교수법이 중요하다는 사실이다. 요리를 전문적으로 배우지 않아도 몇 년간 음식을 하다 보면 손님을 대접할 정도의 요리는 할 수 있다. 하지만 셰프가 도달할 수 있는 요리의 수준과 일반인이 도달할 수 있는 요리의 수준은 다르다. 또한 실력이 느는 속도도 다르다. 교육도 마찬가지다. 몇 년간 부모로 살다 보면 또는 회사의 교육팀에서 근무를 하다 보면 교수법을 몰라도 경험적으로 교육이라는 것은 잘할 수 있다. 하지만 교육적으로 도달할 수 있는 수준과 달성되는 데 걸리는 시간은 다를 수밖에 없다. 교육은 사회과학에 속한 학문이다. 열정과 사랑만으로 하는 것이 아니다. 이는 남을 돕는 행위를 사랑만으로 하면 안 된다는 효율적 이타주의자들의 논리와 맥을 같이한다. 적절한 곳에 기부를 해야 하며, 기부금이 가치 있게 사용될 수 있는 기술력을 가진 단체가 필요하다. 거기에 중간단계로써의 의미로 인류애가 필요한 것이다. 교육도 마찬가지다. 교육은 기술이다. 다만 사랑과 관심이 없다면 옳게 쓰여질 가능성이 매우 희박한 기술이다.

1984년 제임스 플린^{James Robert Flynn}은 논문을 통해 미국인들의 평균 IQ 검사 결과가 지난 46년간 13.8이 상승했음을 확인했다.[132] 또한 3년 뒤에는 연구 범위를 14개국으로 넓혔다. 그가 연구한 14개국들은 30년간 IQ가 크게는 21.9에서 작게는 6이 상승했다.[133] 분명 한 세대, 또는 그다음 세대로 갈수록 IQ지수는 높게 측정되고 있었다. 그 원인으로 플린은 환경적 요인을 꼽았다. 한두 세대만에 인간이 유전적으로 진화한다는 것은 불가능하기 때문이다. 우리는 세대를 거듭함에 따라 매체의 발달로 인하여 더 많은 정보에 접할 수 있으며, 학교 교육의 양과 질도 달라진다. 사회과학의 특성상 다른 요인을 제거하기는 어렵지만 교수법의 발달과 교육기자재의 효과성 증가 등이 세대 간 IQ 지수 상승에 일조를 했다는 사실은 어렵지 않게 추측이 가능하다. 이러한 세대 간 IQ 상승 효과를 플린 효과(Flynn effect)라고 부른다. 지난 100년간 교육학계에서는 다양한 수업모형을 개발하였으며, 행동주의와 구성주의와 같은 교육적 이념을 지나왔다. 과거에는 맹신되던 두 이념들을 지금의 관점에서 보면 제국주의를 옹호하기 위해 오용하던 공리주의를 현대 철학자들이 보는 것과 비슷한 느낌을 받는다. 교육학은 세부적으로 분화되어 다양한 분과학문을 형성했으며, 그 과정에서 다양한 교수법을 창안해 냈다. 이들의 지난 노력들과 증거기반의 실제들은 우리가 교육을 더 기술적으로 사용할 수 있도록 돕고 있다. 교육이 나아가야 할 방향, 교육이 무엇인가 하는 논제, 교육 내용에 대한 정치적 해석은 거시적으로 우수한 관점을 제공한다. 하지만 교육을 실질적으로 어떻게 해야 하는지는 결국 미시적 관점이 필요하며 이는 수업모형, 교수법, 교육이념에서 찾을 수 있다. 이를 경제논리에 비유하자면 다음과 같다. 전자는 물가를 안정화해야 한다는 주장이며, 후자는 어떻게 물가를 안정화할 수 있는지에 대한 구체적인 해결 방안이다.

효율의 다양한 얼굴들

효율이 가지고 있는 다양한 측면을 살피는 것은 우리가 교육에서 바라보아야 할 효율도 또 하나의 일면임을 이해하는 데 도움을 얻을 수 있다.

[40대의 인간관계] 레트로토피아. 사회학자 지그문트 바우만Zygmunt Bauman이 동명의 저서에서 언급한 개념이다. 책의 내용은 훨씬 무겁고 어둡지만 우리가 「프렌즈」를 다시 보고, 한 세월 지난 영화를 예닐곱 번씩 다시 보고, 나의 빛났던 청춘 때 들었던 노래가 담긴 플레이리스트를 스트리밍하는 그런 것들을 지칭하기도 한다. 마크 피셔Mark Fisher는 『자본주의 리얼리즘』에서 SNS와 유튜브를 하염없이 넘겨 가며 보는 것을 쾌락과 권태의 동시성으로 규정했다. 지나간 추억을 보정해서 그때의 향수를 느끼는 일은 우리의 감정을 매우 효율적으로 쾌락과 권태로 인도한다. 이는 인간관계에서도 나타난다. 연구에 따르면 사람의 경우 47세즈음이 되면 더 이상 인간관계를 확장하기를 꺼려한다.[134] 새로움보다는 익숙함, 설렘보다는 편안함을 추구하는 나이가 된 것이다. 재미있는 것은 이러한 지향이 침팬지들에게도 나타난다는 점이다. 무려 78,000시간 동안 15세에서 58세의 침팬지들을 관찰한 연구자들은 침팬지도 인간과 같이 일정 나이가 되면 기존의 친구들하고만 시간을 보낸다는 사실을 발견했다.[135] 비용과 편익을 따졌을 때 그 불확실성을 줄인다는 점까지 포함해서 지극히 효율적인 인간관계다. 비슷한 조사결과는 스포티파이를 분석한 곳에서 나왔다. 스포티파이의 R&D센터에서 일하는 아제이 칼리아Ajay Kalia가 스포티파이 스트리밍 정보를 분석한 결과 사람들은 평균적으로 33살이 되면 새로운 노

래를 듣는 것을 미루고 자신의 10대, 20대 때를 수놓아 주던 노래를 더 많이 듣는다.[136]

[내 집 청소 vs 네 양말 빨래] 2022년 월스트리트 저널에는 '타인의 집에서 신발을 벗지 않는 이유'라는 글이 올라왔다. 그 글의 부제는 조금 더 어처구니가 없는데, '왜 내 양말이 당신의 집 바닥보다 더러울 것이라고 생각하나요?'였다.[137] 미국 최대의 커뮤니티 레딧에는 숱한 댓글이 달렸는데 대체적으로 '무례하다.', '뉴질랜드에서는 일어날 수 없는 일이다.'와 같은 것이었다. 물론 '파티와 같은 특수한 상황에서는 벗고 싶지 않다.'는 댓글도 있었다. 하지만 우리가 여기에서 예의는 차치하고 효율의 측면에서 문제를 다시 생각해 보면 다음과 같은 질문으로 정리가 된다. '깨끗한 양말로 더러운 바닥을 돌아다닌 사람이 양말을 세탁하는 것이 쉬울까, 아니면 신발로 더럽혀진 집안의 바닥 전체를 청소하는 것이 쉬울까.'

[언어의 함축] 우리는 하나의 문장에서 여러 감정과 정보를 얻을 수 있으면 그것을 명문장이라고 칭송한다. 공중화장실의 변기 앞마다 한 줄씩 써 있는 이러한 명언들은 우리의 삶에 영감이 되어 주고 지표가 되어 주기도 한다. 이러한 문장을 써 내려가는 일은 고도의 능력이다. 그러나 일부 지역에는 누구나 효율적으로 언어를 구사할 수 있도록 아예 단어가 상당한 함축의 의미를 지니고 있는 경우도 있다. 예컨대, 인도의 보로어에는 Onsra[온스라]라는 단어가 있다. 이는 끝나갈 사랑임을 인지하는 시점의 씁쓸하면서도 달콤한 감정을 의미한다.[138] 또한 역두문자도 한 단어를 통해 두 가지 이상의 목적을 추구한다는 점에서 의미상 효율을 좇는다. 대표적인 예시가 미국 애국자법이다. USA PATRIOT는 그 자체로도 미국 애국자라는 뜻을 지니고, 풀어서 쓰면 테러에 대한 대응을 의미한

다. "Uniting and Strengthening America by Providing Appropriate Tools Required to Intercept and Obstruct Terrorism (USA PATRIOT) Act of 2001"를 번역하면 "테러방지 및 방해에 필요한 적절한 도구를 제공함으로써 미국을 통합하고 강화하기 위한 법"이다. 수어가 자리를 잡는 과정에서도 언어의 함축을 찾아볼 수 있다. 수어는 구어를 그대로 옮겨 일대일 대응시키는 것이 아니라서 새로운 문법과 표현방식, 단어가 창조되는 새로운 언어체계다. 니카라과의 수어가 형성된 과정을 보면 언어의 함축 현상을 비교적 최신의 사례에서 살펴볼 수 있다. 1970년대 이전 니카라과에는 수어가 없어 당시 청각장애를 가지고 특수교육을 받고 있던 어린이들이 적절하게 그들의 모어를 표현하기 어려웠다. 때문에 그들은 일단 손과 몸으로 무엇인가를 표현해 냈다. 그것이 현재 니카라과 수어(NSL)의 모태다.[139] 그리고 반세기 동안 그들의 표현방법은 점차 간소화 되거나 함축적으로 변하며, 일반적인 언어와 유사한 체계를 가지게 되었다. 예를 들어 말(馬)의 경우 초기에는 말의 형상의 대부분을 묘사했으나, 한 두 세대를 거치면서 추상화된 표현방법으로 자리를 잡았다. 마치 한자가 갑골문자에서 현재의 모습으로 변해오는 것과 유사했다.

[차별이 효율에 미치는 영향] 토니 모리슨^{Toni Morrison}은 포틀랜드 주립대에서 있었던 연단에서 다음과 같이 연설했다(연설 제목 : 인본주의적 관점). "인종차별의 가장 심각한 작용은 우리가 우리의 존재가치를 끊임없이 설명해야 한다는 데 있다. 그것은 우리가 해야 할 일을 하지 못하도록 집중력을 분산시킨다." 차별은 곧 사회적 손실이다. 스티븐 낵^{Stephen Knack}과 필립 키퍼^{Philipp Keefer}의 연구에서도 사회에 대한 신뢰 정도와 시민적 협력의 정도

는 높은 상관관계를 보였다. 대표적으로 스웨덴과 노르웨이는 두 지표 모두 높게 측정이 되었다. 그리고 이는 경제에서 높은 성장률로 이어졌다.[140]

08

사반공배

1988년 뉴욕 오페라에서 바순을 연주하는 사이러스 세갈^{Cyrus Segal}은 링컨 센터 버스정류장에서 아내를 기다리던 도중에 바순을 도둑맞는 일을 겪었다. 당시 그의 나이는 62세였고, 잃어버린 그 바순과 함께 한 시간은 25년이었다. 악기를 전문적으로 다루는 연주자들에게 악기는 여러 공산품 중 하나가 아니다. 대부분의 경우 애칭이 있을 정도로 연주자와의 교감이 있다. 그렇기 때문에 세갈도 바순에 보험을 들어 두기는 했지만 그에게 있어 잃어버린 그 바순은 다른 바순으로 대체가 가능하지 않았다. 그러던 도중 아내에게 연락이 왔다. 어떤 악기상이 세갈의 바순을 가지고 있는 것 같다고. 악기상을 찾아간 세갈은 여하히 바순이 악기상에게 왔는지를 들을 수 있었다. 당시 바순의 가치는 약 $12,000로 추정이 되었으나 어떤 노숙자가 10달러에 바순을 팔겠다고 악기상을 찾았다. 당연히도 악기를 볼 줄 아는 악기상 마비스^{Marvis}는 무엇인가 잘못되었음을 직감했고, 노숙자와 흥정을 해서 3달러와 담배 한 갑에 바순을 매입한 것이었다. 그리고 주변의 음악가들에게 이 사실을 알렸고, 그 사실이 세갈의 아내에게까지 전달이 된 것이다. 그러나 이 일로 마비스는 어떠한 사례금도 받지 않았으며,

심지어 바순의 매입가인 3달러와 담배 한 갑조차 받지 않았다.[141] 마비스가 선의를 위해 지불한 금액은 3달러와 담배 한 갑이지만 세갈이 얻은 효용의 가치는 명약관화하게 $12,000와도 비교가 안 되게 큰 것이었다.

단일 질병을 퇴치하기 위한 국가 차원의 역사상 가장 거대한 공약은 PEPFAR로 축약되는 에이즈 퇴치 사업이다. PERFAR는 미국 정부 차원의 에이즈 퇴치 원조 프로그램으로 수원국만 50개에 달한다. 에이즈 구조를 위한 대통령 긴급계획(President's Emergency Plan for AIDS Relief; PERFAR)은 2003년 시작되어 4개의 행정부를 거치면서도 지속되어 왔다. 그 기간 동안 2,500만 명의 생명을 살렸고, 550만 명의 태아들이 에이즈 감염 없이 태어날 수 있도록 도왔다.[142] 원조의 범위는 전 세계적이다. 브라질, 과테말라, 엘살바도르와 같은 아메리카 대륙. 사하라 이남의 대부분의 국가들. 우크라이나와 카자흐스탄을 포함하는 중앙아시아. 인도, 필리핀, 태국, 인도네시아 등이 속해있는 동남아시아 지역까지 그 원조의 범위에 들어 있다. 바이든 행정부는 2025년도 PEPFAR 예산으로 47억 달러를 의회에 요청했다.[143] 2025년 미국의 예산이 7.3조 달러임을 감안하면, 약 0.06% 정도 되는 금액이다. 금전적 문제를 차치하고 생각을 해 보아도 인류사에 에이즈 문제를 해결할 수 있다는 것은 끔찍히도 놀라운 성과라고 볼 수 있다.

2017년 연구자들은 방글라데시에서 근시를 겪는 피험자들을 찾았다. 59개 마을에 거주하고 있는 35~65세의 사람들은 총 1만 명이 넘었다. 그 중 824명이 실험에 참가했다. 이들의 평균 연령은 47세였고, 양성의 성비는 50대 50이었다. 이들에게 시력에 적절한 안경을 제공하자 8개월 만에 월평균 중위소득이 $35.3에서 $47.1로 33.4%나 증가했다.[144] 설령 안경의 가격이 실험 전후의 소득차인 $12보다 비싸다 하더라도 안경은 매달 구입하는 것이 아닌 데 비해 소득은 꽤 지속적으로 증가하거나 적어도 유지할 수 있으므로 안경을 제공하는 일은 매우 효율적인 투자인 동시에 인류적으로도 충분히 감화될 수 있는 행동이다. 교정되지 않은 저시력으로 인한 경제적 손실은 국제적으로 연간 2,690억 달러에 이른다.[145] 이마저도 2000년대에 추정된 것이다. 비전스프링(VisionSpring)은 돈이 없어 안경을 구입하지 못하는 인구를 10억 명으로 추산하고 있다.[146]

교육의 질을 높이기 위해서는 가장 쉬운 방법을 우선적으로 해 보는 것이다. 예컨대 우간다의 교사들은 5일에 하루꼴로 결근을 했다. 이러한 상황에서는 교사의 결근율만 낮춰도 교육의 질은 상승할 수 있다(1인당 GDP와 교사의 결근율은 매우 높은 상관관계를 보이므로 특정 국가나 주(州)의 교사가 유독 불성실하다고 결론 내기는 어렵다.).[147] 또한 시험지에 자신의 인종을 표기하게 하면 성적이 낮게 나온다는 실험이 있었기에 그렇게 하지 않기만 해도도 성적이 높게 측정될 수 있다.[148] 이렇게 쉽게 접근하면서도 그 효과성이 높은 것을 『맹자공손추上』에서는 사반공배라 칭한다.

교육연한을 늘리는 효율적인 방법들

효율적이라고 하는 것에는 항상 신중함과 증거가 따라붙는다. 이렇게 하니까 학생들의 선호도가 높더라, 이렇게 하니까 원조수혜국의 경제적 자립도가 향상되더라와 같은 피상적인 증거라도 있어야 한다. 교육연한이 1년 길어질 때마다 기대되는 연간 수익률의 증가치는 지역마다 다소 상이한데, 라틴아메리카와 카리브해지역은 11%이며, 사하라이남 아프리카 지역은 10.5%로 추산된다.[149] 그렇다면 어떻게 하면 학생들의 교육연한

　　　　　　　　　　　　　　　　에듀코노믹스

을 증가시킬 수 있을까? 머리에서 곧장 생각을 한다면, 몇 가지 방법이 떠오를 수 있다. 더 많은 학교, 등록금 감면, 가정에 대한 현금혜택. 물론 좋은 방법일 것이다. 하지만 1달러당 증가되는 교육연한을 고려하면 쉽게 답이 내려지지 않는다. 이 부분에 대해 에드워드 미구엘Edward Miguel 캘리포니아 대학교 교수와 2019년 노벨경제학상 수상자인 마이클 크레이머Michael Robert Kremer 시카고 대학교 교수의 연구가 좋은 답의 힌트를 준다. 그들의 연구에 따르면 케냐의 특정 지역이기는 하지만 출석률을 높이는 가장 효율적인 방법은 교과서 지원, 교원 수 증원, 교복 제공보다도 구충제 제공이었다. 구충제 제공은 학생들의 결석률은 25%나 감소시켰을 뿐만 아니라 1달러당 줄어드는 결석률이 가장 효율적인 방법이었다. 100달러를 구충제 제공에 투입했을 때, 학생들이 추가로 등교하게 되는 날짜의 총합은 무려 13.9년이나 되었다.[150] 이보다 높은 성과를 보인 방법으로는 마다가스카르에서 시행한 부모교육이 있었다. 입시와 관련하여 어떤 전략을 세워야 한다, 학생지도를 이렇게 해야 한다는 상담이 아니라. 교육을 받으면 돈을 더 벌 수 있다는 세세한 정보를 부모들에게 제공한 것이다. 그 결과 이 방법은 100달러로 20.7년의 교육연한 증가를 가지고 왔다.[151] 추가적으로 또 다른 연구자들에 의하면 사하라 이남 전역의 학교에 여자 화장실이 부족하거나 없는 곳이 많다. 때문에 유니세프의 추정에 따르면 아프리카 여학생 10명 중 1명은 생리 기간 동안 등교를 하지 않거나 아예 학교를 그만두는 경우가 많다. 이 추정에 근거하면 여자화장실을 확충하는 것만으로도 여학생의 등교율을 10% 가까이 올릴 수 있다.[152] 실제로 2019년에 케냐에서 수행된 연구에 따르면 여자화장실이 1% 증가할 때마다 저학년(1~4학년)의 경우 출석률이 0.697% 올라갔으며, 고학년(5~8학년)은 0.710%가 올라갔다.[153] 교사의 성별도 여학생들의 출석률에 영향을 미쳤다. 대부분의 선진국에서는 남교사가 여교사에 비해 적다. 2018년을 기준으로 미국의 초중등교사 중 남성의 비율은 23.5%였으며,[154] EU회원국에서는 28%였다.[155] 하지만 예멘에서는 결과가 반대일 뿐만 아니라 더욱 극단적으로 한 쪽 성이 적었다. 2005년을 기준으로 예멘에서의 조사에 따르면 여교사 비율은 8~12%에 불과했다.[156] 성비 불균형 자체로도 문제지만 더 큰 문제는 당시 예멘의 부모들은 여아가 여교사에게 교육을 받아야 한다고 생각했다는 것이다. 때문에 이러한 교사의 성비 불균형은 여학생들이 남학생들보다 더 학교에 다니기 어렵게 만들었다. 또한 여학생이 교육을 받지 못함으로써 여교사는 남교사보다 더 적게 양성되는 악순환에 빠져 있었다. 이러한 상황에서는 여교사의 비율을 높이는 것이 교육연한을 높이는 방법이다. 얼마만큼의 자원으로 얼만큼의 총교육연한을 증가시킬 수 있을지에 대해 고민해 보는 것은 비단 효율적 이타주의자들만 하는 것이 아니어야 한다. 교육이 흡사 비긴급성을 띄는 영역으로 보이지만 추후 아동, 청소년이 어떤 삶을 살아갈 수 있도록 도울지에 대해서는 시의적절한 개입이 필요하다. 그리고 그 방법론에 있어서 우리는 처칠이 그랬듯, 오르빈스키와 한스가 그랬듯, 진주만에서 그랬듯 우리는 고민을 해야 한다.

09

내접정다각형 둘레의 원리

인도의 수도 델리에서 불과 19km가량 떨어진 가지아바드(Ghaziabad)는 식수난을 겪고 있다. 식수가 부족한 수준이다 보니 씻고 설거지하고 빨래를 하는 데 사용하는 물의 수질은 보장이 불가하다. 정부가 물탱크 트럭을 통해 물을 공급하기는 하지만 그 빈도가 몇 달에 한 번이다 보니 병이 날 것을 알면서도 검증되지 않은 물을 사용해야 한다. 현지 지하수 개발업자에 따르면 예전에는 200피트 정도만 땅을 파면 물을 얻을 수 있었으나 이제는 500~700피트를 파도 운이 좋아야 물을 얻을 수 있다고 한다.[157] 파키스탄에서도 지하수 문제가 존재한다. 당연하게도 얕은 관정에서 물을 끌어올리는 것에 비해 깊은 곳은 채산성이 떨어진다. 2015년에 발표된 파키스탄 수발전개발청(The Pakistan Water and Power Development Authority; WAPDA)의 무함마드 바샤라트[Muhammad Basharat]의 문헌에 따르면 지하수의 깊이에 따라 채수비용은 100만 리터 당 4.5달러에서 15달러까지 차이가 난다.[158] 물이 부족하던 초기에는 땅을 깊게 파지 않아도, 그 정도로 많은 비용을 들이지 않아도 물을 얻을 수 있었으나 이제는 아니다. 이렇듯 초기에는 단순한 발견, 간단한 시도만으로도 소기의 성과를 거둘 수 있다. 그러나 임계점에 도달하면 성장이 더뎌지고, 비용이 확증된다. 이는 금을 채굴하는 과정에서도 볼 수 있다. 과거에는 금으로된 결혼반지 하나를 만드는데 0.3톤가량의 광석이 필요했으나 현재는 4~20톤가량이 필요해졌다.[159] 이를 경제학에서는 수확체감의 법칙이라고 부른다. 일반적인 등량곡선과 생산함수는 여기에 기초하여 그려진다. 특별한 조건이 없다면 원점에 대하여 볼록하게 그려지는 것이 그 이유다. 일부 수확체증의법칙이 적용되는 산업이 있지만 이는 예외적인 것이지 대체로는 수확체감의법칙이 적용된다. 동일한 원리가 적용되는 효용의 법칙도 함께 살펴보자.

수확체감의 법칙(law of diminishing returns)이란 생산요소가 투입 됨에 따라 수확량이 증가하는 속도가 줄어듦을 이야기한다. 주방을 예를 들어 보자. 화구가 8개 있는 레스토랑에서 식사를 한 명이 준비할 때보다 한 명이 더 투입되면 속도가 빨라진다. 100분이 걸리던 요리시간이 50분으로 줄어들 것이다. 그런데, 여기에서 한 명이 더 투입된다고 보자. 산술적으로는 요리시간이 33분이 걸리겠지만 실제로는 40분 정도가 걸릴지 모른다. 화구의 수보다 사람의 수가 많아질 때 즉 8명에서 9명이 될 때는 요리가 나오는 속도가 빨라는 지겠지만 매우 조금 증가하게 된다. 이를 경제학에서는 수확체감의 법칙이라고 부른다. 농사를 지을 때도 농부가 늘어남에 따라 수확의 속도가 빨라지지만 한 명 한 명 늘어날 때마다 빨라지는 폭이 줄어드는 현상이 나타난다. 심지어 일정명수가 되면 없느니만 못한 오히려 사람이 늘어나서 수확의 속도가 감소하기도 한다. 동일한 원리를 효용의 원리에도 적용할 수 있다. 목이 마를 때 처음 물을 마시면 효용이 매우 높다. 한 잔을 더 마셔도 효용은 있을 것이지만 첫 잔만은 못하다. 그렇게 석 잔, 넉 잔을 마시다보면 어느 순간 효용은 0이 되고, 뒤이어 마시는 물은 오히려 효용을 낮추는 효과를 가지고 온다. 이를 한계효용 체감의 법칙이라고 부른다.

　교육에도 수확체감의 법칙이 적용된다. 한 번도 안 해 본 것과 한 번 해 본 것의 차이는 매우 크다. 처음에는 성장의 폭이 매우 크다는 것을 의미한다. 같은 경험을 두세 번 하면 거기에서 느끼는 바가 새롭게 누적되기는 하지만 안 겪어 본 사람과 한 번이라도 겪어 본 사람의 차이가 훨씬 큰 것과 같은 이치다. 따라서 일단 한 번 해 보는 여러 경험이 학생의 시절에는 매우 중요하다. 학생들이 여러 분야에서 얻을 수 있는 경험과 시행이 가져다주는 성취감을 놓치게 해서는 안 되기 때문이다. 바이올린 악보에 계이름이 아니라 손가락 번호를 적어 두더라도 바이올린을 전혀 해 보지 않았다면 느낄 수 없었던 행복감을 얻을 수 있다. 바이올리니스트가 되기 위한 인고의 과정은 극소수의 학생들만 경험해도 된다. 여기까지 다다를 수 없다고 바이올린을 켜보지 않을 이유는 전혀없다. 영화감독처럼 영상을 찍고 편집하는 것은 어렵지만 스마트폰으로 영상을 촬영하고 컷 편집을 해 보고, 무료 템플릿을 다운로드 받아서 작업을 해보는 일은 개인에게 충분한 행복감을 줄 수 있다. 낮은 곳에 열린 열매는 그것이 사과든 복숭아든 배든 일단 따서 먹어보는 것이 중요하다. '조금만 배워도 알 수 있듯', '해 보면 알듯'과 같은 표현이 우리에게 익숙한 것도 여기에서 기인한다. 낮은 곳에 열린 열매 이론(low hanging fruit theory)이라는 용어는 1960년대 미국의 시인 카바나[P. J. Kavanagh]가 처음 사용한 것으로 알려져 있다.[160] 그러나 이 용어는 자칫 개인의 노력으로 성취한 최초의 기록들을 쉬운 것으로 오인할 수 있게 한다. 따라서 내접정다각형 둘레의 원리

(principle of regular polygon inscribed in a circle's lengths)라는 용어를 도입하고자 한다.

하나의 원을 그리고 그 원에 내접하는 정삼각형을 그려 보자. 그리고 동일한 원에 정사각형, 정오각형, 정이십각형 등을 그려나가면 해당 정다각형의 둘레는 점점 길어진다. 하지만 길어지는 폭은 줄어들게 된다. 변화의 추이를 그래프로 나타내면 다음과 같다.

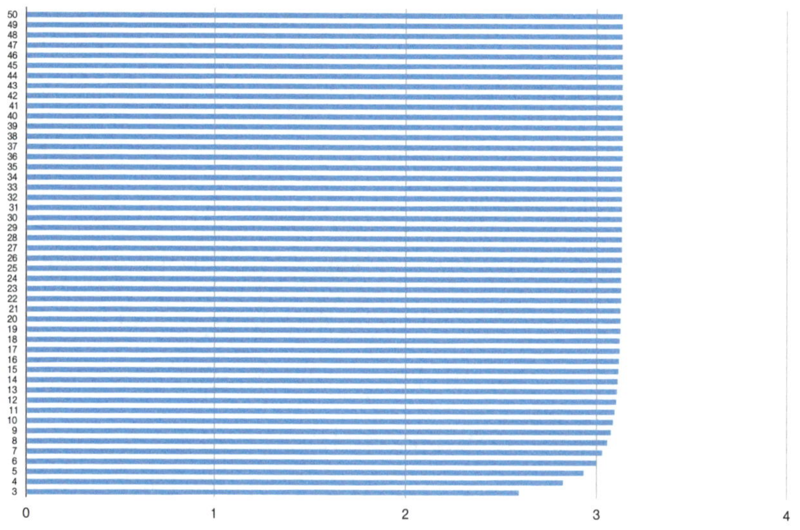

이는 우리가 무엇을 성취하고 얻는데 겪는 일과 유사하다. 나아는 가지만 나아가는 폭은 점차 줄어드는 것이다. 사람이 이어폰에 빠져 가는 과정을 살펴보면 의미의 선명도를 높일 수 있다. 스마트폰을 사서 처음 박스를 열면 종종 이어폰이 포함되어 있는 제품들이 있다. 여기에서 제공되는 이어폰을 사용하던 사람들이 3만 원대 이어폰을 사용하면 새로운 음악 세계를 경험할 수 있다. 새로운 세계를 경험하는데 단 돈 3만 원이면 충분

에듀코노믹스

하다. 그러나 이들이 더 높은 품질의 음원을 경험하기 위해서는 몇만 원을 더 사용해야 한다. 그렇게 약 20~50만 원 정도의 이어폰과 앰프를 사용하면 그 이전의 이어폰과는 완전히 다른 음악적 경험을 얻게 된다. 하지만 문제는 이 이후다. 지금까지는 몇만 원 혹은 몇십만 원으로 이전과는 다른 음악을 들을 수 있었지만, 지금부터는 한 끗 차이의 섬세함을 위해 심지어 보통의 사람들은 이제 구분도 안 될 정도의 미묘한 차이를 위해서 수백만 원을 추가 지출해야 한다. 더구나 이제는 이전처럼 완전히 다르다, 2배 좋다, 3배 좋다를 느끼기는 어려운 순간들만 남았다. 초창기에 이어폰을 업그레이드 할 때가 낮게 열린 열매들이었던 것이다. 더욱 애석하게도 초기에는 선택에 있어 어느 정도 정답도 있고, 조언을 들을 곳도 많았지만 점차 하이엔드로 가면 갈수록 정답이 없는 것은 당연하고, 스스로의 취향을 알아내는 데도 어려움을 겪으며, 조언은 거의 없고 쏟아지는 날 것의 정보만 가득해진다.

인도의 수석경제고문을 지냈던 아르빈드 수브라마니안^{Arvind Subramanian}은 2011년 출간한 저서의 표지로 오바마 대통령이 후진타오^{胡錦濤} 국가주석에게 고개를 숙이며 악수를 하는 사진을 선택했다. 이 사진은 2010년 워싱턴에서 열린 첫번째 핵안보정상회담(NSS) 때 찍은 사진이다. 실제 현장 분위기는 전혀 그렇지 않았지만 사진에서 보면 오바마 대통령은 무엇인가 잘못한 학생의 표정이고, 후진타오 주석은 괜찮다며 다독이는 교사의 표정이다. 책의 제목은『퇴색: 중국의 경제적 우월성의 그늘 속에서 사는 것』이다. 제목이 안내하듯 책은 중국이 미국을 제치고 세계 패권국이 될 수도 있다는 주장을 하고 있다. 그 근거 중 하나는 후발자의 이점(advantages of backwardness)이다. 이 이론에 따르면 먼저 앞서간 선진국들에 비해 뒤따라가는 국가들은 앞선 국가들로부터 기술을 도입하고, 타산지석을 얻고, 더 보장성 높은 산업으로 투자유치에서 우위에 설 수 있다. 이는 중진국의 함정에 빠지기 전까지 후발주자들이 누릴 수 있는 혜택과 같은 것이다. 이를 이용하면 중국의 경제성장률은 어렵지 않게 미국을 넘을 수 있다고 보고 있다. 수브라마니안은 현 미중간의 역학관계를 예측함에 있어 과거 1990년대 미일간 역학관계를 참고할 수 있다고 했다. 그러면서 당시와 지금의 차이에서 가장 중요한 것은 상대적 성장률이 다르다는 점을 꼽았다. 일본이 미국을 위협하던 시기 일본은 이미 선진국의 반열에 올라 있었고 성장세가 둔화되고 있던 시기였다. 반면 현재 중국은 아직 획득할 수 있는 수 많은 열매들이 낮은 나뭇가지에 매달려 있다. 따라서 경제성장률이 당시 일본과 비교할 바가 아니라는 것이다. 그의 주장이 파리올림픽 이후에도 실현이 되지는 않았다. 그때나 지금이나 여전히 중국은 미국을 위협하는 존재이지 추월하거나 대등한 경제적 위상을 가지고 있지는 못하다. 그러나 같은 말대로 중국은 여전히 미국을 위협하고 있다. 그들이 획득할 수 있는 낮은 나뭇가지에 열린 열매가 아직도 상당히 남아 있다. 그리고 그들은 그 다음 열매를 채취하기 위해 인적자본을 위시한 여러 성장을 위한 자본들을 누적해 나가고 있다.

앤드류 스티븐스Andrew W. Stevens 교수는 캘리포니아의 블루베리 농장에서 기온과 생산성의 관계를 알아보는 실험을 진행했다. 그 과정에서 성과급을 제공했을 때 생산량이 증가하는지도 함께 확인을 했다. 이때 노동자들이 이미 생산량이 최고조인 적정온도에서는 성과급이 생산량을 견인하지 못했지만 지나치게 추운 온도(15.6℃ 이하)에서는 생산량이 떨어져 성과급이 생산량을 다시 끌어올렸다.[161] 우리는 생리적 한계로 인하여 일정 수준의 생산성에 다다르면 아주 조금의 생산성 상승도 거의 불가능에 가깝다. 하지만 생산성이 아직 생리적 한계에 닿지 못한 상황이라면 개선의 여지가 충분히 남아 있다. 마른 오징어를 쥐어짠다고 물이 나오면 얼마나 나오겠는가.

스포츠 기록의 수렴

역사상 가장 위대했던 마라토너들의 기록 단축의 역사에서도 비슷한 그래프를 볼 수 있다. 역대 마라톤 신기록을 살펴보면 1908년 조니 헤이스John Joseph Hayes는 2시간 55분 18초만에 42.125km를 주파하며 세계 기록을 세웠다(이전에는 경기 때마다 코스 길이가 조금씩 달랐다). 이후 17년 만에 2시간 30분의 벽이 무너졌다. 앨버트 미첼슨Albert Michelsen이 2시간 29분 01초 만에 들어온 것이다. 17년 동안 인류는 무려 26분이나 기록을 단축했다. 그다음 20분을 줄이는데에는 42년이 걸렸다. 데릭 클레이턴Derek Clayton이 1967년에 2시간 9분 36초를 기록했다. 이후 2003년과 2014년에는 폴터 갓Paul Tergat과 데니스 키메토Dennis Kipruto Kimetto가 각각 5분과 2분을 줄여 나갔다. 그리고 2023년 10월 시카고에서 서브2에 매우 근접한 2시간 0분 35초의 기록이 나왔다. 케냐의 켈리 킵툼Kelvin Kiptum이 종전 같은 나라의 킵초게Eliud Kipchoge기록에서 34초를 줄인 것이다. 보다시피 세계기록이 세워질 때마다 일부 예외는 있지만 대체로 시간 단축의 폭이 줄어들었다. 스포츠 기록은 위대한 개인의 기록이기도 하지만 동시에 인류가 쌓아올린 스포츠 과학의 총아이기도 하다. 장비의 발전, 훈련방식의 진화, 보편인류의 영양상태 등이 포함되는 것이다. 따라서 기록 단축의 폭이 짧아진다는 것은 스포츠 과학이 한 단계 진일보 하는것이 과거보다 후대로 갈수록 더 어려워진다는 것을 의미한다. 기록단축의 요소들이 많이 발견될수록 남아 있는 요소를 찾아내는 일은 어려워진다. 2019년 서브2라고 불리는 2시간 이내 도착기록을 킵초게가 세우기는 했지만 이는 공인된 기록이 아니다. '이네오스1:59챌린지'로 명명된 이벤트성 대회에서 이뤄진 결과로 킵초게는 공식경기에 신을 수 없는 마라톤화를 신었으며, 페이스메이커 여럿이 V자형태로 바람저항을 막아주었다. 또한 자전거가 수분공급을 돕기도 했다. 더구나 킵초게 혼자만을 위한 레이스로서 그의 컨디션, 기온과 습도까지 모두 최적화했다. 이제 마라톤 기록을 몇 초 더 줄이기 위해서는 이 정도의 개입이 필요한 수준이 되었다.

추가적으로 여자 창던지기 기록도 살펴보자. 이 경우에도 초창기에 기록이 급격하게 증가하는 모습을 보였다. 여성 창던지기 종목은 1999년부터 새로운 규격의 창을 도입했으므로, 여기에서는 1998년까지의 기록을 비교한다.

여자 창던지기 신기록 추이

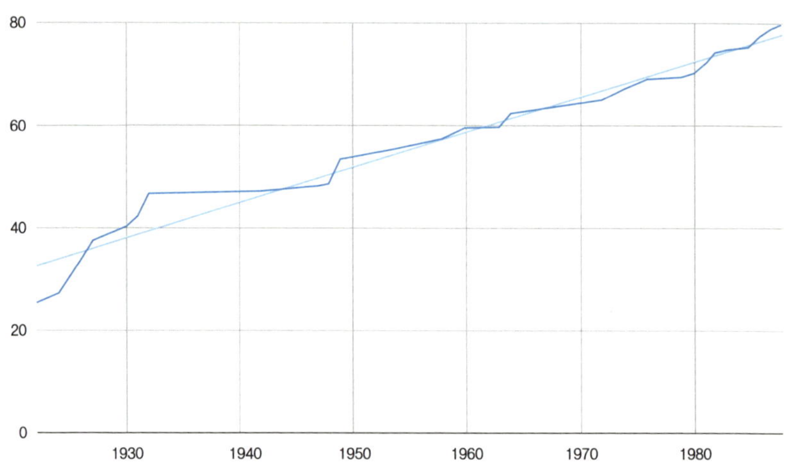

야구 그 자체인 오타니 쇼헤이大谷翔平 Ohtani Shohei는 2024년 타타니로만 또 다른 역사를 썼다. 뉴발란스의 광고대로 50-50 문의 열쇠는 오직 오타니에게만 허락되었다. MLB의 라이브볼 시대 100여 년 만이다. 이 기록이 왜 그렇게 어려웠는지를 당연한 이야기들은 차치해 두고 살펴보자. 대기록에 가까워지던 42-42즈음부터는 모든 투수들이 알고 있었다. 타석에서는 홈런스윙을 할 것이고, 베이스에서는 루를 훔칠 것이라는 것을. 즉 오타니는 이전보다 훨씬 어려운 상황에서 성과를 내야 했던 것이다. 매 경기 가지고 있던 패를 거의 보여 주다시피 하고 경기에 임해야 했던 것이다. 이는 분명 패를 숨길 수 있었던 시즌 초반보다 훨씬 어려운 조건이었음은 확실하다. 실투를 제외하고는 원하는 공을 얻을 수 없었고, 피치아웃에 가까운 상황에서도 달렸어야 했다. 열매가 점점 높은 곳에만 남아 있는 상황이었던 것이다. ESPN의 칼럼리스트 제프 파산Jeff Passan은 오타니에게 이런 기회가 다시 오기 어렵다는 것을 스스로도 알 것이기 때문에 50-50을 달성한 이후로도 꾸준히 큰 스윙과 도루를 할 것이라고 예측했다.[162] 그리고 이 사실은 상대 투수도 모를 리 없다.

1만 시간의 법칙

우리가 어떤 분야에서 전문가가 되기까지는 1만 시간이 필요할지 모른다. 그것이 앎이든 깨달음이든 기술적 전문성이든 뭐든 말이다. 하지만 우리가 지극히 보편적인 사람이라 할지라도 어떤 분야에서 기초적인 수준에 도달하고 그것을 취미로 향유하거나 혹은 '해 봤는데 나랑은 안 맞아.'라고 판단하는 데에는 훨씬 적은 시간만 있어도 충분하다. 『처음 20시간의 법칙』의 작가 조시 카우프만Josh Kaufman은 TED 강연에서 그 시간을 20

시간이라고 보았다. 20시간이라는 명시적인 시간이 옳든 그르든 전문가를 동경했다고 전문가 수준까지 모든 일을 끌어올리려 하지 않아도 된다는 사실은 매우 중요하다. 학생들에게 다양한 경험을 주는 것이 중요한 이유도 여기에 있다. 모두가 공예가가 되기 위해 크리스마스 리스를 만드는 것도 아니며, 이야기꾼이나 작가가 되기 위해 전래동화를 읽는 것도 아니다. 산업안전기사를 양성하기 위해 안전교육을 받는 것도 아니다. 우리가 각각을 전문가 수준으로 하기 위해서는 1만 시간이 필요할지 모르지만, 아주 초기에는 약간의 노력과 시간만을 투입해도 해 보지 않은 상태와는 비교도 안 될 만큼 높은 수준에 도달 할 수 있게 된다. 다양한 경험의 제공은 매우 효율적인 교육 방식이다.

- 소득이 증가함에 따라 기대수명이 늘어날 것이라는 예측은 다소 상식적이다. 하지만 미국의 기대수명은 그들이 누리고 있는 큰 부와는 맞지 않는다. 이는 소득과 기대수명과의 상관관계가 소득수준이 낮은 국가들의 기대수명을 예측하는 데에만 적합하기 때문이다. 낮은 소득수준 범위에서는 약간의 식리(殖利)가 큰 기대수명의 증가로 이어지지만 높은 소득 수준 범위에서는 그렇지 않다.

- 윌리엄 맥어스킬William MacAskill은 그의 저서 『냉정한 이타주의자』에 의사 그레그 루이스Greg Lewis의 미발표 원고[163]를 인용한 바 있다. 그레그 루이스의 원고에 따르면 미국에서 의사 한 명이 살릴 수 있는 생명의 수보다 에티오피아에서 살릴 수 있는 생명의 수가 100배 이상 많다. 그 이유는 한계체감의 법칙에 의한 것이다. 미국에는 대략 87만 8194명의 의사가 있다. 이때 누군가가 새롭게 의사가 되면 87만

 에듀코노믹스

8195번째 의사가 되는 것이다. 이 경우 QALY의 계산법에 따르면 연간 의사 한 명은 사회에 4QALY만큼을 기여할 수 있다. 그러나 의사 수가 부족한 에티오피아에서 의사 한 명이 추가 된다는 것은 매년 300QALY만큼을 기여할 수 있다(QALY=Quality Adjusted Life Year(질보정 수명)의 약자로 건강한 상태에서의 생존연한을 이야기한다. 4QALY는 건강한 4년을 의미한다.).

- QALY와 유사한 접근방식으로 WELLBYs 계산법이 있다. 잉글랜드와 웨일스에서 주로 활동하고 있는 행복한 삶 연구소(happier lives institute)에서 창안한 개념으로 증가한 웰빙의 양에 연한과 그에 영향을 받은 사람의 수를 곱해서 산출한다. 즉, 더 많은 이들이 더 오랫동안 더 많은 증가분의 웰빙을 경험하면 WELLBYs는 증가하는 구조다. 이 계산법에 따라 행복한 삶 연구소에서는 세계의 자선단체들을 1달러당 얼마나 WELLBYs를 증가시킬 수 있는지를 평가했다. 그 결과 뉴욕시에 근거지를 두고 있는 퓨어얼스(Pure earth)가 가장 높은 순위를 차지했고, 뒤이어 나이지리아의 타이마카(Taimkaka)와 방글라데시 다카의 Icddr,b가 있었다. 여기에서 퓨어얼스는 건강질환, 납 중독 등에 특히 관심을 두고 있으며, 타이마카는 하우사 언어로 돕다는 의미다. 또한 icddr,b는 국제설사질환기구(International Centre for Diarrhoeal Disease Research, Bangladesh)의 약자다. 보다시피 단지 돕는다는 것도 좋지만 웰빙을 저해하는 특정 지점에 초점을 맞추었을 때 1달러로 더 많은 웰빙을 추구할 수 있을 수 있다는 가능성을 볼 수 있다. 4위와 5위인 Friendship bench와 strong mind 또한 정신건강에 초점을 두고 있는 자선단체다.

정보제공의 방식

전쟁이 사악하다고 여겨지는 한 사라지지 않을 것이다.

하지만 전쟁이 저속한 것으로 여겨지면 멈춰질 것이다.

오스카 와일드 oscar wilde

10

프레이밍

"100% 와퍼, 0% 소고기" 비건을 위한 버거킹의 광고 카피다. 비건의 입장에서 소고기는 안 좋은 것이고, 이를 대조적인 숫자로 나타내 와퍼는 좋은 것이라는 프레임을 가져갔다. 말레이시아 피낭에는 세계에서 가장 긴 워터슬라이드가 있다. 기네스북 공인 길이가 1,111m에 달한다. 이 놀이기구에 탑승하기 위한 입장권을 발매하러 가면 재미있는 표기법을 볼 수 있다. 여타의 놀이시설처럼 연령대별로 가격이 다른데, 이곳에는 어른 표를 팔지 않는다. 미래의 어린이, 어린 어린이, 큰 어린이(13세 이상), 슈퍼 어린이(61세 이상)만 있다. 영화 「두 교황」에는 다음과 같은 일화가 나온다. 제266대 프란치스코 교황이 추기경 시절 전임 베네딕토 16세 교황에게 했던 농담이다. 담배를 좋아하던 신학생 두 명이 영적 지도 신부에게 가서 질문을 했습니다. 첫 번째 신부는 "기도하는 동안 담배를 피워도 될까요?"라고 물었습니다. 이에 당연히 돌아오는 답변은 "안 되지"였습니다. 그러자 두 번째 신부는 "형제여, 질문이 잘못되었군요."라며, 다음과 같이 물었습니다. "담배를 피우는 동안 기도를 해도 될까요?"라고. 이 이야기를 들은 베네딕토 16세는 답을 하지 않고 웃어넘겼다. 우리도 웃어넘기자.

한 아이가 다른 이성의 아이에게 장난을 치면, 주변에서 '너 그 친구 좋아하냐?'라는 말이 나올 때가 있다. 이는 장난을 멈추게 하는 가장 효과적인 프레이밍이다. 물론 교사가 그러면 안 되고, 학생들끼리의 상호작용으로 두고 교사의 판단하에 지켜보든지, 그만두게 하든지 해야 한다.

2015년 공화당 대통령 후보 토론회가 미국 폭스뉴스를 통해 방송되었다. 전년도 MLB 월드시리즈 7차전보다 약 50만 명이 많은 2,400만 명이 이 토론의 전체 또는 일부를 시청했다.[164] 당시 사회자는 폭스 뉴스에서 오랜 경험을 쌓은 메긴 켈리^{Megyn Kelly}였다. 그녀가 트럼프^{Donald Trump} 후보에게 질문했다. "사람들은 정치적 필터링을 거치지 않은 당신의 발언을 사랑하는데요, 그러나 그것이 단점이 없는 것은 아니죠. 당신은 당신을 싫어하는 여성들을 돼지, 개, 게으름뱅이, 역겨운 동물이라고 불렀습니다." 여기에서 트럼프의 답변은 둘 중 하나를 택할 수 있었다. 인정하고 이미지가 추락하거나 부인하고 다음 날 증거를 찾아든 언론에 더 크게 대서특필 되거나. 그러나 트럼프의 답변은 대화의 틀을 완전히 바꾸었다. "오직 로지 오더널에만 그렇게 했죠"[165] 이 문장 하나로 청중들의 머리에는 트럼프가 이전에 했던 발언보다는 로지 오두널만 남게 되었다. 실제로 당시 방송에서 트럼프의 발언 직후 발생한 청중들의 환호 소리의 크기는 마이크로 이야기하는 메긴 켈리의 추가적인 질문이 들리지 않을 정도였다.

학부모 동의서

2004년 미의회 연두 국정연설에서 조지 부시^{George W. Bush} 당시 미국 대통령은 이라크 전쟁에 대한 유엔의 반대 권고와 국제사회의 우려에 대해

"미국은 자국의 안보를 지키는 데 있어 학부모 동의서(permission slip)가 필요하지 않다."고 표현했다. 심지어 그냥 동의서나 허가서도 아닌 '학부모 동의서'라고 명확하게 이야기한 것은 분명한 의중이 있는 단어 선택이었다. 여기에서 미국이 가져가고자 했던 프레임은 바로 미국은 자신의 자유의지를 허가받지 않아도 되는 '어른'이라는 것이다. 그러면서 이라크에는 당시 대통령이던 사담 후세인^{Saddam Hussein}이 없는 것이 더 좋고 안전하다고 규정했다. 대등한 주권국이 상대국의 정상을 두고 내정에 대한 이야기를 하는 일은 일반적이지 않다. 그러나 미국은 이라크의 국민들을 위해 후세인 정권이 교체되어야 한다는 발언을 했다. 이는 어른인 미국이 이라크라는 '학부모 동의가 필요한' 어린이를 훈계한 것이었기에 가능한 것이었다. 학부모 동의서라는 단어는 미국 예외주의(American exceptionalism)를 매우 명확하게 환시시켜 주는 단어 선택이었으며, "맞다. 미국은 세계경찰이지."라는 생각을 다시 한 번 공고히 씌워 주는 중요한 프레임이었다. 이라크 전쟁의 명분은 독재로부터 민중을 해방시키고, 생화학무기나 핵무기로부터 세계평화를 지켜 내는 일이었다. 이면의 내용을 떠나 이 명분을 내세울 수 있다는 것은 미국은 타국을 훈계하고 통제할 권한이 있는 어른이라는 프레임이 있다는 것이다.

영웅적 면모

구글의 오랜 표어 "Don't be Evil(사악해지지 말자)"는 구글의 위상을 제대로 보여 주는 문장이다. 사악해지지 말자는 다짐에는 마음만 먹으면 사악해질 수 있다는 의미가 자연스럽게 포함된다. B급 감성의 코미디 영화에서 감초 역할을 하는 배우들에게 "내가 참는다."와 같은 대사가 있는 이

유도 여기에 있다. 참지 않아도 영향력을 미칠 수 없는 사람이 이러한 말을 함으로써 관객의 실소를 유발하는 것이다. 그러나 구글은 다르다. 우리의 일거수일투족은 구글에 기록이 되고 있다. 물론 기록에 동의하지 않을 수 있고, 이미 기록된 것도 삭제 및 수정을 할 수는 있지만 일단 구글은 우리가 어디를 다녀왔는지, 얼마나 체류했는지, 어떤 것을 검색을 했는지, 어떤 유튜브 영상을 중도에 껐는지 등을 수집한다. 이를 기반으로 내가 어떤 사람인지를 추측할 수도 있다. 구글의 '내 광고 센터' 탭에 들어가면 결혼 여부, 가계소득수준, 학위수준, 회사의 규모 등을 추정하고 있다. 여기에서 추정이라고 표현한 것은 내가 직접 기입한 성별이나 연령이 아닌 나의 검색과 소비경향, 이동경로 등을 통해 알아낸 정보들이기 때문이다. 심지어 내가 세입자인지 주택보유자인지 자녀가 있는지 혹은 없는지까지도 알아낼 수 있다. 이를 기반으로 구글은 나에게 보여 줄 광고를 결정한다. 이는 나를 어떤 필터버블에 가둘지 결정할 수 있으며, 내가 어떤 정치적 신념, 어떤 물품을 구매할지를 간접적으로나마 조종할 수 있다는 것이다. 이는 내가 바라보는 세상에 관한 관점 자체와 삶에 대한 태도를 바꿔 놓을 수도 있다. 이 사실은 결코 개인적인 문제에 국한되지 않는다. 기업의 성과들 좌지우지할 수 있으며, 정치지도를 새로이 그려 낼 수 있다. 2012년 미국 대선 당시 구글 트랜드의 검색량에서 '오바마 롬니'가 '롬니 오바마'보다 많았던 주에서는 오바마 전 대통령이, 반대의 경우에는 롬니 전 후보가 승리했다.[166] 주지하다시피 미국 대선은 주에서 승리한 사람이 해당 주의 모든 선거인단표를 가져간다. 여기에서 구글의 표어가 선명해진다. "(사악해 질 수도 있지만) 사악해지지 말자." 그들의 파워와 신념을 동시에 보여 주는 문구다. 더 많은 힘을 비축하겠지만 이를 나쁜 곳에는 사용하지 않겠다는 다짐이다. 아이언맨이나 캡틴 아메리카가 떠오른다. 「캡틴아메리카: 시빌워」에서 그들의 힘을 어떻게 사용해야 할지 논쟁하는 것까지도 말이다. 충분한 힘을 가지고 악한 곳에 쓰지 않는 히어로적 프레임이 구글의 표어에 들어 있다.

정보제공의 방식

아모스 트버스키[Amos Tversky]와 대니얼 카너먼[Daniel Kahneman] 교수는 사람들에게 동일한 정보를 두 가지 방법으로 제시했다. 600명의 사망자를 낼 것으로 보이는 질병이 확산되었고, 사용할 수 있는 치료프로그램은 A와 B 두 가지다. 어떤 프로그램을 사용해야 할까?

- A : 200명을 살릴 수 있는 프로그램
- B : 1/3확률로 600명을 살릴 수 있고, 2/3확률로 아무도 살릴 수 없는
    프로그램

이 질문에 사람들은 72%가 A프로그램을 선택했다. 사실 두 프로그램의 기대확률은 동일한데도 차이가 상당히 많이 났다. 이번에는 질문을 바꾸어 보았다.

- C : 400명이 죽을 것으로 예상되는 프로그램
- D : 1/3확률로 아무도 죽지 않지만 2/3확률로 600명이 죽을 것으로
    예상되는 프로그램

에듀코노믹스

아시아 질병 문제라고 명명된 이 질문을 수학적으로 고려하면 A, B, C, D 네 가지 프로그램 모두 생존에 대한 기대확률이 동일하다. 그럼에도 불구하고 이번의 질문에는 A를 선택한 사람은 22%에 그쳤다.[167] 참고로 이 연구를 진행한 대니얼 카너먼 교수는 2002년 노벨경제학상 수상자이며, 노벨상 수상자의 특별 강연에서 한 첫 마디가 아모스 트버스키와의 오랜 연구로 이 상을 수상했다는 것이었다.[168] 하지만 아모스 트버스키는 수상 6년 전 작고를 했기 때문에 노벨상을 수상하지 못했다. 노벨상은 사망한 인물에게는 상을 수여하지 않는다(허블도 같은 사유로 수상하지 못했다.).

위의 실험은 40년이 넘게 지나 콜로라도 주립대, 오하이오 주립대 교수들에 의해 재현되었다. 숫자는 그대로 두고 문구만 다소 수정을 하였다. 정부의 부채한도 인상으로 600만 개의 일자리에 영향이 갈 상황에 놓였다. 이때 A, B 중 어떤 정책을 사용해야 할까?

첫 번째 질문

- A : 일자리 200만 개를 지킬 수 있다.
- B : 1/3확률로 600만 개의 일자리를 지킬 수 있지만 2/3확률로 모든 일지리를 잃을 수 있다.

두 번째 질문

- A : 일자리 400만 개를 잃을 수 있다.
- B : 1/3확률로 일자리 손실이 없지만 2/3확률로 600만개의 일자리 모두를 잃을 수 있다.

전자의 경우 A를 고른 사람들은 67%였지만, 후자의 경우에는 41%에 그 쳤다.[169] 격차가 많이 줄어들기는 했지만 40년이 넘게 지났어도 사람들의 선호는 여전했다. 우리는 이익을 확인했을 때는 위험을 회피하고, 손실을 확인했을 때는 위험을 감수하는 경향이 있다. 손실은 이득보다 크게 느껴 지기 때문이다. 어떻게 말을 하냐에 따라 결과가 달라진다는 구체적인 사 례 중 경제학 문헌에서 매우 자주 인용되는 문구는 소고기에 살코기가 얼 마나 들어 있느냐 하는 것이다. 75% 살코기 함유라고 표기하나 25% 지방 함유라고 표기하나 동일하지만 실제로 이 문구를 제공하고 동일한 소고 기를 제공했을 때, 전자에 대한 맛 평가가 후자보다 높았다.[170]

고귀한 음식

볕이 있으면 더욱 황홀하지만 그렇지 않더라도 장대하면서도 섬세하 게 꾸며진 녹색의 정원에 간간히 놓여진 백색의 조각상들은 독일의 세계 문화유산의 일부인 상수시 궁전(Palaces Sanssouci)의 모습이다. 특히 8 자(八)형으로 만들어진 계단은 궁전의 가운데로 사람과 기운, 시선이 모 이게 만든다. 이 아름다운 곳에 프리드리히 대왕[Friedrich II]이 안장되어 있 다. 역사상 가장 위대한 독일인 42위, 국왕 중에는 1위라는 사실이 그에 대한 독일인들의 마음을 짐작케 해 준다.[171] 그런 그의 무덤에 사람들은 꽃 과 함께 감자를 올려놓고 간다. 프리드리히 대왕이 독일인들의 식탁에 감 자를 올려놓았다는 것에 대한 감사와 존경의 헌정이다. 프리드리히 대왕 이 재임하던 시기에도 감자는 유럽에 보급이 되어는 있었다. 그러나 불 과 한 세기전 감자를 마녀로 칭하며 '감자화형식'까지 거행했던 것이 당대 의 유럽인들의 인식이었다. 성경에 따른 씨앗이 아닌 덩이줄기로만 번식

                                                       에듀코노믹스

을 하며, 울퉁불퉁한 외형이 한센병을 유발하는 악마의 식물이라는 낭설이 상식이던 시대였기 때문이다. 이러한 세간의 인식에도 프리드리히 대왕은 감자 칙령을 발표하면서까지 독일인들의 감자 소비를 장려했다. 칙령에는 감자를 재배하는 기술뿐 아니라 감자로 만들 수 있는 반찬, 작물과 식량으로서의 감자의 가치를 담고 있었다. 하지만 두 차례에 걸친 칙령의 발표에도 독일인들의 인식은 바뀌지 않았다. 개도 안 먹는 작물을 우리에게 권장한다는 토로도 있었다. 프리드리히 대왕이 국민들의 인식까지 바꿔 가며 감자를 장려했던 이유는 밀에만 식량을 의존한 나머지 밀의 흉풍작에 서민들의 경제가 완전히 연동이 되어 버렸기 때문이다. 대체재가 필요한 것이었다. 그러나 위와 같은 노력에도 감자 소비가 증가하지 않자 프리드리히 대왕은 감자에 대한 인식 틀을 바꿔 놓는 결정을 한다. 감자는 왕과 귀족만 먹을 수 있는 음식으로 규정하고, 왕가에서 운영하는 감자밭에 군사를 두고 감시토록 한 것이다. 이는 악마의 음식이던 감자의 프레임을 귀하신 분들만 먹는 음식으로 바꾸어놓은 결정이었다. 그리고 이렇게 바뀐 인식은 서민들로 하여금 감자를 몰래라도 키워서 먹도록 했다. 그렇게 독일인의 식탁에는 '귀하신 분들만 먹는' 감자가 오르기 시작했다. 다만 이 이야기는 역사적으로 완전히 검증이 된 것은 아니다. 프랑스의 설화에서 유래했다는 설도 있다. 그러나 이 사례가 프레임의 중요성을 인식하도록 하는 데에는 매우 적합한 예시라는 것은 사실이다. 무언가를 금지한다는 것은 곧 무엇인가에 대해 관심을 기울이게 한다는 점에서 아래 사례를 살펴보자. 이 사례들은 칼리굴라 효과라고 불리며, 학생들에게 무엇인가를 금지한다는 것이 어떤 효과를 가져올 수 있을지 고민해 볼 필요가 있도록 만든다.

- 1979년 영화 「칼리굴라」가 미국에서 선정적이라는 이유로 상영이 금지되었다. 이 소식이 알려지자 오히려 「칼리굴라」를 보고자 하는 이들이 늘어났다.

- 「치킨런: 너겟의 탄생」에서 부모가 몰리에게 섬 밖에 무엇이 있는지 말해 줬으면, 호기심으로 그곳을 가지 않았을 것이다. 딸 닭이 너겟 공장에 가기를 원하는 부모 닭은 없다.

- "모든 사람들이 그 잡지를 읽게 하는 방법은 그 잡지를 금지시키는 거야"『해리포터와 불사조 기사단』- 헤르미온느

- 중국의 한 남성이 팔목에 찬 팔찌에 엄지발가락을 넣어서 빠지지 않는 일이 벌어졌다. 그가 뜬금없이 팔찌에 발가락을 넣은 이유는 팔찌에 발가락을 넣지 말라는 경고문을 봤기 때문이다.

- 이란에서 파트와(fatwa: 이슬람 교리에 따른 법적해석)를 통해 강아지를 키우는 것을 불법으로 규정하고 최대 500만 리알의 벌금을 부과하자 반려견을 내보이는 것은 저항의 상징이 되었고, 소유하는 것은 사회적 지위의 표식이 되기도 했다.[172 173 174]

- 오슬로를 홍보하는 회사 비지트 오슬로(visitOslo)에서는 2024년 새로운 광고를 내놓았다. 그 광고의 첫마디는 "솔직히 저라면 여기 안 올 거예요"로 시작한다. 그나마 다행인 것은 오슬로에서 나고 자란 한 남자가 한 말이다. 염세적이고 축 처진 남자의 멘트는 고요한 석양, 어디서든 할 수 있는 수영, 평화로운 저녁식사가 배경인 곳에서 이루어진다. 그러면서도 깨알같이 오슬로피오르를 그린 뭉크의 「절규」를 보여 준다. 영상의 제목은 '이게 도시이기는 한가요?(It it even a city?)'이다.

한 신부님이 행한 행동에 대한 이야기다. 이전에 얼마나 장난기 많은 어린 신도들을 보아 왔는지 처음 성당에 들어갈 때부터 화가 잔뜩 나 있었다. 개방 성찬례를 이제 막 시작하려 하는데 벌써부터 제병을 고귀하게 여기지 않았던 사례를 제시하고, 미사 시간에 떠들고 돌아다니며 심지어 스마트폰 소리까지 났던 지난 현장을 예로 들어가며 그러한 일이 없도록 하라고 으름장을 놓았다. 세례를 받게 되면 세례명으로 어떤 것이 좋을지 적기 직전에는 입에 담기 어려운 예시들을 꺼내어 이러한 장난은 모독에 가까운 행위임을 강조했다. 종교인으로서 종교를 욕보이는 일을 겪는 것은 두세 번 겪고 싶지 않은 경험이다. 그러기에 이러한 말씀이 이해는 가지만 예를 들어 보이지 않았으면, 더 교육에 가까운 언사였을 것이다. 우리의 뇌는 부정을 처리하지 못한다. 유명한 예시로 분홍색 코끼리를 생각하지 않는 방법을 알고 있지 못하다. 또 다른 유명한 예시로 '스키점프 선수는 나무를 피해야지.'라는 생각으로 활강하지 않는다. '눈으로 가야지.'라는 긍정어를 머리에 새긴다. 학생들에게도 마찬가지다. 좋은 사례는 예시를 들어가며 행동을 유발하되, 반대로 나쁜 사례는 언급조차 하지 않는 것이 좋다. 하지만 때로는 어쩔 수 없는 경우들이 있다. 학교 화장실 위생 문제로 고체 비누 대신 액체 비누가 도입된 적이 있다. 그런데 가정집에서는 몇 달을 쓸 액체 비누가 이틀이면 동이 났다. 여러 학생들이 손을 깨끗하게 씻는데 들어간 비용이면 전혀 아깝지 않지만 몇몇의 학생들이 물에 풀어 버리는 행위를 하고, 한 번만 펌프를 눌러도 충분한데 네다섯 번씩 누르면서 발생한 일이다. 그 일이 있은 뒤 2주일이 채 되지 않아 모든 액체비누는 다시 고체 비누로 교체가 되었다. 그리고 나서 2년 뒤 학부모들은 학교가 아직도 액체 비누가 아닌 고체 비누를 쓰고 있다며 건의를 했다. 이에 학교는 2년 전 사건을 학부모들에게 이야기했으나 그때와 지금은 다르다는 논리로 학부모들은 건의 내용을 관철했다. 학교 측에서도 일단 다시 한 번 해 보고 생활지도를 더 잘해 보자는 심지로 액체 비누를 다시 들여왔다. 각 학급의 교사들은 학생들에게 액체 비누의 장점을 설명하고 이것을 꾸준히 유지하자는 이야기를 했다. 그때 여러 교사들이 고민을 공유했다. 과연 2년 전 이야기를 말을 하는 것이 좋을 것인지, 아니면 아무 일도 없었던 것처럼 낭비하지 말라고만 말을 할 것인지. 비슷한 사례는 화장지에 물을 묻혀서 벽과 천장에 던지는 일이다. 이 장난의 역사는 상당히 길어서 교직경력이 40년에 가까운 교사가 신규 시절에도 생활지도를 해 보았다고 말할 정도다. 신규교사가 정년퇴임을 앞둘 때까지 이어져 오던 관습 같은 장난이다. 하지만 당연히 막아야 한다. 이때는 굳이 지난 장난의 흔적을 보여 줘서 호기심을 자극할 이유가 전혀 없다. 교육적 고민은 이런 고민을 의미한다. 복도에서 뛰지 마라보다는 걸어가라, 소리지르지 마라보다는 조용히 해라, 굶지 마라보다는 식사해라가 좋은 교사의 발화다.

디 얼티메이티드 피니쉬, 앤 더 라스트

미시건 대학교의 오드 오브라이언^{Ed. O'Brien}과 피비 엘스워스^{Phoebe C. Ellsworth} 교수는 캠퍼스에서 무작위로 만난 52명의 사람들에게 밀크, 다크, 크림, 카라멜, 아몬드맛으로 구성된 허쉬 초콜릿 5개를 제공했다. 피험자들은 여타의 다른 실험들처럼 두 그룹으로 나누어졌다. 두 그룹의 사람들은 모두 자신들에게 제공될 초콜릿의 개수가 총 5개라는 것을 사전에 알 수 없었고, 초콜릿 순서는 무작위로 제공되었다. 또한 피험자들은 초콜릿의 맛

에듀코노믹스

이 무엇인지 모르고 먹은 뒤 0점에서부터 10점을 주도록 했다. 두 그룹의 차이는 다섯 번째 초콜릿을 제공할 때 있었다. 한 그룹은 네 번째 초콜릿을 먹은 뒤 '다음'이라는 말과 함께 다섯 번째 초콜릿을 받았고, 다른 그룹은 네 번째 초콜릿을 먹은 뒤 '마지막'이라는 말과 함께 다섯 번째 초콜릿을 받았다. 다시 말해 한 그룹은 다섯 번째 초콜릿을 먹을 때까지도 그것이 마지막인지 몰랐고, 다른 그룹은 마지막인 걸 알고 다섯 번째 초콜릿을 먹은 것이다. 그런 뒤 연구자들은 다섯 번째 초콜릿을 어떻게 평가했는지에 관심을 가졌다. 실험에서 '다음'이라는 말을 들은 이들은 다섯 번째 초콜릿에 대해 평균적으로 6.26점을 주지만 '마지막'이라는 말을 들은 이들은 다섯 번째 초콜릿에 대해 평균 8.18점을 부여했다. 총점이 10점인 척도를 사용한 것을 고려하면 1.92점은 꽤 큰 점수 차이다. 게다가 다섯 번째 초콜릿을 가장 맛있다고 한 사람들의 수도 차이가 났다. '다음' 그룹은 22%만이 다섯 번째 초콜릿을 가장 맛있다고 평가했지만, '마지막' 그룹은 64%나 다섯 번째 초콜릿을 가장 맛있다고 평했다.[175] 마지막이라는 단어는 우리를 혹하게 만드는 매력이 있는 체언이다. 그런데 하나 짚고 넘어갈 만한 문장은 '마지막으로 시도했는데 성공'이라는 문장이다. 성공을 했으니 그 시도는 마지막이 되는 것은 당연하다. 그럼에도 불구하고 우리는 이 항진명제에 충분한 극적효과를 느낀다.

한 번만

스마일트레인(Smile Train)은 1999년 설립 이래로 전 세계에서 150만 례 이상의 구순구개열 수술을 지원하고 있는 구순구개열과 관련한 세계 최대 규모의 비영리 단체다. 수술뿐만 아니라 의사를 교육하고, 언어치료 및 심리적 지원과 영양서비스 또한 제공을 하고 있다. [176] 구순구개열은 구순열과 구개열을 함께 통칭하는 단어로 구순열은 입술이 세로로 갈라진 것이고 구개열은 입천장이 갈라진 것을 의미한다. 구순구개열은 소아 선청성 질병 중 가장 흔한 것으로[177] 아시아계는 500명 중 1명, 백인은 700명 중 1명, 아프리카계는 1,200명 중 1명꼴로 이를 겪는다. [178] 스마트 트레인의 공동설립자인 브라이언 멀레이니Brian Mullaney는 이러한 구순구개열을 겪고 있는 아동들에게 더 많은 기부를 독려하기 위한 실험을 진행했다. 2008년 당시 스마일 트레인은 약 80만 가구의 주소를 확보하고 있었는데, 이 중 15만 가구에 대해 선행 실험을 진행했다. 7.5만 가구에는 기존과 동일한 내용의 우편을 발송했고(일반그룹), 다른 7.5만 가구에는 동일한 내용에 '단 한 번 기부를 하면 더 이상 우편을 보내지 않겠습니다'라는 내용을 포함시켜서 발신을 한 것이다(일회완료 그룹). 이때, 수신거부를 취소하는 버튼이 옵트아웃 형태로 있었다. 그 결과 일반그룹은 총 $13,234를 기부했고, 일회완료 그룹은 총 $22,728를 기부했다. 무려 72%나 기부금이 증가한 것이다. 게다가 더욱 고무적인 사실은 수신거부가 가능한 이 우편에 대해 61%의 사람들은 기부 후에도 우편을 계속 받겠다는 의사를 표명했다는 점이다. 이는 곧 정기후원자가 증가할 수 있음을 보여 준 것이다. 이러한 아름다운 결과에 브라이언은 그들이 보유하고 있던 80만 가구 전체에 실험을 한 번 더 했다. 그 결과 이번에는 일반그룹이 $178,609를 기부할 동안에 일회완료 그룹은 $260,783를 기부했다. 46%나 기부금이 더 모인 것이다. [179] "딱 한 번만요"와 같은 문장이 실질적으로 효과를 가지고 온 것이다.

접촉과 충돌

실험의 결과를 소개하기에 앞서 다섯 개의 영어 단어 학습이 필요하다. contact, hit, bump, collide, smash는 모두 충돌과 관련하여 비슷한 단어로 번역이 되지만 세부적인 뉘앙스는 분명히 다르다. '쾅 부딪혔다.'와 '콩 부딪혔다.'에서 차이를 느끼는 것과 유사하다. 물론 아주 정교하게 구분하여 일상과 언론에서 사용하고 있지는 않지만, 위 다섯 단어를 나열해서 두면 각 단어가 가지고 있는 충격의 차이를 구분할 수 있다. contact에서 smash로 갈수록 더 큰 충격의 뉘앙스를 담고 있다. 아래 예문들은 여러 언론사들의 헤드라인에서 인용했다.

- Delta flight 2122 from Detroit landed at O'Hare and while it was undergoing final parking, another plane made contact with the aircraft.[180]

  디트로이트에서 출발하여 시카고 오헤어 공항에 착륙한 델타 2122편 항공기가 주차 중에 다른 비행기와 contact했다.

- Baby Hit Their Head: Should I Worry?[181]

  아이가 머리를 hit 했다. 걱정해야 할까요?

- Trudeau sports bandage after bumping his head[182]

  캐나다 총리 트뤼도가 머리를 bump한 뒤 스포츠 붕대를 감았다.

- Early morning commuter chaos as trucks collide on busy Sydney road[183]

  시드니에서 트럭 collide로 새벽 출근길 대란

- Aldi assault: Shop attendant smashed over head with bottle of alcohol during robbery[184]

알디 마트 공격: 종업원이 강도에게 머리를 술병으로 smash 당했다.

이러한 뉘앙스의 차이를 통해 로프터스[Elizabeth F. Loftus]와 팔머[John C. Palmer]는 실험을 진행했다. 워싱턴 대학교 학생 45명은 일곱 편의 교통사고 영상을 시청했다. 이 영상들은 경찰서에서 보관을 하고 있던 실제 사고 영상이었다. 이 영상을 보고 사고가 날 당시의 차량의 속도를 추정해 보도록 했는데, 질문을 할 때 사용한 단어는 앞서 본 contacted, hit, bumped, collided, smashed를 바꿔 가며 활용했다. "두 차량이 접촉할 당시 속도는 어느 정도였을까요?" "두 차량이 부딪힐 당시 속도는 어느 정도였을까요? "두 차량이 충돌할 당시 속도는 어느 정도였을까요?"와 같은 식이었다. 그 결과 뒤에 있는 단어일수록 더 속도가 높다고 추정했다.[185]

동사	추정치 평균(km/h)
contacted	51.2
hit	54.7
bumped	61.3
collided	64.2
smashed	65.2

영국의 가디언지가 내부지침(style guide)[186]을 통해 지구온난화(global wariming)를 지구가열화(global heating)로, 기후변화(climate change)를 기후위기(climate emergency, crisis, breakdown)로 지칭하도록 한 것도 같은 효과를 기대한 것이다. 온난화라는 단어는 현재 우리가 겪고 있는

일을 안일하게 생각하게 한다는 것이다. 국경 없는 이사회의 스위스 연구 팀장(head of research unit)인 프랑수아즈 뒤로크^{Françoise Duroch}는 '인도주의적 위기(humanitarian crisis)'라는 단어가 적절한 것인지에 대한 의문점을 기고했다. 인도주의적 위기라는 것이 자칫 재해, 전염병, 전쟁, 기근과 같은 다양한 원인에 의한 문제들을 하나로 묶어 생각하게 될 수 있다는 것이다.[187] 이는 각 원인이 가지고 오는 위기에 대한 해결책을 적절하게 사용하게 하는 데 곤란을 겪게 할 수 있다. 재해로 인한 고통과 전쟁으로 인한 고통은 그 해결책이 명백히 다름에도 불구하고 의사파견이라는 하나의 답으로 귀결을 시켜 버릴 수 있다. 이와 유사한 차례는 학교에서도 찾을 수 있다. 과거 소아당뇨라고 불리던 제1형 당뇨병이 그것이다.

스타벅스 사이즈 명명법

영화「롤 모델스」에서는 스타벅스의 사이즈 명명법을 두고 고객과 점원 간의 실랑이가 나온다. 다행히 고객의 아내가 황급히 상황을 멈추고 점원은 크게 맞받아치지 않아 고객의 화풀이로 묘사되기는 했다. 핵심은 그것이다. "톨(tall)사이즈가 가장 작은 것처럼 메뉴판에 써놨는데 tall도 크다라는 의미인 것을 알고 있냐, 그란데(grande)도 스페인어로 크다라는 의미다." 두 사이즈를 모두 크다고 표현했는데 정작 그보다 큰 벤티(venti)는 이탈리아어로 숫자 20을 의미한다. 이쯤 되어서 모든 사이즈들을 열거해서 보면 합리적 추측이 하나 가능해진다. 스타벅스의 사이즈 명명방식은 작은 것은 크게, 진짜 큰 것은 그렇게 느끼지 못하게 한 것 같다. 구체적으로 톨은 12온스, 그란데는 16온스, 벤티는 20온스 또는 24온스를 의미한다(따뜻한 음료 20온스, 찬음료 24온스). 더해서 트렌타(trenta)라는

31온스 규격도 있다. 이 숫자들을 보면 앞서 말한 명명법 추측이 어느 정도 맞아떨어지는 것으로 보인다. 벤티는 이탈리아어로 20, 트렌타는 30을 의미하기 때문이다(가치 중립적이다). 심지어 16온스 사이즈는 그란데라고 했는데 벤티, 트렌타 규칙을 따르면 이탈리아어로 16을 의미하는 단어가 마침 있으니 그것을 사용하면 되었다. 세디시(sedici)가 그것이다. 여기에 또 한 번, 추측의 설득력을 더해 주는 것은 작은 사이즈에 대한 명명방식이다. 어중간한 사이즈 말고 그보다 작은 데미(medi, 3온스)와 숏(short, 8온스)은 다소 정확한 의미를 가지고 있다. 특히 데미의 유래인 데미테스(demitasse)는 프랑스어로 커피 반 컵을 의미하는 아주 직접적인 명칭이다.

스타벅스 명명	용량		실제의미
데미	3oz	89ml	커피 반 컵
숏	8oz	237ml	짧다
톨	12oz	355ml	크다
그란데	16oz	473ml	크다
벤티	20, 24oz	591, 710ml	20
트렌타	31oz	917ml	30

정신지체와 지적장애

지적장애인을 지칭하는 단어는 수 세기까지 거슬러 올라가지 않고, 근현대사로만 그 범위를 국한하더라도 여러 번 변화를 겪었다. 1876년 설립된 미국 지적및발달장애협회(American Association on Intellectual and Developmental Disabilities; AAIDD)는 홈페이지에 자신들의 목표(goal)

세 가지를 제시하고 있다. 첫째, 지적 및 발달장애가 있는 개인과 협력하는 전문가의 역량 강화. 둘째, 지적 및 발달장애가 있는 개인이 완전히 포함되는 사회의 발전 촉진. 셋째, 효과적이고 책임감 있는 조직 운영. 이러한 목표가 여기까지 오게 된 것은 숱한 사회적 합의와 학문적 성과가 누적된 결과물이다. 설립 당시 여섯 명의 발기인인 당시 교육감들은 지적장애인을 환자로 보고 있었고, 발생 원인과 그들에 대한 관리 및 교육에 초점을 두고 있었다. 이러한 의학적 모델은 현재까지도 이어져 오고는 있으나 현재는 사회적 모델(개인이 완전히 포함되는 사회적 발전 촉진)이 더 우세하다. 설립 당시 AAIDD의 명칭은 'Association of Medical Officers of American Institutions for Idiotic and Feebleminded Persons"이였다. 한 단어씩 살펴보자.

- association medical officer of American 미국의 의료기관 협회
- idiotic 멍청한
- feeble-minded : 정신이 박약한

즉, 협회의 이름은 '멍청하고, 정신이 박약한 이들을 위한 미국의 의료기관 협회'였던 것이다. 부차적인 이야기가 없어도, 그 협회의 의도가 얼마나 좋고 합목적성을 띠고 있든 간에 2024년에는 이 이름은 절대 사용할 수도 없고 사용해서도 안 된다는 것을 직관적으로 알 수 있다. AAIDD가 설립된 지 30년이 지난 1906년 협회의 이름이 처음으로 변경되었다. 'American Association for the Study of the Feebleminded' 이번에는 '미국 정신박약자 연구 협회'로 이름이 변경된 것이다. 이때까지는 아직 feebleminded 라는 단어가 유지가 되었다. 여기에서 feeble이라는 단어의 뉘앙스를 예문을 통해 알아보자. feeble이라는 단어를 알아보기 위한 예문으로 본 글의 내용과는 무관하다.

- 유가 급락으로 인한 캐나다 달러 feeble(약세)[188]
- 시민 문제 폭증, 그러나 의원들 목소리는 feeble(미약)[189]
- 최근 이루어진 나이아가라 지역의 설문조사는 feeble(설득력이 없고), 왜곡되고, 무의미하다. [190]

feeble-minded(정신박약)라는 단어가 사라지는 데는 27년이 더 필요했다. 1933년 협회는 '정신결핍협회(mental deficiency)'로 명칭을 변경했고, 이를 다시 1987년 '정신지체협회(mental retardation)'로 개명을 했다. 그리고 2007년 1월 1일 앞서 언급한 현재의 명칭인 AAIDD가 탄생한 것이다. 그러나 협회보다 부모들의 단어 개정의 시기는 30년 이상 빨랐다. 1950년 지적장애 아동의 부모들은 '전미 정신지체 아동의 부모와 친지협회(The National Association of Parents and Friends of Mentally Retarded Children)'를 결성했다. 방금 살펴본 바와 같이 당시에는 정신결핍이라는 단어가 사용되던 시기였고, 정신지체를 협회의 이름으로 가져오기까지는 37년이나 남은 상황이었다. 명칭이 중요하다는 사실은 더 이상 중요한 이야기가 아니다. 당연한 이야기이기 때문이다. 장애인을 악마, 장애를 악귀로 보고 강제 불임수술과 학살을 하던 나치의 몰락이 있은 이후에도 인류는 비하의 의미가 아닌 무지의 소치로서 장애를 표현해 왔다. 물론 몇 년 혹은 몇십 년 뒤에 우리가 지금하고 있는 장애에 대한 표현 또한 무지에 의한 것이라고 언급이 될 수 있다. AAIDD(당시 멍청이, 바보의 단어를 명칭에 포함한 협회)의 창립 회장 에두아르 세귄Edouard Séguin은 절대로 장애인 차별주의자가 아니다. 반대로 그는 프랑스 파리에 세계 최초의 지적장애 아동교육 시설을 설립한 인물이었으며,[191] 특수교육의 출발점으로 인식되는 장 마크 이타드Jean Marc Gaspard Itard의 멘티였다. 그럼에도 불구하고 그는 협회의 명칭을 수락(또는 명명)했고, 지적장애 아동에 대한 특별한 요구를 체계적으로 다룬 최초의 저작의 제목을 『바보의 도덕적 처우와 위생 및 교육』(1846)로 정했다. 즉, 장애에 대한 명칭은 당대의 인식과 인류가 가지고 있던 지식의 양에 맞추어 명칭이 변경되어 온 것이다. 그리고 그 명칭 변경의 노력은 다시 장애를 바라보는 인식의 변경으로 환류되어 왔다. 때문에 몇몇 기관에서는 'disabled person(장애인)'이 아닌 'person with a disability(장애를 가진 사람)'으로 지칭하는 것을 수년째 꾸준히 주장해 오고 있으며, 캐나다 정부는 이러한 주장을 공식적으로 지지하고 있다.[192] disabled person은 disable에 초점이 두어진 표현이고, person with a disability는 person에 초점을 둔 표현이다.

보드게임은 학생들에게 매우 유용한 학습도구이다. 사회시간에 혼자 문제상황을 파악하는 행위보다 훨씬 고차원적 사고력을 요한다. 내가 내릴 수 있는 최고의 선택이 하나의 답으로 귀결되지 않고 다른 친구들의 선택에 영향을 받는다는 것을 인지할 수 있다. 1994년 노벨경제학상을 수상한 존 내쉬John Forbes Nash Jr.의 게임이론이 이에 근거한다. 상호의 선택이 상호의 결과에 영향을 주다 보니 확률에 의거한 사고를 하도록 유도한다(배우지 않고서는 내쉬균형을 찾아 행동하기는 어렵다. 더구나 내쉬균형은 나만 알고 있어서는 안 되고 상대도 그렇게 행동할 것이라는 믿음이 있어야 비로소 결실을 맺는다.).

나에게는 말을 3칸 옮기는 것이 최선의 선택이지만 상대방이 말을 2칸 옮기게 되면 차라리 손해를 감수하더라도 말을 1칸만 옮기는 것이 적절할 수 있기 때문이다. 뿐만 아니라 게임이라는 규칙 하에서 상호교류하는 방법을 습득하기도 하고, 승리와 패배가 '이 또한 지나가리라'를 체득하게 할 수도 있다. 이러한 연유들로 인하여 많은 교실에서는 보드게임이 비치가 되어 있다. 그리고 그것을 쉬는 시간에 자유롭게 활용하기도 하며, 수업에 도입하기도 한다. 그런데 대부분의 보드게임은 실력도 중요하지만 운적요소가 배제가 되기 어렵다. (운적요소가 매우 적은 보드게임 「문명」(블라디미르 크바틸^{Vladimir Chvátil} 作)은 플레이 규칙을 한 번 듣는 데만 1시간 가까이 걸린다). 이 또한 현실을 반영한다는 점에서 충분히 교육적이다. 그런데 운적 요소가 있다 보니 화폐가 오가는 보드게임에서 때때로 학생들은 도박처럼 '걸었다'라는 표현을 사용한다. "나는 3번 말에게 걸겠어.", "나는 주사위 눈이 5가 나올 것에 걸었다.", "나는 이 부동산에 걸었다."와 같은 표현들이 그것이다. 하지만 이는 기우일지 모르지만 도박에 대한 심리적 진입장벽을 낮추는 것으로 들린다. 때문에 '투자했다', '믿는다' 정도로 표현을 바꿔 주는 것이 좋다.

안면타당

옥스포드 사전과 웹스터 사전에서 '여론'을 검색해 보면 각각 다음과 같은 정의가 나온다. '사회 속 개인 견해의 총합', '공동체의 지배적인 태도'. 일견해서는 반박할 만한 문장을 생각해 내기 어렵다. 심지어 옥스포드와 웹스터라는 권위가 반박하고자 하려는 마음조차 누그러뜨린다. 하지만 여론에 관한 선구자적 위치에 있는 필립스 데이비슨^{Phillips Davison} 교수는

에듀코노믹스

여론이라는 단어를 정의하는 일에 좌절감을 느낀다고 언급한 바 있다.[193] 이 좌절감은 당연할지도 모른다. 사랑이 무엇인지를 정의해보면 이해가 쉽다. 사랑은 너무나도 많은 얼굴을 하고 있기에 수없이 많은 멋진 문장이 떠오를 수 있다. 그로 인해 우리는 사랑을 몇 문장으로 정의하는 데에 좌절감을 느끼고, 어쨌든 우리 모두가 아는 그것이라고 말해버리고 말지도 모른다. 대개의 추상적인 개념을 정의하듯 말이다. 여론보다는 구체적이지만 결코 섣불리 접근할 수 없는 단어들도 있다. 우리가 매일 접하지만 함부로 부를 수 없는 이름. 잡초가 그중 한 예시가 된다. 잡초를 어떻게 정의해 보자. 푸새라고 쉽게 말해 볼 수도 있겠지만 분명히 푸새가 모두 잡초는 아니다. 그렇게 생각해 보면 애당초 잡초라는 것이 우리 입에 올려도 되는 단어인가 하는 정치적 올바름적 사고방식도 끌어들일 수 있다. 잡식성이라는 말은 행동양태에 관한 것이므로 통용되기에 적합하지만, 잡초라는 것은 풀의 존재 자체를 규정해 버리는 단어이기 때문이다. 잡학다식한 사람이라는 말은 때론 욕이 아니지만 잡스런 인간은 언제나 욕이다. 학자들의 의견을 몇 가지 살펴보자. 1996년도에 영국 및 아일랜드 식물학회(Botanical Society of Britain and Ireland)의 협회장상을 수상한 바 있는 리처드 메이비Richard Mabey 박사는 '부적절한 장소에서 자라는 식물'의 정의를 꽤나 그럴듯하다고 평한 바 있다. 하지만 오하이오 주립대학교의 원예및작물과학과 교수 존 카디너John Cardina는 그의 저서 『미움받는 식물들』에서 잡초에 대한 정의는 다양하지만 '딱 보면 안다'보다 적합한 정의를 찾지 못했다고 토로했다. 참고로, 식용으로도 관상용으로도 잘 사용되지 않아 잡초로 분류될 때가 많은 애기장대는 최초로 게놈이 해독된 식물이며, 유전학에서 중요한 위치를 차지하는 식물이다.[194] 또한 게놈이 발

표되던 당시 애기장대는 「네이처」지의 표지가 되기도 했다(아시안들의 주
식인 벼는 두 번째로 게놈이 해독된 식물이 되었다.). 이렇듯 무엇인가를 정의 내
리는 일은 날달걀을 다루듯 해야 한다. 그렇지 않았을 때 우리에게 큰 불
편함을 주는 장면이 영화 「세얼간이」에서 나온다. 기계공학과 교수가 강
의 도중 기계의 정의를 학부생들에게 묻는 장면이 나온다. 주인공인 란초
(Rancho)는 이 질문에 "인간의 노력과 시간을 경감시켜 주는 것"을 기계
라고 생각한다고 답변을 했다. 답변을 들은 교수는 분필을 란초 얼굴에
던지더니 시험지에 그렇게 쓸 것이냐고 역정을 냈다. 실제 강의에서 학생
의 답변에 이런 식으로 반응을 하는 교수는 없을 것이다. 이 때문인지는
몰라도 해당 교수역은 극 중 이름조차 부여받지 못했다. 단지 '기계공학
수업 교수'로만 크레딧에 남았다. 어쨌든 이 장면을 비웃으면서 보던 다른
학생인 차투르(Chatur)는 "기계는 물체의 연결로 운동을 발생시키는 것"
이라며 책의 내용을 읽고 박수를 받았다. 이와 같은 교수법에 따라 교육
을 하는 것은 국가적으로 운전면허제도를 없애는 것보다 위험하다. 또한
학술적으로도 정의를 삶은 달걀처럼 다룬다는 점에서 위험하기도 하다.
이렇듯 정의를 내리고 다루는 일이 얼마나 날달걀을 다루는 것과 같은지
를 알기에 현대인들은 오래된 생각들을 가져와 현재 우리가 쓰는 단어의
본질을 찾곤 한다. 광합성은 독일어로 Fotosynthese(포토진테제)라고 한
다. 이는 세 개의 그리스어의 조합으로 이루어져 있다. phos(빛), syn(함
께), thesis(놓다). 이렇게 만들어진 단어는 현대인들로 하여금 광합성이
란 애당초 이런 것이라는 논리적 근거를 갖게 한다. 이번에는 과일을 정
의해보자. 뭐라고 정의할지는 어렵지만 수박이 과일이냐 하는 개별사안
에 대한 답변은 그나마 쉽다. 하지만 토마토는 어떤가. 과일일까 채소일

　　　　　　　　　　　　　　　　　　　　　　　　　에듀코노믹스

까. 1893년 미국 대법원은 토마토가 식물학적으로는 과일이지만 법적으로는 채소라고 판시했다. 이게 대체 무슨 소리인가 싶지만 판결문을 읽다 보면 혹하는 부분이 있다. 과일은 디저트로 제공되는 반면 채소는 식사의 주요 부분 중 하나이다. 이로 미루어 볼 때 토마토는 식사의 일부이지 디저트로 제공되지 않기에 토마토는 채소로 보아야 한다는 것이다.[195] 이 판결이 나오게 된 배경을 첨언하면 당시 미국에서 과일은 무관세였고, 채소는 10%의 관세가 부과되었기에 제기된 소였다. 그렇다면 "교육은 무엇인가?" 이 질문은 교육학과 수업의 한 학기 강의 주제 수준이다. 교육이 무엇인가 하는 명제는 본격적으로 교육학 공부를 하기 직전 혹은 이제 막 교육학 공부를 시작하는 학생들에게는 매우 큰 명제다. 머릿속에는 그동안 자신이 받아 왔던 교육들, 그리고 자기가 해봤던 가르침들이 한데 엉켜 뇌 곳곳을 쏘다닌다. A라고 하자니 B를 놓치고, 이를 정반합하여 C를 생각해 내니 D를 놓치는 식이다. 이사야 벌린도 같은 고민을 했다. 그는 자유에 대해 언급하면서 행복이나 선함과 같이 자유란 너무나도 다공적인(porpous, 多孔) 의미를 지니고 있어 정의가 거의 불가능하다고 했다.[196] 교육도 마찬가지다. 때문에 교육이란 무엇인지를 언어적으로 남기려는 시도는 장기기억 어딘가로 넘어가 버리고 실질적으로 교육을 하는 방법론에 대해 고민을 하게 된다. 왜냐하면 너도 나도 아는 그것이 교육이기 때문이다. '딱 보면 알듯' 말이다. 판스워스 교수(Farnsworth)의 말대로 DNA가 무엇인지보다 DNA가 무엇을 하는지가 더 중요하다(판스워스는 프랭크 해프너[Frank H. Heppner] 진짜 로드 아일랜드 교수가 만들어낸 가상 인물이다.).

모든 것이 메타버스

2021년 페이스북(Facebook)은 메타(Meta)로 사명을 변경했다. 그리고 그해 명실상부 메타버스는 주류의 용어로 자리를 잡았다. 하지만 우리는 과거에도 심즈에서 결혼을 했고, 로블록스에서 건물을 지었다. 또한 영화 「매트릭스」를 시청했고, 버추얼보이로 게임을 했다. 하지만 2021년에는 이 모든 것이 메타버스가 되었다. 자신들을 VR회사라고, 이커머셜회사라고, 게임회사라고, SNS회사라고 칭하던 여러 회사들의 대외적 업종이 모두 메타버스가 되었다. 그리고 2024년에는 그 회사들 중 상당수가 또다시 AI회사로 분류가 바뀌었다. 이제는 무엇이 메타버스이고, 무엇이 AI인지도 헷갈리는 수준이다. 교육은 그 이전부터 더욱 의미를 혼용해 사용해 왔다. 무엇인가를 가르치는 것은 모두 교육이라는 생각에 반기를 들어 배움이 일어나면 모든 것을 교육이라고까지 외현을 확장했다. 이 기준에 따르면 교육은 대체 무엇인지 혼란스럽게 만든다. 앞서 언급했듯 교육을 어떠한 언어로 규정하는 일은 매우 어려운 일이며, 그 시간에 교육을 어떻게 잘할지를 고민하는 편이 낫다. 하지만 체현된 것을 보고 대략적으로 그것이 교육인지 아닌지 어느 정도 전문가 간 합의된 무엇인가는 있어야 한다. 그러나 혼자 책을 읽는 행위도, 단지 전문가가 비전문가에게 내용을 전달하는 행위도, 혹은 사례담을 나누는 행위까지도 배움만 일어나면 모두 교육이라고 칭한다. (사실 듣기만 해도 배움, 보기만 해도 배움이라고도 한다.) 그것이 모두 교육이라면, 그리고 그것이 공교육 밖에서 이루어지는 일이라면 사교육비 국제비교에서 이때 발생한 비용도 모두 포함해서 통계를 내야 한다. 하지만 결코 그렇지 않다. 모든 것을 아우르고 통합하려는 시도는 매우 가치로운 일이지만 모든 상황에서 그런 것은 아니다. 가상세계에서 일어난다고 모두 메타버스로 통칭해 버리고, 데이터를 추론할 수 있다고 모두 AI라는 수식어를 붙이면 우리는 그것을 구분할 수 있는 능력을 상실한다. 이전에도 포토샵에서는 사용자를 돕는 기능이 있었고, 엑셀도 자동화되는 부분이 있었다. 하지만 이제 와서 AI기능을 탑재한 것처럼 광고한다. 물론 비전문가들을 위한 마케팅 용어로서 해당 용어가 활용되는 것은 자연스러운 일이다. 하지만 메타버스와 AI를 다루는 전문가들이 보았을 때, 모호한 지점은 분명히 있으나 대체적으로 합의할 수 있는 모체는 있어야 한다. 교육도 마찬가지다. 존 스튜어트 밀^{John Stuart Mill}의 언급대로 논쟁이 일어나야 진리에 다가갈 수 있다.[197] 단지 그렇게 뭉쳐버리면 진리를 찾고자 하는 시도조차 묵살되어 버린다. 생물이란 무엇인지를 생각해 보자. 그리고 할리 데이비슨(Harley-Davidson)오토바이가 왜 생물이 아닌지를 설명해 보자. 설명은 어렵지만 아무튼 할리 데이비슨은 생명이 아니다(판스워스 교수의 주장에 따르면 할리 데이비슨은 신진대사를 하며, 세대를 거듭한다. 물론 생각하는 능력은 없지만 그건 토마토도 마찬가지다.[198] 이 이야기는 1990년도에 출판된 책에 있는 것인데, 2024년 기준으로는 피규어01이 왜 생명이 아닌지를 생각해 보는 것이 생명이 무엇인지 더 명확하게 해 주는 질문이다.). 그래서 우리는 생명을 정의할 때 할리 데이비슨이 포함되지 않도록 해야 한다. 이러한 사고의 과정은 생명이 무엇인지에 다가가게 하는 데 도움이 된다. 교육에 적용해 보자. 발터 벤야민Walter Benjamin에 따르면 독일어 에어파룽(Erfahrung)과 에어레브니스(Erlebnis)는 구별될 수 있다. 두 단어 모두 경험(experience)으로 번역되지만 전자는 통합된 경험이며 후자는 피상적인 경험이다. 전자는 공동체 내에서 공유되고 전승되지만 후자는 개인적으로 소비되고 만다. 이 구분에 따르면 전자는 교육이고 후자는 체험이다. 교육을 협의로 둠으로써 포괄가능성을 줄이는 일은 결코 즐거운 경험이 아니다. 또한 시대에 따라 상황에 따라 교육을 어떻게 정의할 수 있는지는 달라져 왔고 달라질 것이다. 하지만 모든 것이 교육이라고 말하는 것은 무책임하다. 무엇이 교육이든 모든 것이 교육은 아니다.

탄소배출권과 난민할당제

탄소가 유해한 물질이라는 사실은 누구나 인정하는 바이다. 하지만 탄소를 적게 배출한다는 것은 곧 더딘 발전을 의미하는 것으로 이해된다. 특히나 일부 국가에서는 탄소배출량이 곧 국가 성장의 척도가 되기도 한다. 때문에 환경보호와 성장의 균형을 꾀한다는 명목하에 전 지구적으로 목표로 하는 탄소배출량을 정해 놓고 이를 국가별로 할당을 해 두었다. 그 후 탄소배출권을 사고팔 수 있도록 함으로써 어쨌든 지구적 총량은 유지하겠다는 약속을 했다. 한편 유럽에서는 난민수용에 관한 합의가 시급한 현안이다. 매년 EU회원국에 접수되는 난민신청서류는 100만 건이 넘는다. 그중 다수의 난민들은 우선적으로 지중해를 건너 그 연안국인 몰타

에듀코노믹스

와 이탈리아, 그리스로 들어간다. 이에 EU에서는 회원국 간 연대적 책임을 강조해 왔다. 하지만 난민을 수용하기에 어려운 국가들도 있다. 이는 경제적 이유이기도 하지만 자국 내 정치적 문제이기도 하기 때문에 쉽게 해결될 문제가 아니다. 따라서 난민수용과 관련한 협상 테이블은 자주 펼쳐졌지만 어떠한 협의가 도출되지는 않았다. 그러다 2024년 드디어 '이주 및 망명에 관한 협정'이라는 서류가 꾸며졌고 회원국들의 서명이 들어갔다. 내용의 골자는 회원국들은 각국에 할당된 수만큼의 난민을 의무적으로 수용해야 하며, 이를 거부할 시 난민 1인당 2만 유로를 기금의 형태로 납부해야 한다는 것이다. 여기에서 우리가 살펴볼 부분은 난민할당제는 탄소배출권과 달리 국가 간 거래를 인정하지 않는다는 점이다. 난민할당 제는 인도주의적 차원에서 행해지는 제도로 탄소배출권과는 달리 EU회원국들이 짊어져야 할 의무는 없다. 그런데 난민할당을 돈으로 거래를 한다면 이를 보고 있는 사람들, 그리고 난민들은 어떤 생각이 머리에 스며들까. 아마도 난민은 짐이며, 부담해야 할 것으로 마치 탄소 같은 존재로 인식될 것이다. 이는 제도의 취지와 전혀 부합하지 않은 흐름이다. 난민의 문제는 EU회원국들이 야기한 것이 아니라 난민 본국의 정치, 경제 상황이 야기한 것이다. 그럼에도 불구하고 EU회원국들이 인도주의적 차원에서 난민수용정책을 수정해 나간 것이다. 그렇기 때문에 여기에 난민을 탄소취급하도록 하는 조항을 넣을 수는 없는 것이다.

나만 안 나오는 제비뽑기

샤인머스캣을 누가 1개 먹고, 누가 2개를 먹을지를 결정하는 매우 손쉬운 방법은 제비뽑기다. 제비뽑기 프로그램에 학급의 학생들 이름을 모두 등록해 놓고 뽑기 버튼을 누르면 극적인 화면효과와 함께 설정한 숫자만큼의 학생들이 이름이 나온다. 대부분의 학생들은 이 과정의 공정성에 의문을 가지지는 않지만 운이 없어 자신만 유독 잘 안뽑힌다고 생각하는 학생들도 그만큼 많다. 때문에 이름을 등록하는 순서를 바꿔 달라고 요청하기도 한다. 확률론에 의하면 무의미한 행동이지만 우리는 모두 T가 아니기 때문에 이러한 요청을 들어주는 것은 쉽다. 그럼에도 불구하고 뽑기 운은 대다수의 학생들에게 없는 것으로 치부가 된다. 우리는 부정적 자극을 긍정적 자극보다 더 오래 기억하기 때문에 지난번에 쿠키를 하나 더 먹은 것보다 그 이전에 딸기를 추가로 먹지 못한 사건을 더 오래 기억하기 때문이다. 이때 제비뽑기에서 뽑히는 것을 반드시 좋은 쪽으로만 사용하지 않으면 그러한 생각을 희석시킬 수 있다. 예를 들어 샤인머스캣을 추가로 더 먹고 싶어 하는 학생이 10명인데, 남은 샤인머스캣은 7알밖에 없다면 7명을 뽑는 것이 아니라 3명을 뽑는 것이다. 그렇게 되면 평소에는 잘 안 뽑히다가 이럴 때만 꼭 뽑힌다는 푸념을 하기도 하지만 여하튼 제비뽑기에서 누군가가 뽑힐 확률은 동일하며 유독 나만 안 뽑힌다는 생각을 희석시킬 수 있다.

팀을 구성한다는 것은 같은 편과 다른 편을 구분한다는 것이고 이는 곧 내집단과 외집단을 구분짓는다. 이는 어떤 이유로 팀을 구성해도 마찬가지다. 학급 내 명렬번호는 대체로 해당 국가의 알파벳순을 따른다. 따라서 홀수 번호를 부여받거나 짝수 번호를 부여받는 것이 어떠한 특성도 나타내지 못한다. 하지만 학습활동을 위해 홀수와 짝수 번호로 집단을 구성하면 동질감과 이질감을 경험할 수 있다. 우리 짝수 번호의 합리성과 저들 홀수 번호의 몰지각성이 두드러지게 나타난다. 심지어 무작위 추첨으로 팀을 구성하면 안 친했던 학생들끼리도 의견합치가 이뤄지고, 친했던 친구 사이에도 미안한 감정이 포함된 비난이 나오기도 한다. 특히 사전에 공지되지 않은 규칙을 개별적으로 판단을 해야 할 때가 있다. 이때는 놀라우리만치 결속력이 견고해진다. 평소 대화조차 잘 이루지 않았던 학생들의 가치관이 정확히 들어맞는 현상을 볼 수 있다. 가가볼을 하는 상황을 예시로 보자. 가가볼은 다각형 혹은 원형의 경기장 안에서 손으로만 공을 쳐 상대를 맞추는 필드형 경기다. 경기장의 경계면은 피트(pit)라고 부르는 울타리로 감싸는데 재질은 특별히 규정된 바가 없다. 인플레이터블(inflatable) 구조물을 사용하기도 하고, 플라스틱 벽을 두기도 하며, 심지어는 책상을 눕혀 울타리를 만들어도 된다. 이렇게 만들어진 경기장에 양팀 합산 8~14명가량이 동시에 들어가 경기를 펼친다(이보다 인원이 많으면 많은 횟수의 공격과 수비를 경험하기 어렵고, 이보다 적으면 우르르 도망다녀 보는 즐거운 경험을 놓친다.). 전술한 바와 같이 공으로 상대를 맞추어 아웃시키는 것이 목적인데, 공격자가 친 공이 경기장 밖으로 나가면 친 사람이 아웃된다. 여기에서 우리는 무작위로 선정된 학생들이 하는 집단 내 옹호를 볼 수 있다. 평소 대화가 거의 전무했던 학생끼리 같은 편이 되었다. 한 학생이 공을 쳤고, 상대의 몸에 맞추었다. 그런데 그 공이 경기장 밖으로 나가게 된 것이다. 학생들이 스스로 정한 규칙에 따르면 원래 나갈 공이었다면 친 사람이 아웃, 그렇지 않다면 맞은 사람이 아웃인 상황이다. 하지만 양 팀은 집단별로 의견이 달랐다. 분명히도 학생들은 제비뽑기 통에서 같은 모양의 파츠를 꺼낸 이들끼리 같은 편이 되었고, 다른 파츠를 꺼내면 다른 편이 된 것이다. 경제적 배경, 평소 식습관, 종교, 성별, 인종, 취미, 운동능력 등이 그들을 나눈 것이 아니다. 하지만 파츠의 모양은 집단별로 상황 해석을 달리하는 유일한 기준점이 되었다. 상황에 따라 양팀은 격론을 펼쳤다. 공을 친 쪽의 팀원들은 맞은 친구의 허벅지에 공이 맞을 때 허벅지를 들어 올려 공이 튀어 올라갔다고 주장했고, 공을 맞은 쪽의 팀원들은 원래 도망다니다 보면 허벅지를 움직이는 것이기 때문에 이는 용인되어야 한다고 주장했다. 양쪽의 주장은 팽팽했다. 그럼 이제부터 고의로 허벅지를 들거나 발을 들어서 공을 넘겨 버리면 게임 진행이 가능하겠냐는 반문도 나왔다. 반대의 의견도 일면 타당했다. 원래부터 나갈 공이었는데 허벅지 맞고 더 높이 날아간 것뿐이라는 것이다. 이 상황에서 가장 큰 문제는 모호한 상황을 놓치고 규칙을 정한 것이기는 하다. 이 과정을 통해 규칙은 더 촘촘해질 것이다. 이 상황 자체가 교육적으로 문제가 되지는 않는다. 인류가 쌓아 올린 스포츠 규칙들도 다 이런 식으로 제정과 보완을 거쳤다. 우리가 여기서 보아야 할 점은 그것이다. 단지 같은 모양의 파츠를 골랐다는 사실이 어떠한 사회문화적경제적 배경보다 우선적으로 내집단의 가치관을 형성했고 외집단과의 차이를 보였다는 점이다.

손실회피(loss aversion)

전망이론(prospect theory)에 따르면 우리는 이익보다 손실에 민감하게 반응한다. 이를 확인한 사례를 살펴보자. 도쿄의 하치오지(八王子)시(市)에서는 전년도에 대장암 검진을 받으면 올해 대변검사 키트를 무료로 받을 수 있다. 이러한 제도에도 불구하고 검진을 받지 않는 사람들이 많이 있었다. 이에 당국에서는 미검진자 3,500명 이상을 무작위로 양분하여 각각 다른 메세지를 보냈다. 한 그룹에는 '올해 검진을 받으면 내년에 키트를 보내 준다'는 내용이었고, 다른 한 그룹에는 '올해 검진을 받지 않으면 내년에 키트를 보내주지 않는다'는 내용이었다. 조삼모사 정도의 차이만 있지 골자는 동일했다. 그럼에도 불구하고, 전자의 수진율은 22.8%, 후자의 수진율은 29.9%로 7.1% 차이를 보였다.[199]

독일, 스웨덴, 영국 국민 9,000명의 일부에게는 외국으로부터 유입된 이민자들의 부정적인 면을 강조하는 문구를 제시했고, 다른 일부에게는 긍정적인 면을 강조하는 문구를 제시했다. 그 결과 부정적인 문구를 본 이들은 이민에 부정적인 견해를 갖는 비율이 증가했으나 긍정적인 문구를 본 이들은 이민에 대한 긍정적인 견해를 갖는 비율이 증가하지 않았다.[200] 이는 우리가 부정적 프레임에 더 많은 영향을 받는다는 것을 보여 준다. 부정적인 것이 더욱 기억에 오래 남기 때문에 대중매체는 그러한 뉴스 기사를 올린다. '오늘도 프랑스의 부르고뉴 지역은 평화롭습니다.'는 기사가 되지 않지만 이스라엘-팔레스타인 전쟁은 섹션을 따로 만들 정도의 뉴스가 된다. '캐나다 성인 중 63%는 학교에서 시민교육을 받았습니다.'라는 헤드라인은 편집회의를 통과하기 어렵다. '캐나다 성인 중 37%는 학교에서 시민교육에 대한 어떠한 교육도 받지 못했다.'로 수정해야 게시의 가능성이 높아진다.[201] 다만, 자국의 시민교육 실태를 언급할 때는 '캐나다는 63%가 교육을 받았다.'는 사실이 나갈 가능성이 더 높다.

우리가 간혹 손실회피로부터 자유로운 사람들을 볼 때가 있는데, 보동은 드라마나 영화에서 그렇다. 그들은 내일이 없는 것처럼 투자하고, 어제가 없었던 것처럼 나아간다. 실제 현실에서도 사회경제적으로 높은 계층의 사람들은 손실회피 경향이 적게 나타나는데, 런던비즈니스스쿨의 에나 이네시[Ena Inesi] 교수는 그 이유가 손실에 대한 처리 능력이 높은 특권적 위치에 있기 때문이라고 분석했다.[202] 똑같은 50%의 손실이라 해도 월급이 200만 원인 사람이 100만 원을 잃은 것과 월급이 10억인 사람이 5억을 잃는 것은 다르다. 같은 50%가 같은 50%가 아니다. 전자의 경우에는 당장 이번 달 생활에 문제가 발생하지만 후자는 그럴 가능성이 훨씬 낮기 때문이다. 교사나 부모가 볼 때 별거 아닌 것으로 상심하고 낙담하는 학생(자녀)들이 있는데, 다시 하면 되지라는 용기 돋는 말이 그들에게는 들리지 않을 수 있다는 점을 반드시 고려해야 한다. 회복탄력성도 일정 부분은 곳간에서 나오기 마련이다. 성인이 가지고 있는 문제해결능력과 미성년자가 가지고 있는 문제해결능력은 그 수준이 다를 수밖에 없다(극히 일부의 사례 제외). 따라서 "괜찮아, 다시 하면 돼."가 폐부를 찌르지는 않는지 고민하고 말해야 한다. "100만 원 그거? 다시 벌면 되잖아 네 월급이 그 두 배라며."라는 말을 들을 때 아픈 것과 같다.

11

앵커링

임의적 일관성(arbitary coherence)

경제학에서는 지불용의금액(Willing to pay: WTP)라는 단어를 자주 사용한다. 이는 개별 소비자가 제품이나 서비스에 지불할 의사가 있는 최대 금액을 의미한다. 미국 LA에 위치한 웨스트 코스트 대학교 학생 287명에게 자신의 사회보장번호 뒷 자리 두개를 적어보라고 했다. 그리고 토스터, 휴대폰, 가방, 헤드폰을 보여 주었다. 이제 학생들은 각각의 제품을 보고 WTP를 적어 냈다. 그 결과 사회보장번호 뒷자리가 50 미만인 학생들의 중앙값은 $30였지만, 50 이상인 학생들의 중앙값은 $41이었다. WTP가 36% 이상 차이가 났다.[203] 그들이 가격을 적어내기 전에 겪은 차이는 단 하나, 자신의 사회보장번호에 불과했는데도 말이다. 또 다른 실험에서는 와인에 대한 가격을 책정하도록 했다. 이때도 사회보장번호가 20 이하인 사람들은 평균 $8.64를 책정했지만 반면 80 이상인 사람들은 평균 $27.91로 책정했다.[204] 단지 사회보장번호가 높다는 이유로 무려 3배 이상의 가치를 부여한 것이다.

택시요금거래에 사용되는 터치스크린 결제 기기를 공급하는 회사 CMT

그룹은 2011년에 팁 옵션을 15%, 20%, 25%에서 20%, 25%, 30%로 변경했다. 그러자 팁 수입은 8% 증가했고, 평균 팁은 17.45%에서 18.84%로 증가했다. 또한 팁으로 15%를 주는 승객은 크게 감소한 반면 30%를 주는 승객이 크게 증가했다.[205] 2022년 기준으로 하와이의 많은 업체들은 영수증 하단에 팁 옵션을 적어 두었다(팁은 안 줘도 되고, 이 옵션대로 주지 않아도 된다). 그때 많은 업체들은 18%, 22%, 26%을 적어 두었다. 흥미로운 추가적인 연구 결과도 있는데, 팁을 퍼센트로 제시할 때와 금액으로 제시할 때를 비교했다. 그 결과 값이 같다면 어떤 것으로 표기하든 앵커링 효과는 비슷했다.[206]

한때 호주의 주요 언론사인 「더 오스트리안」의 홈페이지에는 구독료를 다음과 같이 공지해 둔 적이 있다.

디지털 신문 전용 주당 1달러	디지털 신문 + 주말 지류 신문 주당 1달러	디지털 신문 + 주중 지류 신문 주당 1달러
「더 오스트리안」 모든 기사 제공 디지털로 된 「더 월스트리트 저널」 기사 모두 제공 구독자 전용 뉴스레터 제공 「더 오스트리안」 플러스 멤버 혜택 제공 언제든 자유로운 해지 가능		
	토요일에 지류 매거진 제공	
		주중 지류 신문 제공

우측으로 갈수록 좌측의 혜택을 모두 가지고 가는 시스템이다. 그런데 가격이 모두 동일하다. 이 상황에서 우리는 어떤 선택이 최선일까? 당연히도 가장 오른쪽일까? 아니다. 구독자체를 하지 않는 것이 최선일 수도 있다. 이 광고는 우리가 가장 오른쪽의 구독 버튼을 누르기를 유도한 것

에듀코노믹스

이다.

이와 매우 흡사한 광고는 「이코노미스트」지에서 먼저 했다. 그들의 홈페이지에는 1년 구독료로 다음의 세 가지 옵션을 제공했다.

온라인 전용	지류 전용	온라인+지류
$59	$125	$125

란 키베츠[Ran Kivetz], 오데드 네처[Oded Netzer], 스리니바산[V. Srinivasan] 교수는 MBA 수강생들에게 ①, ③ 또는 ①, ②, ③을 제시했다. 그 결과 ①, ③을 제시받은 그룹 중 43%만이 ③ 옵션을 선택한 반면, 세 가지 모두를 제시받은 그룹에서 ③을 선택한 비율은 72%였다.[207] 댄 애리얼리 교수도 거의 동일한 실험을 진행했다. ①, ② 두 가지 옵션만 보여 주었을 때는 ①을 68%가 ②를 32%이 선택했다. 모두 합리적인 선택을 했다. 하지만 ①, ②, ③ 세 가지 옵션을 모두 보여 주었을 때는 ②번을 선택한 사람은 없었고, ①은 16%, ③은 84%가 선택했다.[208] 이때도 모든 사람들의 선택은 합리적이다. 「이코노미스트」지의 전략이 더 합리적이었을 뿐이다. 이를 비대칭 우월성 효과(asymmetric dominance effect: ADE)라고 한다. 하지만 셰인 프레더릭[Shane Frederick], 레너드 리[Leonard Lee], 어니스트 바스킨[Ernest Baskin] 교수의 동일한 실험에서는 이 상황이 재현되지 않았다는 점에서 결과를 해석하는데 신중을 기해야 한다.[209]

온라인 전용	지류 전용	온라인+지류
75%	-	25%
69%	18%	21%

다만 실험 간의 시간적 간격이 꽤 넓다. 앞선 두 실험에서는 스마트폰이 없거나 이제 태동한 시기에 이루어졌고, 마지막 실험은 아이패드도 보편화된 2014년에 이루어졌다.

세계적인 베스트셀러『설득의 심리학』에는 각 장 뒷 부분마다 독자투고 글을 몇 편 소개하고 있다. 그렇게 글을 소개한 뒤 저자인 로버트 치알디니Robert B. Cialdini가 첨언을 하는 형식이다. 여기에 한 가지 앵커링과 관련한 글이 있어 인용해 보고자 한다. 항공사에서 중복 비행기표가 발생하여 다음 편을 이용해 줄 고객을 찾는다는 안내방송을 했다. 처음에는 농담으로 $10,000를 제시했고 뒤 이어 진심으로 $300를 제시했다. 고객들은 농담에 웃기는 했지만 $300에는 다음 편을 이용하겠다는 사람은 나오지 않았고 $500로 보상금이 인상되어서야 자원자가 나왔다. 이에 로버트 치알디니는 농담을 $10,000가 아닌 $5로 했으면 더 좋았을 것이라는 부연을 달았다. 그는 이를 대조효과라고 불렀다.

한 교사가 교실에 둘 캐비넷을 구입하기 위해 가구를 보러 다녔다. 시장 조사를 하던 중 한 번은 모듈로 구성된 3개의 제품을 동시에 구매하면 35% 할인을 해 준다고 하여 단체 구매상담을 진행했다. 그러나 상담 도중에 직원이 잘못 표기하여 25% 할인을 35% 할인으로 적어 두었다며 죄송하다는 이야기를 했다. 해당 교사는 그 이야기를 듣는 순간 상담을 중단했다. 다행히 예산 범위 하에 있기는 했지만 갑자기 너무 비싸게 느껴졌기 때문이다. 만약 처음부터 25% 할인이라고 했다면 구입을 했을지도 모른다. 상당히 예쁜 미드센츄리 느낌의 캐비닛이었기 때문이다.

앵커링 효과는 돈이나 숫자에서만 나타나는 현상은 아니다. 아름답다고 평가받은 그림을 본 뒤에 접하는 추상화보다 덜 아름답다고 평가받은 그림을 본 뒤에 접하는 추상화에 사람들은 더 높은 점수를 주었다.[210] 1958년의 첫날 미국은 컬러 방송 송출을 개시했다. 컬러 방송의 시작은 뉴스에서부터였는데, 앵커가 "이 버튼을 누르면 이제 컬러 방송이 시작됩니다."라고 말하며 버튼을 누르자 흑백이던 방송이 컬러로 바뀌었다. 1967년 독일에서는 "이제 독일은 컬러입니다."라는 멘트가 나왔으며, 1972년 노르웨이에서는 공단배너처럼 생긴 줄을 당기자 펑 소리와 함께 화면이 컬러로 바뀌었다. 하지만 1975년 호주의 방송이 가장 유머러스했다. 개그맨이 등장했고, 하단부는 컬러 상단부는 흑백으로 방송을 송출했다. 출연 개그맨은 잠수를 하는 흉내를 내며 "나 보여? 나 컬러야."라는 말과 함께 컬러부와 흑백부를 왔다갔다 했다. 컬러 방송이 주는 놀라움은 유성영화가 우리에게 다가왔을 때만큼이나 신선했다. 1927년 「재즈 싱어」 이전까지는 대개의 영화가 무성영화였다. 그러나 「재즈 싱어」에서는 "잠깐만, 잠깐만. 아직 아무것도 못들었잖아"라는 대사가 음성으로 관객들 귀에 들려왔다. 「재즈 싱어」가 최초의 유성영화는 아니지만 실질적으로 우리가 화면과 음성을 함께 듣게 된 첫 영화라고 인정할 만하다.

판단의 기준점

월간 활성사용자 수가 3억 명이 넘는 SNS 링크드인에 페루의 수도 리마에서 택시를 저렴하게 타는 방법에 대한 이야기가 올라왔다.[211] 글을 올린 살바도르Salvador G. 해양 응용 연구 및 탐사 회사의 부사장은 택시기사에게 웃고, 눈을 마주치며. 마지막으로 처음 제안받은 가격보다 3솔(PEN) 낮은 가격을 제시하라고 조언했다. 그는 이러한 방법으로 15솔에 갈 거리를

7솔에까지 가봤다고 간증했다.[212] 실제로 세계 곳곳에서는 택시비를 두고 수없이 많은 거래가 이루어진다. 특히 외국인 관광객이 많은 공항, 기차역, 버스터미널 등에서는 20달러로 시작한 택시비가 10달러 이하로 합의가 이루어지는 경우도 비일비재하게 일어난다. 네팔의 수도 카트만두에서 15분 거리의 택시비 흥정은 700루피(₹)로 시작해서 ₹300까지 제시가 되었다가 최종적으로 ₹400로 대승적 합의가 이루어지기도 했다.[213] 키르기기스탄에서도 30달러로 시작한 택시비 흥정은 18달러에 마무리가 되었고, 탄자니아에서도 인근 호텔까지 가격에 대해 10탄자니아 실링(TSh)으로 시작한 거래가 TSh5에 마무리가 되기도 했다. 여기에서 기사가 처음에 TSh12을 불렀다면 조금 더 높은 가격에서 거래가 성사되었을 수 있다.[214] 우리는 이를 흥정이라고 부른다. 노련한 수요자와 공급자 간의 거래는 정보의 비대칭이 많지 않기 때문에 객관적으로 꽤 공정한 거래가 이루어질 수 있지만 현지인과 관광객의 정보격차는 비교조차 되지 않는다. 따라서 불공정거래가 일어나는 사례가 많다. 그래서 우리는 인터넷을 통해 사전에 가격검색을 하거나, 구글지도로 대강의 가격을 확인하거나, 혹은 현지에서 몇 명의 기사로부터 가격정보를 얻는다. 이는 우리가 최종결정을 하기 위한 닻이 된다. 이도 저도 어려우면 본인의 모국에서 비슷한 거리와 시간 동안 택시를 타본 경험을 상기하기도 한다. 대개는 전술한 네 가지의 정보를 적절히 조합한다. 그럼에도 불구하고 현지 물가수준에 해박하기는 어렵고, 특히나 교통비가 다른 물가에 비해 저렴하거나 비싼 국가에서는 더 큰 혼란이 오기 마련이다. 때문에 몇몇 국가들에서는 관광객을 위한 제도를 시행하고 있다. 일례로 호주의 퀸즈랜드주에서는 손님의 협상력을 돕기 위해 택시기사와 협상한 가격과 미터기에 찍힌 금액 중 더 저

에듀코노믹스

렴한 금액을 지불하도록 규정하고 있다.[215] 이러한 일은 교통비에서만 적용되지 않는다. 페루에서는 환율이 시시각각 변하기 때문에 공식루트를 통한 환전보다 개인 간 거래에서 관광객들이 이득을 볼 가능성이 높다. 이때도 가성비를 추구하는 관광객들은 거리에 서서 환전을 해 주는 환전상 여럿과 거래를 제안한다. 먼저 몇몇의 환전상과 이야기를 나눠 본 뒤 자신의 기준을 세운다. 1달러에 몇 페소면 거래를 할 수 있겠다는 기준인 것이다. 만약 랜덤하게 선택한 처음 몇 명의 환전상이 낮은 가격(1달러와 적은 페소 간 거래)을 제시했다면 그 관광객은 결국 낮은 환율에 거래를 확정 지을 가능성이 높다. 반면 처음 만난 환전상이 높은 환율(1달러당 많은 페소 간 거래)을 제시했다면 웬만한 환율에는 달러를 페소와 교환을 하지 않게 된다. 이것은 앵커링 효과를 설명하는 매우 적절한 예시에 해당한다.

그런데 전 세계에서 공통적으로 사용하여 본인이 아는 것을 거래할 때는 기준가격을 정하기가 그나마 낫다. 예컨대 앞서 살펴본 택시요금이나 손톱깎이, 생수, 마그네틱 기념품, 미용실 비용들이 그렇다. 그런데 스리랑카 같은 곳에서 바지로 입는 사롱(sarong)이나 사모아인들이 즐겨 입는 라바라바(labalaba), 케냐의 슈카(shuka)와 같이 특정 문화권에서만 사용하는 재화는 기준가격을 정하는 것을 본인의 경험으로 해내기 어렵다. 그래서 우리는 급하게 경험을 쌓으러 여러 가게를 방문하게 된다. 처음 사롱을 마주한 가게의 제품이 비싸거나 안 좋아서 구입을 하지 않는 것이 아니라 시세와 디자인, 사용성, 제품의 질에 대해 기준점을 정하지 못했기 때문이다. 학생들에게 경험이 중요한 것은 낮은 열매이론에 입각해서 뿐만 아니라 삶 속에서 자신만의 기준점을 세우는 것이 중요하기 때문이기도 하다. 이는 첫 장에서 언급한 옷 선택하기 훈련과도 맞닿아 있는 논지이다. 이란의 수도 시라즈에 위치한 '바킬 바라즈'라는 시장에서는 네덜란드식 경매를 떠올리게 하는 소리들을 들을 수 있다. 램프의 가격이 1,100리얄에서 시작해서 소비자의 응답이 없으면 100리얄, 800리얄, 700리얄로 떨어진다.

중간가격

1992년 아모스 트버스키와 시몬슨Itamar Simonson 교수는 카메라 가격을 이용하여 앵커링 효과를 확인했다. 두 사람은 피험자들을 두 그룹으로 나누었다. 한 그룹에게는 169.99달러와 239.99달러의 미놀타 카메라 중 하나를 선택하도록 했고, 다른 그룹에게는 469.99달러짜리 미놀타 카메라를 하나 더 추가해서 고르도록 했다. 그러자 앞선 그룹의 사람들은 $169.99 카메라와 $239.99 카메라를 정확히 반반씩 선택했다. 하지만 3가지 옵션을 제공받은 그룹의 사람들은 각각 $169.99-22%, $239.99-57%, $469.99-21%씩 선택했다. 높은 가격의 제품이 하나 늘어난 것이 중간 가격의 제품을 더 매력적으로 보이게 만든 것이다.[216] 이는 파인다이닝을 제공하는 식당의 메뉴판에서도 접할 수 있다. 대체로 사람들은 메뉴판을 위에서부터 읽기 때문에 위쪽에 비싼 음식을 적어 둔다. 그렇게 되면 우리는 가장 저렴한 식사 코스와 가장 비싼 코스 사이의 어딘가에서 선택을 하게 된다. 여담으로 메뉴의 글자 수도 가격에 영향을 미친다는 연구 결과가 있다. 스탠퍼드 대학교 언어학 교수인 다니엘 주레프스키Dan Jurafsky와 그의 동료들에 따르면 식당에서 65,000가지의 메뉴를 분석해보니 음식을 묘사하는 문장이 길어질수록 가격은 비쌌는데, 구체적으로 문장이 한 글자가 늘어날 때마다 가격이 18센트씩 비싸졌다.[217] 실제로 프랑스 파리에 위치한 레

콜레 광장(Square des Récollets) 근처에 있는 한 식당에서 가장 긴 문장의 메뉴 3가지의 가격은 18.5유로, 19유로, 24유로였고 가장 짧은 문장의 메뉴 3가지의 가격은 20유로, 17유로, 16유로였다. 사실 완전한 우연은 아닐 수 있다. '타마린 퓨레를 얹은 바다 농어 필레 구이와 레스팅 비트, 로마네스코 브로콜리'가 '바삭한 농어 구이'보다 비싼 값을 받는 것이 자연스러워 보이기도 하기 때문이다.

주간학습안내

학년초가 되면 개학전에 담임교사들은 기본시간표를 작성한다. 우리가 학창시절에 보던 시간표를 교사들은 기본시간표라고 부른다. 그런데 이 시간표를 고정적으로 1년간 유지할 수는 없다. 아니 하면 안 된다. 우리는 체험학습을 가기도 했고, 학예회도 했으며, 외부전문가와 함께 독서교육이나 연극교육을 받기도 했다. 예컨대 저자와의 만남이라고 해서 인문학 서적의 저자가 2시간 동안 수업에 들어왔는데 그 시간이 수학시간이라고 해서 교육과정을 수학으로 갈 수는 없다. 따라서 이 시간들을 일일히 국어나 사회, 도덕 등으로 바꾸게 된다. 또한 시업일과 종업일에는 대개 3,4교시를 하게 된다. 따라서 기본시간표를 1년 내내 유지하는 것은 교육과정상 옳지 않다. 이러한 문제를 해결했다고 해서 끝은 아니다. 궁극적으로 중요한 것은 모든 과목에 대해 1년간 모두 이수가 가능한 시수 만큼 수업이 되었느냐 하는 것이기 때문이다. 따라서 기본시간표를 그대로 두면 과학시간은 과다하게, 미술시간은 과소하게 연간시간표가 나오게 될 수 있다. 특히나 주당 시수가 2.5시간가량인 체육과 1.5시간가량인 음악과 같은 과목들은 연간시수를 잘 계산해야 한다. 여기에서 앵커링을 활용할 여지가 생긴다. 기본시간표에 체육 3시간, 음악 1시간을 넣고 연간시간표를 조정을 하는 것이 좋을까 아니면 체육 2시간, 음악 2시간을 넣고 연간시간표를 조정하는 것이 좋을까? 여러 가지 괜찮은 답변 중 하나는 이것이다. 둘 중 학생들이 덜 좋아하는 과목을 과다배치 한 뒤에 나중에 더 좋아하는 과목을 추가하는 것이다. 학생들 입장에서는 시간표상에 더 좋아하는 과목이 N개였다가 n+1개가 되면 기분이 좋아진다. 반대로 n-1은 상당히 가혹한 처사가 된다. 연간시간표 상 과목당 정해진 시수는 동일한데도 말이다.

판결

라츨린스키[Jeffrey J. Rachlinski]와 위스트리히[Andrew Wistrich] 코넬대 로스쿨 교수는 판사들을 대상으로 모의 재판을 진행했다. 상황은 나이트클럽이 지나친 소음을 일으켜 주변으로부터 고소를 당한 사건이다. 연구자들은 가상의 나이트클럽 두 곳을 각각 다른 판사들에게 제시했는데 소음의 정도와 피해상황 등 모든 것은 동일했다. 단 한 가지 다른 것은 나이트클럽의 이름뿐이었다. 그 결과 한쪽의 나이트클럽이 다른 쪽의 나이트클럽에 비해 평균 3배나 많은 벌금을 부과받았다. 두 나이트클럽의 이름은 단지 CLUB 58과 CLUB 11866이었다.[218] 예상하다시피 후자의 경우가 3배 더 많은 벌금을 부과받았다. 클럽의 이름이 벌금을 조절한 것이다. 또 다른 연구에서도 비슷한 결과가 있었다. 이번에도 가상상황의 모의재판이었다. 멕시코계 미국인 이민자 베로니카(Verionica)는 미국의 회사에서 일을 하고 있었다. 그런데 회사의 관리자가 바뀌는 일이 있었고 바뀐 관리자는 인종차별주의자였다. 그는 베로니카에게 '진짜 미국인'의 일자리를 빼앗지 말라며 멕시코로 돌아가라고 했다. 이에 그녀는 소송을 제기했다. 여기까지는 82명의 판사들이 동일하게 들은 내용이다. 이제부터 판사들은 42명과 40명으로 나눠져서 다른 이야기를 듣게 되었다. 앞의 42명이 들은 이야기는 이렇다. 베로니카는 법정에 서기 전에 자신과 거의 같은 상황을 TV쇼에서 봤다며 거기에서 손해배상금을 받았다고 말했다. 다른 40명의 판사들은 다음과 같은 이야기를 들었다. 베로니카가 법정에 서기 전 TV쇼를 보았고 거기에서 배상금으로 $415,300를 받았다고 했다. 전자는 손해배상금을 받았다는 사실만 말한 것이고, 후자는 금액까지 말을 한 것이다. 그런데 사실 TV에서 배상금을 얼마를 받았는지는 실제 재판과 전혀 상관이 없다. 꾸며낸 허구의 이야기일 뿐이기 때문이다. 하지만 배상금액을 듣지 못한 마흔 두명의 판사들은 $35,488를 배상하라고 판결한 반면, 배상금을 들은 판사들은 평균 $58,755를 배상하라고 판결했다. TV에서 배상금을 본 기억이 베로니카의 배상금을 올린 것이다.[219] 이외에도 앵커링에 의해 판결이 영향을 받는 다는 사례는 다수의 연구로부터 보고가 되고 있다. 몇 가지를 더 살펴보자.

• 주사위 굴리기

Englich, B., Mussweiler, T., & Strack, F. (2006)

52명의 판사에게 모의재판 전에 주사위를 굴리도록 했다. 그리곤 동일한 사건을 판결하도록 했다. 이때 주사위 눈이 1, 2가 나온 그룹의 형량 평균은 5.28개월이었고, 3~6이 나온 그룹의 형량 평균은 7.81이었다.[220]

• 기자의 전화

Englich, B., Mussweiler, T., & Strack, F. (2006)

모의재판에서 두 그룹의 판사들이 휴정시간에 기자로부터 전화를 받았다. 그리고 기자들은 통화에서 다음과 같이 질문했다. "형량이 4개월보다 높을 것 같아요?" 혹은 "형량이 4개월보다 적을 것 같아요?". 재판의 결과 높을 것 같냐는 질문을 받은 그룹은 평균 33개월을 판결했고, 낮을 것 같냐는 질문을 받은 그룹은 평균 25개월을 판결했다.

• 월단위 판결 vs 연단위 판결

Rachlinski, J. J., Wistrich, A. J., & Guthrie, C. (2015)

자신의 약혼녀와 불륜을 저지른 남성을 살해한 사건이 일어났다(모의). 이에 콜로라도에서 열린 미국 판사 연례회에의 참석한 131명의 판사들에게 판결을 요청했다. 이때 한 그룹에게는 월단위로 형량을 내려 달라고 했고, 다른 한 그룹에게는 연단위로 형량을 내려 달라고 했다. 그 결과 월단위로 형량을 내린 그룹은 평균 66.4개월을 판결했고, 연단위로 형량을 내린 그룹은 평균 9.7년을 판결했다. 다시 말해서 월단위로는 5.5년이 나올 사건이 연단위로는 9.7년이 나온 것이다.[221]

많은 MLB 타자들은 풀카운트에서 심판콜을 듣기도 전에 정강이 보호대를 풀거나 배트를 뒤로 던진다. 볼넷으로 출루라는 자의적 판단에 의한 것이다. 그리고 1초가량이 지나면 심판콜이 이어지는데, 때때로 삼진이 선언된다. 사회인야구에서는 조금 더 재미있는 장면이 이루어진다. 타자만 볼넷을 예단하는 것이 아니라. 팀원 모두가 덕 아웃에서 "좋은 선구야!"를 외쳐준다. 심판이 안 들릴 가능성은 전혀 없다. 그럼에도 불구하고 심판은 이와 무관하게 판정을 해야 한다. 하지만 심판도 인간인지라 쉬운 일은 아닐 것이다. 피임약과 난소암 간의 상관관계를 밝히는 재판에서도 비

 에듀코노믹스

숫한 현상이 발견되었다. 56명의 모의 배심원들에게 한 가지 사건이 배당되었다. 소를 제기한 원고가 피임약을 먹고 난소암에 걸렸다고 주장을 한 것이었다(모의). 이때, 56명의 배심원들은 각각 다른 원고의 소장을 받았다. 모든 내용은 동일하지만 원고가 제기한 손해배상금액만 차이가 있었다. 이후 배심원들에게 피임약이 난소암을 유발한 것으로 보이는지를 물었다. 그 결과 요구한 손해배상금이 큰 경우 43.9%가 암을 유발했다고 평결했지만, 손해배상금이 적은 경우에는 26.4%만이 암을 유발했다고 평결했다. 요구 금액에 따라 유무죄에 대한 의견이 갈리는 순간이었다.[222] 협상에 있어 처음에는 극단적인 금액을 부르라는 것은 정설로 굳어져 있다. 보상금으로 5만 원을 받고 싶으면 처음에는 10만 원을 불러서 중간 어딘가가 5만 원 정도가 되도록 하는 것이다. 그런데, 유죄와 무죄는 가운데가 없다. 거의 유죄, 거의 유죄 같은 것은 없다. 손바닥 앞뒤처럼 유죄와 무죄만 있을 뿐이다. 이 상황에서 어떤 평결을 이끌어 낼지에 대해 사건 자체와는 무관한 손해배상청구금액이 영향을 미칠 수 있음을 본 예시이다. 학교에서도 두 학생의 다툼에 있어 한 학생이 눈물을 보이면 교사들은 마음이 흔들리기 마련이다. 하지만 이는 좋지 않은 선례일 뿐만 아니라 눈물을 강화하는 비교육적 효과가 발생한다. 게다가 눈물을 보이지 않은 학생은 꾹 참고 자신의 의견을 객관적으로 설명하고자 하는데 그 의지를 꺾을 수가 있다. 따라서 이러한 상황에서는 눈물과 무관하게 교사의 양심에 따라 판단을 하고, 학생을 교육적으로 이끌 수 있는 더 큰 목표를 지향해야 한다.

강조하고 특별하고 싶은 욕구

공감에 대한 욕구는 인간이 가지고 있는 기본 욕구 중 하나라 봐도 무방한 수준이다. 외로움은 실질적으로 우리 뇌를 망가뜨린다는 연구 결과는 정설로 굳어졌다. 이러한 근거로 우리는 강조하고 싶은 현상은 조금 더 특별하게 표현을 하고 싶을 때가 있다. 색감에 탁월함을 보이는 아이를 강조하고 싶으면 우린 흔히 이런 표현을 사용한다. '다들 가장 좋아하는 색으로 빨간색, 파란색을 고를 때 그 아이는 피치퍼즈를 말하더라'. 이러한 경향은 타인을 험담할 때도 나타난다. '사과랑 딸기가 있으면 보통 사람들은 소화를 위해서 딸기를 먼저 먹잖아, 그런데 걔는 사과를 먼저 먹더라니까'. 어떤 성과를 드러낼 때도 '다들 나무가 위로만 자라는 줄 알았죠, 하지만 그 기업은 알고 있었습니다. 나무는 뿌리를 통해 아래로도 자란다는 것을'. 어떤 상황을 묘사할 때도 '학생들이 보통 9월이 되면 많이 크잖아. 그런데 올해 애들은 3월이랑 똑같아'. 자영업자의 성공담에는 "누구보다 먼저 열고, 누구보다 늦게 닫는'이라는 수식어가 붙는다. 무작위로 방문한 카메라 앞에서 경기가 어렵다고 말하고 싶은 식당에서는 '오늘은 식재료가 많이 들어오는 편이에요'. 잘 됨을 자랑하려는 식당에서는 '오늘은 많은 편 아니에요'를 이야기한다. 여기에서 나온 예시 문장들은 모두 앵커링을 걸고 자신의 주장이 옳음을 상대적으로 표현한 것들이다. '원래는, 보통은, 대부분, 모두가, 누구보다'가 닻이다. 일상의 대화에서 위 문장들의 옳고 그름을 따지는 일은 지극히도 학을 떼는 화법이다. 그런가 보다라는 자세로 시스템2는 깊이 넣어 두자(논쟁이 필요한 상황이 아니라면). 비록 다른 어린이가 비바 마젠타를 말했다고 해도, 소화를 위해 과일의 단단한 정도를 따지는 사람이 없다고 해도, 많은 이들이 나무에 뿌리가 있음을 인지했어도, 학생들이 3월부터 전혀 성장하지 않은 것이 아니라 할지라도. 일단 들어주자. 앵커링을 걸 만큼 강한 주장이 필요한 순간

                                    에듀코노믹스

들인가 보다 하면 된다. 우리는 시스템2로만 살아갈 수 없다. 시스템1이 필요하다. 이 지점을 파고든 실언을 해놓고 "나는 T야"라며 자신의 옹졸함의 실익을 산정하지 못하는 사람은 진정한 T가 아니다.

- 처음에는 마사지를 발로 한다고 해서, 마사지를 '무슨 발로 해.'라고 생각했는데. 실제로 받아 보니 손으로 하는 것보다 훨씬 좋았다.
- 고급 레스토랑에 혼자 식사를 하러 가면 상당한 미식가의 모습이라고 생각했는데, 막상 가 보니 좋았다.

옵트아웃&옵트인

컴퓨터에 프로그램을 설치하기 위해 다운로드 받은 설치파일을 더블클릭하면 약관 동의 여부를 묻는다. 약관에는 광고수신여부, 개인정보제공 여부, 추가적인 프로그램 설치, 인터넷 브라우저 시작화면 변경 등이 포함되기도 한다. 그런데 일부 프로그램에는 동의 체크박스에 이미 체크가 되어 있다. 비동의를 하기 위해서는 한 번 더 클릭이 필요하다. 이러한 방식을 옵트아웃이라고 말한다. 반면 시험에 응시를 하기 위해서 우리는 나의 노력으로 인터넷 사이트에 접속해서 정보들을 기입하고 무엇인가에 동의하고, 시험날짜를 체크한다. 이러한 방식이 옵트인이다. 즉 옵트아웃과 옵트인은 의사표현을 비동의로할 것이냐 동의로 할 것이냐에 대한 방식을 의미한다. 옵트인 & 옵트아웃 방식에서 가장 큰 화두의 영역은 개인정보 수집에 관한 것이다. 개인정보 제공에 동의를 한 경우에만 개인정보를 활용할 수 있으면 옵트인 방식인 것이고, 개인정보를 제공하지 않겠다고 한 경우에만 개인정보를 활용할 수 없으면 옵트아웃 방식인 것이다. 튀르키

예, 몬테네그로를 비롯해 GDPR을 준용하는 EU회원국들과 각각 POPIA와 LGPD를 시행하고 있는 남아공과 브라질의 경우에는 개인정보 보호법에 의거하여 옵트인 방식으로 개인정보를 수집할 수 있도록 규정이 되어 있다. 반면 미국 캘리포니아주는 옵트아웃을 골자로한 CCPA를 시행 중에 있다. 즉 개인정보에 대한 제공에 있어 옵트아웃의 방식이 옳은 것이냐 옵트인의 방식이 옳은 것이냐 하는 것은 결국 사회합의에 의한 것이다. 대체로 학교는 옵트인의 형태로 무엇인가에 대한 동의를 받기는 하는데, 여타 금융어플리케이션과 다를 바 없이 비동의는 곧 배제를 의미하기 때문에 사실상 동의가 강제된다. 학급의 모든 학생들이 외부전문가들로 이루어진 체력교실 행사하는데 우리 아이만 보험가입을 거부해 체육관 한편에 둘 수는 없기 때문이고. 학교 대표로 바둑 대회에 참가했는데, 우리 아이만 사진 촬영에 동의하지 않아서 단체 사진에서 배제되게 할 수는 없기 때문이다.

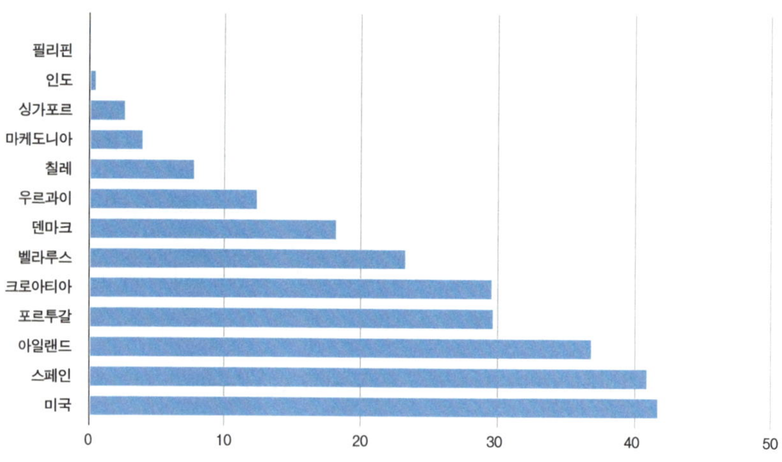

에듀코노믹스

장기기증의 문제에 있어서도 옵트아웃 & 옵트인 문제는 국제적인 화두다. 미국, 사우디아라비아, 인도, 뉴질랜드, 볼리비아를 비롯한 많은 나라들이 장기기증에 대해 옵트인 방식 방식을 채택하고 있으나, 꽤 오래 전부터 옵트아웃 방식을 채택하고 있는 국가들이 있다. 장기기증에 대해 옵트인 방식과 옵트아웃 방식은 명확한 차이가 있다. 장기기증 서약서에 서명을 한 경우 장기기증을 희망하는 것으로 보는 것은 옵트인 방식이고, 장기기증을 하지 않겠다는 서약서에 서명을 한 경우에만 장기기증을 하지 않는 것이 옵트아웃 방식이다. 이 두 방식의 가장 드라마틱한 결과적 차이를 보이는 그래프는 2003년 사이언스지에 기고된 '디폴트 값이 생명을 살릴 수 있을까?(Do defaults save lives?)'에 있다. 이 문헌에서는 옵트인 방식을 채택하고 있는 덴마크, 네덜란드, 영국, 독일의 장기기증 동의율이 4.25~27.5%인데 반하여, 옵트아웃 방식을 채택하고 있는 오스트리아, 벨기에, 프랑스, 헝가리, 폴란드, 포르투갈, 스웨덴의 동의율은 85.9%~99.98%라는 그래프를 보여 주고 있다. 특히 85.9%인 스웨덴을 제외하면 다른 여섯 개의 국가들의 동의율은 최하가 98%다. 그중에서도 오스트리아의 동의율은 99.98%에 달한다.[223] 물론 이 수치는 실제 장기기증률과는 차이가 있다. 그래프가 발표되었던 2003년 당시의 오스트리아 장기기증률은 인구 100만명당 20명대였으며, 그 전년도인 2002년에도 수치상 큰 변화는 없었다.[224] 꾸준히 옵트아웃 방식을 유지해 온 오스트리아의 2021년 장기기증률은 20.2명으로 세계 12위에 해당한다. 오히려 옵트인을 채택하고 있는 미국이 41.6명으로 가장 높다.[225] 더구나 런던위생열대의학대학원의 연구자들에 따르면 옵트아웃 방식 장기기증은 윤리적 관행에 배치되기 때문에 오히려 장기기증률을 낮출 수 있다고도 보았다.[226] 그럼에도 불구하고 옵트아웃을 채택하고 있는 유럽의 국가들이 대체로 장기기증률이 수위권에 있는 것은 사실이다.

옵트아웃 방식은 다른 측면에서도 고려될 가치가 있다. 마이애미 대학교의 연구에서는 HIV(에이즈와 동의어로 혼용되는 바이러스)와 C형 간염 바이러스 검사에 옵트아웃 방식을 채택해 보았다. 그 결과 수진율이 올라간 것뿐만 아니라 검사 자체로 인한 낙인효과도 제거되는 것을 확인할 수 있었다.[227]

거래를 위한 협상에서 지나친 앵커링이 거부감을 불러일으키듯 옵트인과 옵트아웃을 지나치게 얄밉게 사용하면 반감을 사게 된다. 앞서 본 장기기증 사례도 옵트아웃에 대해 비난의 목소리가 없는 것은 아니다. 유럽이 아닌 지역이 아니며 옵트인으로 장기기증을 받고 있는 국가의 어린이들에게 이 사실을 알려주자 깨나 놀란 반응과 일부 아이들은 걱정을 하기도 했다. 한편 2024년 미국의 연방거래위원회 위원장 리나 칸[Lina M. Khan]은 구독 취소를 위한 난항을 종식시키고 미국인들의 시간과 돈을 절약할 것이라고 말했다.[228] 말인즉슨 우리가 일상에서 이미 겪고 있듯 구독은 쉽지만 취소는 매우 어려운 시스템을 용인하지 않겠다는 것이다. 예정대로라면 2025년 상반기께 쉬운 구독 시스템이 안착하게 된다. 구독은 옵트인, 취소는 옵트아웃인 것 자체는 문제가 될 소지가 적다. 하지만 구독(가입)은 터치 한 번, 취소(해지, 탈퇴)는 여러 응답에 답변을 해야 하는 동시에 대체 어디 있는지도 모르겠는 버튼을 전복 따는 것처럼 헤엄쳐 찾아내야 한다. 새로이 마련된 '취소를 위한 규칙' 룰의 골자는 구독만큼 쉬운 취소가 가능해야 한다는 것이다.

두 피자 이야기

옵트아웃과 옵트인 방식은 우리가 어떤 재료로 음식을 먹을 것인지도 유도할 수 있다. 연구자들은 115명의 아이오와 주립대 학생들을 무작위로 두 그룹으로 나누었다. 그리고 조금 이따가 갈 피자가게에 주문을 하기 위한 주문서를 받았다(대기시간 없이 미리 만들어 놓을 수 있도록). 56명의 '빌드업팀'은 아무런 재료가 들어가 있지 않은 베이직 피자에 자신이 원하는 재료를 최대 12가지를 추가할 수 있었다. 베이직 피자의 가격은 5달러였으며, 재료는 개당 0.5달러씩이었다. 반면 59명의 '스케일다운(규모를 줄이다)팀'은 이미 12가지 재료가 들어간 11달러짜리 디럭스 피자에서 자신이 싫어하는 재료를 최대 12개까지 뺄 수 있었다. 이들은 재료 한 개를 뺄 때마다 0.5달러씩 할인을 받았다. 즉, 베이직 피자에 12가지 재료를 모두 넣으면 디럭스 피자가 되는 것이고, 디럭스 피자에 재료를 모두 빼면 베이직 피자가 되는 것이었다. 가격도 당연히 동일하다. 예를들어 0개의 재료에서 5개를 추가하면 추가금 2.5달러를 포함한 총 7.5달러를 내야 한다. 반대로 12개의 재료에서 7개를 빼면 3.5달러를 할인받아서 동일하게 7.5달러를 내야 한다. 조삼모사라고 부를 수 있지만 조사모삼과 조삼모사는 확실히 다른 결과를 나타냈다. 빌드업팀의 학생들이 평균 2.71개의 재료를 추가할 동안 스케일다운팀의 학생들은 평균 5.29개의 재료를 남겼다. 스케일다운팀의 인원은 단 3명이 많았지만 옵트인이냐 옵트아웃이냐에 따라 총 매출액은 $160가 넘게 차이가 난 것이다. 이번에는 미국을 떠나 이탈리아의 로마에서도 실험을 진행했다. 이번에도 대학생들을 대상으로 진행을 했는데, 피자의 본고장답게 평균적으로 재료를 조금 더 넣었다. 그럼에도 불구하고 실험 결과는 달라지지 않았다. 이탈리아의 빌드업팀은 평균 3.6개의 재료를 추가했고, 스케일다운팀은 7.78개의 재료를 남겼다.[229] 북아메리카와 유럽을 떠나 아시아의 중국에서 실행된 유사한 실험도 살펴보자. 총 115명의 충칭대학(重庆大学)의 학부생들에게 20가지의 휴대폰 서비스를 고를 수 있도록 했다. 스무 가지의 유료 서비스에는 성간 로밍, 부재중 전화 알림, 통화 중 수신, 네비게이션, 간편결제서비스, 기상예보 등이 포함되어 있었다. 여기에서 어떤 서비스에 가입을 할 것인지를 물었다. 당연한 서비스가 유료인가 싶을 수 있는데, 당시는 2015년이었다. 아이폰6와 갤럭시S6, 샤오미 Mi4 가 사용되던 시절이다. 실험의 결과는 미국과 이탈리아에서 시행된 것과 유사했다. 옵트인 그룹의 58명은 평균 7.29개의 서비스에 가입의사를 밝혔으며, 57명의 옵트아웃 그룹원들은 평균 11.72개의 서비스에 가입을 하겠다고 했다. 심지어 덜 중요하다고 선정된 서비스들인 아르바이트 구인정보, 영수증 문자 수신, 농담 백과사전 서비스 등의 가입률도 옵트인 그룹의 14.9%에 비해 옵트아웃 그룹은 19.4%로 더 높았다.[230] 이는 우리가 보험가입을 위한 컨설팅 자료를 받아보았을 때도 마찬가지다. 아주 사소한 보장부터 시작해서 암과 같이 큰 질병에 대한 보장은 그 종류만 거의 100가지에 달한다. 여기에서 어떤 옵션을 넣고 빼느냐에 따라 보험금이 달라진다. 총 보험료를 보고 금액이 다소 부담스러워서 몇 가지를 빼보고자 세부보장내역일 세세히 읽다 보면 막상 제외할 만한 보장이 거의 없다고 느껴진다. 10원만 더 내면 이런 종류의 질병도 커버가 되고, 100원만 더 내면 이런 종류의 상해에도 대응할 수 있게 되기 때문이다. 따라서 보험설계자들은 고객과 자리에 앉아서 보장내역을 하나씩 추가하는 방식을 사용하지 않고, 적정 수준보다 약간 많은 보장을 채워온 뒤 불필요한 보장내역을 제외시키는 방식을 택한다. 특히 태아를 비롯한 자녀보험에 있어서 부모는 쉽게 옵트아웃을 하기 어려워진다. 한 달에 단돈 200원이면 우리 아이가 80세까지 이 질병에는 걸려도 경제적 부담은 없을 텐데라는 마음이기 때문이다.

방학 숙제를 반대하는 입장이지만 방학 숙제를 내주어야 한다면, 옵트아웃의 방식을 택하는 것이 좋다. 방학 숙제를 하나씩 공개하는 것이 아니라, 방학 숙제의 후보까지도 모두 기록해서 공개를 하는 것이다. 그다음 학생들의 자율에 따르던, 혹은 모두의 동의하에 공통적으로 방학 숙제의 최종본을 만들던 하나씩 지워 가는 방법이 좋다. 숙제를 옵트인 하는 것은 교육적 판단 여부를 떠나서 인간적으로 좀 잔인하다.

12

학교에 필요한 생활넛지

2017년 노벨경제학상은 리처드 세일러 교수에게 수여되었다. 수상의 공식적인 이유는 행동경제학에 대한 기여에 의한 것이다.[231] 그중에서도 여기에서는 넛지, 그중에서도 학교에서 활용할 수 있는 넛지이론을 살펴보자.

행동경제학은 이제 주요 경제학 원론서에도 등장하고 있으며, 노벨경제학상 세 차례 수상이라는 빛나는 학문적 성과를 보이고 있다. 영국, 미국, 호주 등 세계 곳곳의 대통령, 총리 직속 기관으로 행동통찰팀을 설치했고 경제학자들은 물론 일반에서도 그 효과성을 인지하고 확대, 발전하고 있다. 따라서 여기에서는 중요성을 강조하는 것을 이제는 멈추고 교육현장에 사용할 수 있는 행동경제학의 연구성과물을 찾아보자.

화장실

넛지효과를 보여 주는 가장 일반적이고 저변이 넓은 사례는 소변기에 그려진 파리그림이다. 현재는 학교를 포함하여 매우 많은 공중화장실 소변기에 무엇인가가 그려져 있다. 그 무엇인가는 파리, 벌, 무당벌레, 축구 골대, 과녁 등 다양하다. 사실은 무엇인가를 그려놓지 않아도 탈취를 위해 넣어둔 나프탈렌이나 요즘에는 잘 보이지 않지만 얼음만 부어놓아도 된다. 남자들은 그 무엇인가에 소변을 조준하고자 하는 강력한 동기를 얻는다. 이런 류의 소변기 중 가장 유명한 것은 네덜란드의 스키폴 국제공항에 있다. 과거 스키폴 공항을 개보수 할 때 소변기에 파리를 그려 넣기로 했던 것이다. 아마도 이것이 최초의 사례는 아니지만 현재 가장 유명한 사례이기는 하다. 엄격한 수준의 연구 결과는 없지만 공항 관리인인 키붐Aad Keiboom은 경험적으로 추측했을 때, 소변기 주변에 튀어 나가는 소변의 양이 약 80% 정도 줄어든 것 같다고 말했다.[232]

우리가 넛지를 옳은 방향으로만 활용한다는 가정하에 가장 경계해야 하는 부분은 실질적으로 효과가 있냐 하는 질문에 답을 할 수 있어야 한다. 시작은 그럴 것이다로 하는 것이 맞지만, 결과가 그렇지 않다면 즉각 수정이 되어야 한다. 재원이 낭비되는 것은 물론이거니와 군더더기가 되고, 넛지 자체에 대한 신뢰가 사라지며, 오히려 반감을 살 수가 있다.

일례로 좌변기에 물 내리는 버튼을 보면 매우 다양한 디자인을 띠고 있다. 그중에 소변과 대변을 구분하여 물을 내리도록 하는 버튼이 설치된 곳도 있다. 이때 디자인이 큰 버튼과 작은 버튼으로 구성이 되어 있고 아무런 표식이 없다면 어느 버튼이 대변을 위한 버튼일지 추론해 보자. 첫 번째 가설은 대변에 많은 물이 필요하므로 큰 버튼이 대변이라고 생각할 수 있다. 반면 우리는 대변보다 소변을 자주 본다. 따라서 두번째 가설을 세울 수 있다. 더 자주 사용되는 버튼을 더 크게 만들지 않았을까? 일단 이 고민이 되는 순간부터 이는 잘못된 넛지라고 볼 수 있다. 어떤 행동이 특정하게 유도가 되지 않기 때문이다. 은연중에 일정한 행동을 유도해 낼 수가 없다. 심지어 여기에는 정답까지 존재한다. 소변에는 적은 물, 대변에는 많은 물임에도 불구하고 우리는 어떤 버튼을 눌러야 할지 조차 혼동이 발생한다. 또 다른 예시는 가스레인지나 인덕션의 화구에서 찾을 수 있다. 전자제품 매장에서 흔하게 접할 수 있는 4구 가스레인지를 검색해 보자. 많은 상품들이 버너의 위치와 점화장치의 위치가 직관적으로 연결되지가 않는다. 화구는 2X2로 배치되어 있는데 반해 점화장치는 일렬로 나열되어 있는 경우가 상당히 많다. 이는 인덕션의 경우도 마찬가지이기는 하나 가스레인지보다는 사정이 다소 낫다. 인지과학자로서 캘리포니아 대학교에서 교수 활동을 했던 도널드 노먼에 따르면 가장 좋은 매핑(mapping)은 3가지 수준으로 구분할 수 있다. 가장 좋은 것은 조작부가 조작할 대상에 직접 부착되어 있는 것이고, 그 다음은 가깝게 위치한 것이며, 이 두가지 방법이 여의치 않으면 공간적 배치 구조라도 동일하게 두는 것이다.[233] 그러나 2X2 화구에 일렬 점화장치 구성은 위 세 가지를 모두 지키지 못했다. 공간적 배치 구조를 매우 잘 지킨 사례는 자동차 의자 위치 조절버튼이다. 버튼 자체가 의자와 동일한 형태를 보이며, 앞으로 당기고 싶으면 버튼도 앞으로 밀고, 위로 올리고 싶으면 버튼도 위로 올리는 방식이다. 이는 매우 직관적이어서 다른 문화권고 다른 언어권에도 조작부에 대한 설명이 전혀 필요하지 않다. 반면 판리하기는 하지만 처음 접하면 당황할 수 있는 것이 화장실 세면대에 설치되어 있는 자동 수도꼭지다. 회사 사무실이라면 매일 이용하기 때문에 오히려 사용할수록 사용성이 좋지만 공항이나 백화점에 적용되어 있다면 처음에는 어디에 손을 가져다 대야 물이 나오는지 당황 할 수 있다. 심지어 어느 수도꼭지는 냉수와 온수가 각각 나사형으로 되어 있는데, 돌리는 방향이 반대인 경우도 있다. 냉수는 시계방향으로 돌려야 물이 더 많이 나오고 온수는 반시계방향으로 돌려야 물이 더 많이 나오는 방식이다. 이런 비직관은 사소하지만 이 시설은 불편하다는 인식을 심어 주기에는 결코 사소한 기폭제가 아니다.

또다른 문제는 협상을 할 때를 생각해 볼 수 있다. 팁을 지나치게 높게 설정함으써 반감효과를 발생시켰듯, 연봉협상시 근거없이 터무니 없는 금액을 제시하는 것은 신뢰감만 하락시킨다. 일반적으로 협상에서 중간지점 찾기용으로 극단적 사례나 극단적인 숫자를 부르는 것이 좋지 못한 결과를 낳을 때와 같다.

화장지를 제공하는 방식에서도 넛지를 활용할 수 있다. 일부 유치원에서는 소변은 한 칸, 대변은 세 칸이라고 지도를 하기도 하는데 이는 유아들의 수준에 맞는 설명편의를 위한 적절한 교육방식이다. 하지만 모든 상황과 모든 사람에게 적용하기는 다소 무리가 따른다. 그래서 화장지를 딱 얼만큼 쓰라고 하기는 뭐하지만 어쨋든 아껴서는 사용하도록 유도를 해야 한다. 이러한 아이디어 중에 세계자연기금(WWF)은 매우 탁월한 성과물을 제시했다. 화장지 디스펜서에 아마존이 자리하고 있은 남아메리카 대륙 모양의 구멍을 뚫었다. 연두색 화장지로 채워진 이 디스펜서는 화장지를 사용할 때마다 남아메리카가가 점점 검정색으로 변하는 효과를 보여 주었다. 또 다른 화장지 관련한 넛지는 롤 화장지 자체에 있다. 롤 화장지를 사용자의 편의를 위해 중앙에 원통형 화장지심이 있다. 이는 약간의 힘으로도 많은 화장지를 사용할 수 있도록 돕는다. 하지만 화장지의 소비량을 줄이기 위해 화장지심을 직육면체로 만든 사례가 있다. 이는 종이 건축물의 거장이자 프리츠커스 상 수상자인 반 시게루坂茂 Ban Shigeru의 작품이다.

화장실은 용변만 보는 공간이 아니다. 손도 씻는 공간이다. 미국 질병통제예방센터(CDC)에 따르면 손을 잘 씻는 것 만으로도 위장병으로 인한 학생들의 결석률을 29~57%까지 감소시킬 수 있다. 그럼에도 불구하고 전세계적으로 화장실 사용 후 손을 씻는 비율은 약 19%에 불과하다.[234] 따라서 학교에서 학생들이 식사 전 만큼이라도 손을 씻게 하는 일은 중요한 교사의 업무다. 단지 손을 씻고 오라는 말을 매일 하는 것 만으로도 손 씻기의 가능성을 높일 수 있고, 아니면 강제로 손을 씻게 할 수 있다. 하지만 더 많은 학생들이 손을 씻게 하면서도 서로 진을 빼지 않기 위해서는 넛지의 도움이 매우 중요하다. 1986년부터 시행된 광고제인 스파이크 아시아(Spikes ASIA)는 2013년 수상작으로 세균도장(The germ stamp)을 선정했다. 세균도장이 손을 씻게 만드는 메커니즘은 매우 단순하고, 저렴하며, 효과적이다. 교사는 학생들의 손에 세균모양의 도장만 찍어주면 된다. 그리고 이 도장을 지워오라고 하면, 학생들은 자연스럽게 손을 씻는 행위를 하게 된다. 이 효과는 어른들에게서도 찾을 수 있다. 칠레의 공장에서 30초 정도 손을 씻으면 지워지는 잉크를 이용해 세균도장을 성인 작업자들에게 찍었다. 그러자 손에서 검출된 박테리야의 양이 기준치를 넘긴 이들이 25%에서 9%로 줄어들었다.[235] 또 다른 방법으로는 호프소프(Hopesoap)가 있다. 비누 안에 장난감을 넣어두는 것이다. 이는 학생들이 더 많은 비누를 소비하게 한다는 단점이 있기는 하지만 손을 씻는다는 목표를 달성하기에는 적합하다. 이 방법은 남아프리카공화국에서 질병

70%가 감소하는 것으로 효과가 입증되었다. [236]

가정통신문 회수

2008년 미국 대선 기간 중 연구자들은 여론조사를 하면서 특정후보에 대한 지지와 무관한 다음과 같은 질문을 추가로 하였다. "언제 투표를 하러 가겠습니까?", "어디에 있다가 투표를 하러 가실 예정입니까?", "투표장에 가기전에 무엇을 하실 것입니까?" 이는 투표장에 갈 하루를 구체적으로 계획하도록 하는 질문들이었다. 그 결과 유권자가 한 명인 가정의 투표율은 9.1%가 증가하였으며, 전체적으로는 4.1%의 투표율이 증가했다. [237] 파상풍 예방접종률을 올리는데에도 비슷한 방법이 효과를 거두었다. 접종 예정자들이 예방접종 건물 주변을 지나가는 시간을 개개인 별로 이야기를 하도록 하자 3.3%였던 접종률은 27.6%까지 상승했다. [238] 두 사례 모두 투표를 하겠다 혹은 예방접종을 하겠다는 다짐을 받지 않았음에도 불구하고 단지 피상적인 수행 계획만을 묻더라도 우리는 행동을 현실화할 가능성을 높힐 수 있다는 점을 보여 준다.

글로 무엇인가를 적는 것도 같은 원리로 행동의 실천 가능성을 높인다. 독감 예방주사를 접종하는 비율을 높여보고자 실험을 진행한 바 있다. 3,000명이 넘는 직원들은 세 그룹으로 나누어져서 메일 받았다. 첫 번째 그룹은 백신접종을 맞을 수 있는 시간만 안내했고, 두 번째 그룹은 거기에 더해 날짜를 적도록 했다. 마지막 세 번째 그룹은 거기에 시간까지도 적도록 했다. 예상하다시피 첫 번째 그룹은 33.1%, 두 번째 그룹은 35.6%, 세 번째 그룹은 37.1%로 구체적일수록 더 높은 접종률을 보였다. [239]

미국에서는 의료에 대한 소송이 비일비재하게 일어나다 보니 과잉진료가 사회적 문제로 나타나고 있다. 실제로 펜실베니아 의사들 824명 중 93%는 방어적 진료를 하고 있다고 답했다.[240] 아마 다른 도시의 의사들도 비슷한 환경에 놓여 있을 것이다. 한 그룹의 연구자들은 2012년에 로스엔젤레스에서 근무하고 있는 의사들을 대상으로 항생제를 과다처방하지 않겠다는 서명을 받았다. 그리고 그 서약서를 인쇄해서 일부 의사들 진료실에 걸어두었다. 그 결과 실험에 참가한 의사들은 서약서를 걸기 전에 평균 40%의 환자들에게 항생제를 처방했지만, 서약서를 진료실에 걸고 12주가 지나자 그 비율이 33%로 줄었다.[241] 학생들이 집으로 가져가던 가정통신문의 대부분은 온라인 형태로 대체가 되었다. 하지만 지금도 일부 서류는 학부모의 서면 서명이 필요하다. 그러나 이렇게 나간 종이가 다시 교사의 손으로 되돌아올 것이라고 확신하긴 어렵다. 잊어버림과 잃어버림의 연속이기 때문이다. 이때 학생에게 몇시에 부모님이 오시며, 몇 시에 보여 드릴 것인지를 묻는 것만으로도 회수에 걸리는 시간을 단축할 수 있다.

한 번만 더 생각

청결하게 유지가 되는 화장실에는 어떠한 체크리스트가 한쪽 벽면에 아크릴로 마련이 되어 있는 경우가 많다. 수전을 닦았는지, 변기를 소독했는지, 핸드드라이어 필터를 갈았는지 등과 같은 문구가 쓰여 있고 무심한 듯 휘갈겨진 동그라미 줄줄이 보인다. 이는 화장실 청소를 여럿이 하는 경우 태스크보드로 활용할 수도 있고, 고객들에게 화장실을 안심하고 사용하라는 표식이 되기도 한다. 하지만 그런 기능을 제외하더라도 체크리스트는 그 자체로 효과를 갖는다. 존스 홉킨스 병원의 의사 피터 프로

　　　　　　　　　　　　　　　　에듀코노믹스

노보스트^{Peter Pronovost}는 수술시 환자가 세균에 감염되지 않도록 체크리스트를 구안했다. 그것은 (1) 비누로 손을 씻을 것, (2) 수술 전 소독제로 환자의 피부를 청결히 할 것, (3) 환자에게 수술용 멸균 천을 씌울 것, (4) 멸균 마스크, 모자, 가운, 장갑을 착용할 것, (5) 카테터를 삽입한 후에는 그 부분에 멸균 드레싱을 씌울 것이었다. 이러한 내용은 의료인이라면 오랜 수련 기간 동안 몸에 밸 정도로 자연스러운 행동들이었다. 하지만 환자 중 약 30%는 위에 제시된 내용 중 최소 한 가지 이상의 누락을 경험해야 했다. 이에 프로노보스트는 간호사들에게 의사를 감시할 수 있는 권한을 주었다. 간호사들은 체크리스트에 있는 행동을 누락하는 의사가 있으면, 직접적이든 간접적이든 이야기를 할 수 있었다. 그렇게 1년이 지났다. 프로노보스트는 그 스스로도 놀랄만한 결과를 얻었다고 했다. 주사관에 의한 세균 감염률이 11%에서 무려 0%가 되었다.[242] 이는 우리가 당연히 해야 하는 일도 체크리스트로 명시가 되어 있을 때 더 많은 주의를 준다는 것을 시사한다. 물론 위 사례에서는 간호사가 의사의 감시자 역할을 하기는 했지만 체크리스트가 없었다면 감시자 역할도 쉽지 않았을 것이다. 단순 보여 주기가 효과가 있다는 것은 여러 금융사들의 어플리케이션에서 볼 수 있는 인앱 팝업들에서도 볼 수 있다. 몇몇 은행 어플들은 짧은 간격으로 같은 계좌에 이체를 하고자 하면 확인 안내문을 띄워 준다. 또한 ATM기에서도 범죄에 연루되거나 모르는 사람의 부탁으로 현금 인출을 시도하는 것이 아닌지에 체크를 하도록 한다. 이러한 귀찮은 과정은 우리를 범죄나 실수로부터 구출해 줄 수 있다. 영국 금융협회 회원사들의 통계에 따르면 2019년 한 해 동안 12만 건 이상의 승인이 이루어진 사기 사례(authorised push payment)가 신고되었으며, 그 피해액은 £4억5천

만를 훌쩍 넘겼다. 「비헤비럴리스트(The Behaviouralist)」의 조사에 따르면 경고문이 인앱 팝업으로 띄우면 사기에 당할 확률이 22%에서 10%로 줄일 수 있다. 단순한 팝업만으로도 사기를 피할 수 있다는 것은 그 수법이 꽤 단순할 수 있다는 것을 의미한다. 하지만 우리는 그 단순한 것에도 속아 넘어갈 수 있다. 단지 '한 번만 더 생각'해 보는 것만으로도 우리는 충분히 더 나은 결정을 내릴 수 있다. 심지어 앞에 보이는 사람의 티셔츠에 'YourMorals.org'이라고 쓰여 있기만해도 우리는 더 윤리적인 결정을 한다.[243] 단순히 상기하는 행동은 단순하지만 파급력은 강력하다.

　교실 환경 구성은 크게 네 가지 요소들로 구분할 수 있다. 귀여운 것들, 학생 작품들, 학급 규칙들, 정보를 위한 게시판이 그것이다. 이 요소들을 하나씩 뜯어보면 다 그만한 이유가 있다. 정보를 위한 게시판은 당연한 것이니 제외하고 다른 요소들을 살펴보자. 생태계 최상위 포식자를 제외하고 가장 번영할 가능성이 있는 종은 단연코 귀여운 존재들이다. 귀여움은 사실상 모든 것을 능가한다. 귀여우면 끝이다. 맛이 없다는 이유로 살아남은 나무늘보의 사례는 특별하지만 인간과의 교류를 토대로 이제는 자연에서 살 필요조차 없는 '반려'의 칭호를 얻은 종들은 이제 인간의 삶 일부라고 봐도 무방하다. 생태계를 지배하고 있는 종인 호모사피엔스가 법과 제도, 물리력으로 그들을 자연의 상태로부터 보호해 줄 것이다. 우리는 본능적으로 귀여운 것에 끌린다. 놀랍게도 새끼들은 새끼를 알아본다. 말은 성인이 자신의 등에 탔을 때와 어린아이가 탔을 때 다른 몸짓과 배려를 보여 준다. 앵무새 또한 어린아이가 울음을 터뜨리면 주변에 이를 알리기 위한 행동을 취한다. 그것이 귀여워서 하는 행동이라는 증거는 찾기 어렵지만 보호해야 하는 대상이라고 인지하는 것은 거의 확실하다. 이

놀라운 감정은 우리가 윤리적으로 행동하는 데에도 영향을 미친다. 인도의 국가응용경제연구소(NCAER) 위원인 소날데 데사이[Sonalde Desai] 교수의 연구에 의하면 공간 안에 테디베어와 같은 장난감이 있는 것만으로도 사람들의 거짓말 횟수를 줄일 수 있었다.[244] 이는 집단심리상담에서 활용되는 토킹스틱이 작고 귀여운 인형인 이유와 동일하다. 즉 실험적으로나 경험적으로나 귀여운 것은 윤리성을 끌어낼 수 있다. 이는 영국 런던의 한 지역에서도 찾아볼 수 있는 경향성이다. 울리치(Woolwich)지역의 상가 셔터에 해당 지역의 아기들 사진을 큼지막하게 그려두었다. 그러다보니 밤이 되고 영업이 끝나면 셔터가 닫히고 해당 거리는 아기들 사진이 전면에 배치된 모습이 되었다. 그러자 그 이전과 대비해 범죄율이 18%나 감소했다.[245] 교실에 귀여운 것들이 놓여지고 놓여져야 하는 이유를 여기에서 찾을 수 있다. 단지 학생들 눈높이에 맞추기 위한 조형물들이 아니다. 두 번째로 학생작품들이 교실 곳곳에 놓여 있다. 이는 굳이 이케아 효과를 끌어오지 않더라도 충분히 그 효과가 짐작이 되기 때문에 넘어가도록 하자. 내가 그린 그림이, 내가 만든 작품이, 내가 쓴 글이 교실에 있다는 것은 예상 그대로 뿌듯한 일이다. 세 번째로 학급 규칙들을 살펴보자. 나이가 지긋한 교사가 특강을 위해 교실을 돌아다니며 수업을 한 적이 있었다. 그때마다 노교사는 각 반에 붙어 있는 규칙들을 섞어 왔나. 그리고는 교원회의 때 이야기를 꺼냈다. "교실에 규칙이 있다는 것은 해당 교실에서는 그것이 지켜지지 않다는 반증이겠지요. 보니까 어떤 교실에는 규칙이 하나도 적혀 있지 않고 어떤 교실에는 규칙이 매우 많이 적혀 있었습니다." 물론 그 자리에서 그것을 반박하는 사람은 없었지만 분명히 잘못된 해석이다. 앞선 체크리스트 사례에서도 보았듯 우리는 알지만 '한 번만 더 생각'에서 오는 효과가 상당하다. '말하기 전에 생각했나요?'라는 말을 하는 귀여운 캐릭터 그림이 붙어 있던 교실은 매우 인상적이었다.

쓰레기통

학교에서 어떠한 노력을 해도 우리가 이상으로 생각하는 교육의 방향으로 가는 길은 요원하다. 교육 자체가 가지고 있는 내재적 한계, 자질뿐만 아니라 전문성에 의구심이 드는 교사들, 교육이 아니라 법정 구속이 필요한 수준의 학생, 교육학의 미진한 발전속도, 주먹구구식의 교육과정 수립 및 운영, 외부적 요인에 크게 흔들리는 줏대 없는 백년대계 등이 숱한 장애물 중 무작위로 열거한 몇 가지다. 그럼에도 불구하고 우리는 할 수 있는 것은 다 해 보아야 한다. 그 요소끼리 충돌을 일으켜 마치 약물 상호작용(부정적)과 같은 효과를 내지 않는 한 우리는 우리가 알고 있는 모든 것을 다해야 한다. 자유주의적 간섭주의로 일컬어지는 행동경제학이 우리 교육에 들어와야 하는 중요한 이유다.

에듀코노믹스

part5

사실대로 가르치기

자신을 둘러싼 사회적 원리를 알지 못할수록 그 원리에 지배를 받기 쉽고,

그 작동방식과 필연적 결과를 더 많이 알수록 자유로워질 수 있다.

『사회심리학』솔로몬 애쉬 Solomon Eliot Asch[246]

과거에는 은닉과 축소가 사회적 문제인 경우가 많았다. 잘못된 공권력의 행사를 은닉하거나, 학생들의 잘못을 축소하여 아무 일도 없이 그저 교육이 잘 돌아가고 있는 듯이 보이는 학교들이 많았다. 하지만 지금은 그와 반대인 상황들이 자주 목도된다. 이제는 은닉과 축소가 아니라 과장과 확대해석이 그 문제들을 대치했다. 학생들의 성경험이 점점 빨라진다는 이야기는 전대에서부터 현재까지 그리고 후대에도 이어질 예정이다. 정확한 수치보다는 자신이 몇 번 본 사례를 일반화하기 일쑤다. 초등학교 3학년이 생리를 시작했다더라, 초등학교 1학년들끼리 뽀뽀하는 것을 보았다더라는 성경험의 증좌들은 쯧쯧 대며 혀를 차기 좋아하는 이들의 뇌에 명징하게 각인되어 간다. 아마 다음 세대 또는 다다음 세대가 되면 0세 미만의 시기에 성접촉이 일어난다고 말을 해야 할지도 모른다. 교육적 문제는 교육현장이라면 어디든 존재한다. 그리고 우리는 그것을 해결해 나가야 한다. 클루지(kluge)로 표현되는 그러한 것들. 어찌저찌 기능은 하지만 그것이 명확한 해답이라고 볼 수는 없는 것들. 그러한 것들은 프로그래머들에게만 있는 것이 아니라 교육현장 곳곳에 존재한다. 그러나 한정된 자원의 분배는 우수한 리더가 제시하는 우선순위로부터 시작해야 한다. 하지만 모든 사안에 대해 별표 다섯 개를 붙이고, 형광펜으로 밑줄을 그으면 결국 중요한 것은 존재하지 않게 된다. 몇몇 국가들의 배달앱에서는 거의 대부분의 식당의 평점이 4.8~4.9에 이른다. 미슐랭 1스타도 4.9점, 2개월 전에 새로 오픈한 프랜차이즈 식당도 4.9점이면 우리는 그 별점을 신뢰하고 식당을 고를 수가 없다.

약물교육, 성교육, 금융교육, 애국교육, 준법교육, 안전교육, 절도예방교육, 인구교육, 지속가능교육, 코딩교육, 생명존중교육, 생태감수성교육, 청렴교육, 놀이교육, 사회감수성 교육 중에 중요하지 않은 것은 없다. 하지만 주어진 수업시수가 있는 상황에서 위 교육내용이 들어오기 위해서는 수학시간이든, 인문교육시간이든, 과학시간이든, 체육시간이든 무엇이든 희생이 되어야 한다. 하지만 교육할 내용을 추가하는 일에 자신의 목소리를 내는 이들도 교육할 내용을 제거하는 일에는 교육자만이 교육을 다룰 수 있다고 믿는다. 예컨대 경제교육을 추가해야 한다는 이들은 많지만 경제교육을 위해 어떤 교육을 제거해야 한다고 말하는 이들은 없다. 또한 학생들이 배워야 하는 양이 지나치게 많다며 시수를 줄여야 한다는 이들은 있지만 그래서 어떤 요소를 삭제해도 되는지를 말하기는 어렵다. 때문에 누더기식 교육과정이 교육외부에서부터 밀려와 교육내부에서도 이를 수용해버리는 일이 끊임없이 발생한다. 미니멀을 주장하는 이들도 이럴 때는 맥시멀리스트가 된다. 1990년대처럼 휴대폰에 크롬 접속하는 물리버튼, 유튜브 켜는 물리버튼, 와츠앱 켜는 물리버튼, 앱스토어 들어가는 물리버튼이 다 달려 있도록 하자는 말은 못 하면서, 교육에는 그렇게 하자는 주장을 펼친다. 그들의 주장을 보고 있으면 좋아 보이는 것을 다 집어넣자는 말은 진보가 아니라 퇴보인 것을 알고 있는 것 같다가도, 모르는 것 같기도 하다.

13

편향들

인간이 가지고 있는 편향은 이성적 판단을 흐릿하게 한다. 그것이 공감을 위한 희생이라면 가치를 지닐 수 있지만 그것도 아닌 현실 호도인 경우에는 인위적으로 바로 잡을 필요가 있다. 물론 본능에 가까운 것들이기 때문에 쉽지는 않다.

과신편향(overconfidence bias)

당신은 상위 50%라고 생각하냐는 질문이 불특정다수에게 주어지면, '예'라는 답이 나올 확률은 50%이어야 한다. 당연히도 질문이 무엇이든 간에 상위 50%는 50%만 존재하기 때문이다. 그러나 당신의 추진력은 상위 50%입니까? 라는 질문에 무려 93%가 그렇다고 대답을 했다. 93%가 상위 50%일 수는 없다.[247] 우리는 스스로를 남들보다 다소 우월하다고 믿는 경향이 있다. 이는 다른 실험에서도 동일하게 확인 할 수 있었다. 금융전문가 제임스 몬티어James Montier는 300명 이상의 펀드매니저들에게 자신의 능력을 평가해달라고 했을 때, 펀드매니저들의 74%는 평균 이상, 26%는 평균 정도라고 답했다. 분명 평균이하는 150명이나 있어야 하는데 스스로

그 150명에 들어간다고 생각하는 비율은 0%였다.[248] 이는 임원들도 마찬가지였다. 그들 중 70%은 자신이 업무성과 상위 25%에 포함될 것이라고 답했다.[249] 이번에는 업무적 능력이 아닌 개인적 특성을 두고 실험을 한 사례를 보자. 두 경제학자 크리스토프 머클Christoph Merkle과 마틴 베버Martin Weber 교수의 연구에 따르면 자신의 유머감각이 평균 이상이라고 생각하는 사람들은 98%에 달하며, 대인친화력 부문은 84%가 그렇다고 답했다.[250] 심지어 다른 연구에서는 무려 25%가 자신은 친화력이 상위 1%라고 답하기도 했다.[251] 우리는 윤리성에도 스스로에게 높은 점수를 매긴다. 2007년 미국농업국으로부터 자금지원을 받아 오클라호마 주립대학교에서 동물복지와 관련한 설문을 진행한 바 있다. 응답자들 중 95%는 동물이 어떻게 키워지는지가 중요하다고 했지만 동시에 다른 미국인들은 52%만이 그렇게 생각할 것이라고 답했다. 또한 76%의 사람들은 고기를 저렴하게 구입하는 것보다는 비싸더라도 동물복지가 우선이라고 답했지만 동시에 자신과 같은 생각을 하는 미국인들은 불과 24% 밖에 없을 것이라고 답을 했다.[252] 실제 행동과 생각은 어떻든 동물복지를 '좋은 것'이라고 답하지 않는 것은 어렵다. 즉, 도덕시험문제에 동물복지는 옳은 것이냐는 질문의 정답은 '예'가 된다. 그리고 사람들은 본인이 그렇게 생각하고 있음을 피력한다. 그러나 농시에 많은 이들은 본인과 같은 옳은 생각을 하거나 행하지 않을 것이라고 생각하는 것이다. 또 다른 예시는 사우디아라비에서 수행한 연구에서 찾을 수 있다. 2023년 사우디아라비아 여성들의 노동참여율은 34.5%였다. 이는 2010년대 중반부터 급격하게 증가한 결과다.[253] 연구자들이 연구를 진행했던 2017년에는 그 절반 수준이었다. 2011년까지 사우디아라비아 여성들은 사회활동을 하기 위해서는 남성의 동의가 필요했고, 이후 법은 사라졌지만 2017년에도 많은 기업체에서 남성의 동의를 요구했던 점이 컸다. 당시 연구자들이 사우디아라비아 남성들을 대상으로 설문을 했을 때, 그들은 87%가 여성의 사회활동을 허락할 것이라고 했으나 다른 남성들은 63%만이 그렇게 할 것이라고 답했다.[254] 이는 자기 인식에서도 비슷한 결과가 나왔다. 사람들은 지인이 나를 아는 정도보다 내가 그 지인에 대해 아는 것이 더 많다 생각하고 있었으며, 나는 나를 잘 알지만 타인은 상대적으로 스스로를 잘 알지 못한다고 인식하고 있었다.[255]

자아존중감이 있다는 것은 분명 좋은 것이다. 낮으면 우울감과 패배감이 밀려와 사회생활은 물론 일상생활에도 안 좋은 영향을 미친다. 하지만 미국 유타주의 베버주립대학교 심리상담센터에서는 자존감을 3단계로 구분하고 있다. 지나치게 높은 자존감, 낮은 자존감, 그리고 건강한 자존감이 그것이다. 우리가 흔히 말하는 높은 자존감이란 자기객관화에서 시작되는 건강한 자존감을 의미한다.[256] 자아존중감이 낮은 것은 심리치료의 대상으로 보지만 자아존중감이 지나치게 높은 것은 좋은 것과 구분하지 못하는 경향이 있다. 또한 이를 자신감으로 포장을 하기도 한다. 자존감이 지나치게 높은 것은 단기적으로 개인의 성취를 도울 수는 있지만 대인관계에 어려움을 초래하고, 일부 영역에서 심리적 안정기제를 무너뜨릴 수 있다. 자존감을 용기에 비유하면 낮은 경우 비겁에 견줄 수 있고, 높은 경우 만용에 견줄 수 있다. 교사와 부모는 학생과 자녀가 중용을 찾을 수 있도록 도와야 한다.

확증편향(confirmation bias)

1895년에 발표된 인종차별적이고, 성차별적인 문헌은 우리가 확증편향을 어떻게 사용했는지, 그리고 확증편향이 뇌피셜에 그치지 않고 실질적인 판단과 해석의 기초가 되면 얼마나 무지한 결과를 도출하는지 볼 수 있다. 당시 연구자는 백인과 인디언, 아프리카인들을 대상으로 반응시간에 대한 조사를 했다. 그 결과 인디언과 아프리카인이 백인보다 반응시간이 빠른 것을 확인했고, 이를 백인이 더 높은 수준의 진화를 한 결과라고 해석했다. 이 부분도 문제가 되지만 또 다른 문제는 논문의 다른 페이지에 있다. 남성과 여성을 조사한 결과에서는 남성이 여성보다 빠른 반응속도를 보인 것이었다. 앞의 해석대로 가면 감히 여성이 남성보다 우수한 존재가 되어 버린다. 하지만 백인남성이 인류표준이며 가장 우수한 종족이어야 하기 때문에 이 해석은 틀렸다. 따라서 이번에는 남성의 반응속도가 빠른 것이 뇌 발달이 더 잘 된 결과라고 해석했다.[257] 즉 백인의 반응속도가 느린 것은 동물이 인간화가 된 진화의 산물이고, 남성이 여성보다 반응속도가 빠른 것은 뇌 발달의 결과다. 확증편향이 자신에게 유리한 증거만 모으고, 그렇지 않은 증거는 배제하며 심지어는 결과를 정해 놓고 내용을 해석하면 얼마나 얼토당토않은 곳에 도착하는지를 알 수 있는 사례다. 1979년에 스탠포드 대학교에서 이뤄진 실험에서는 사형제도를 지지하는 학생과 반대하는 학생들에게 두 가지 연구 결과를 보여 주었다. 두 연구 중 하나는 사형제도를 도입하자 살인율이 낮아졌다는 것이었고, 다른 하나는 사형제도가 있는 지역의 살인율이 더 높았다는 것이었다. 이 두 결과는 분명히 상충하지 않는다. 살인율이 낮아졌더라도 살인율이 더 높을 수는 있기 때문이다. 하지만 이렇게 이성적이기란 쉬운 일이 아니다. 사형제도를 지지하는 사람들은 전자에는 의문을 품지 않았으나 후자에는 갖가지 이유를 붙이며 실험 결과에 의문을 품었다. 심지어 전수조사를 하지 않았다고도 했다. 전수조사를 하지 않은 것은 두 연구 모두 마찬가지인데도 말이다. 반대의 태도도 마찬가지였다. 사형제도를 폐지해야 한다고 주장하는 사람들은 후자의 연구는 그대로 받아들였으나, 전자의 연구가 그 기간이 짧다는 등의 이유로 신뢰하지 않았다.[258] 우리는 사실을 마주해도 그것을 믿는 데까지는 많은 시간을 소모한다. 우선 그것이 사실일 리 없다는 것부터 시작해서 그것이 사실이라면 모종의 이유로 호도가 된 것이라고 생각한다. 그러나 「셜록홈즈」에서 코난이 이야기했듯 모든 불가능을 제거하고도 남는 것이 있다면 그것은 믿을 수 없을지라도 진실이다.

학교에서의 다툼은 대개 가해자와 피해자의 구분이 어렵다. 교내에서 콘 홀 게임을 운영하기 위해 규칙을 정하던 여섯 명의 학생들이 있었다. 그리고 정확히 55분 동안 4명이 울었다. 두 학생(A, B)은 싸워서 운 것이고, 다른 한 학생(C)은 말리다 울었다. 그리고 마지막으로 운 학생(D)은 이 상황이 답답해서 운 것이었다.

자초지종은 이렇다. 여섯 명이 서로 자기 이야기만 하다 보니 A가 큰 소리로 이럴 거면 그냥 가위바위보해서 한 사람이 정하자고 제의했다. 이에 다른 학생들이 그것은 올바른 결론으로 가는 토의의 방식이 아니라고 했다. 그러자 핀잔을 들은 A는 지금부터 나오는 모든 아이디어에 대해 대안 없는 비판만 해댔다. 그러나 B가 그런 식으로 말하니까 네가 친구가 없는 것이라는 말을 내뱉었다. 격분한 A는 B가 좋아한다는 남자애를 갑작스레 밝혔다. C는 이 상황을 중재하기 위해 새로운 화두를 던졌다. 세부사안은 상황에 맞추되 우선 굵직한 것부터 맞춰 가 보자는 제의를 한 것이다. 하지만 이 말은 곧장 무시되었고 자신의 비밀이 알려진 B는 A에게 그동안 놀아주니까 만만해 보이냐고 했다. 그때부터 A, B, C, D가 순서대로 울었다. 여기서 끝이 아니다. 이제 A와 B학생 부모들의 대리전의 시작일 뿐이다. 사실 학생 간 이러한 다툼은 부모 싸움이라는 메인 이벤트 전에 열리는 언더카드에 해당한다. 심지어 싸움의 당사자들은 왜 싸웠는지도 잊고 서로 장난치고 웃는데 부모들은 여전히 싸우고 있는 상담실 모습도 자주 목도된다. "너 아직 화나 있잖아."는 흔한 멘트다. 언더카드가 모두 종료되고 메인 이벤트가 시작되면 확증편향의 레이어가 쌓인다. 상대 자녀의 실수는 고의가 되고, 우리 자녀의 욕설은 강조어구가 되며, '그럴 리 없다.'와 '그럴 수밖에 없다.'와 같은 말은 모든 증거 뒤에 붙는 구문이 된다. 내 아이는 루소^{Jean-Jacques Rousseau}의 어린이며, 남의 아이는 홉스^{Thomas Hoobes}의 어린이가 된다. 나에게 유리한 교사의 발언은 선생님 말씀이 되며, 불리한 발언은 선생의 편협한 사고가 된다. 전자는 판사보다 고귀한 교육자다운 면모지만 후자는 하릴없이 애 하나 똑바로 못 보는 낮은 인간의 잔상이 되어 버린다. 판단은 극단이지만 진실을 하나다. 이 사실을 모르게 한다는 것이 확증편향이 우리에게 가져다주는 가장 악랄한 맹점이다. 본 것조차 못 믿고, 안 본 것마저 믿는 것.

닷컴시대에도 그랬지만 개인별 알고리즘이 체계화된 시대에는 필터버블로 인한 확증편향이 훨씬 심해졌다. 이제는 내게 유리한 정보를 찾고, 불리한 정보는 재해석할 필요도 없다. 알고리즘이 알아서 걸러 준다. 팔레스타인 지지자들의 유튜브에는 영양실조로 죽어 가는 팔레스타인 아기들을 다룬 뉴스가 나오고, 이스라엘 지지자 페이스북 피드에는 부서진 학교 잔해 옆에 오열하는 그들의 어머니가 나온다. 따라서 두 그룹의 사람들은 서로의 인식 격차가 더욱 벌어진다. 또한 SNS에 추천되는 친구들은 점차 나와 정치성향이 비슷한 사람들로만 채워진다. 이는 단순히 우리의 마음만 편하게 해 주는 것이 아니다.

착한 사람이 항상 착하기 어려운 만큼 나쁜 사람도 항상 나쁘기는 어렵다. 하지만 우리는 아주 손쉽게 천사화와 악마화를 할 수 있다. 위대한 인물에 흠집을 내서는 안 되며, 범죄자를 미화해서도 안 된다. 위대함은 항상 한결같이 위대하게 남아야 하고, 범죄자는 한결같이 악랄해야 한다. 위대한 인물의 언행은 항시 범인이 따라잡기 어려운 내막이 있어야 하고, 범죄자의 언행은 항시 범죄를 위한 사전작업이어야 한다. 이는 분명히도 틀렸다. 선인도 악의를 가지고 행동을 하며, 악인도 선의를 가지고 행동한다. 선인도 비겁할 수 있고, 악인도 따뜻할 수 있다. 하지만 우리는 전자를 대의로 후자를 연막으로 치부한다. 이는 우리의 마음을 편하게 하는 논리이지 결코 삶을 직시하는 논리가 아니다.

> "누구도 항상 모든 것을 틀릴 수는 없다.
> 그러한 완벽함은 존재하지 않는다."
>
> 존 시모어[John Seymour] 『신경언어프로그래밍(NLP) 입문서
> 개인 성취를 위한 새로운 심리학』

수용성 편향

근거가 없는 편애는 교실에서 일어나면 안되는 일이다. 두 친구가 수업시간에 떠들었다. 한 친구는 평소에도 자주 수업시간에 떠들던 학생이고 다른 친구는 극히 드물게 떠드는 학생이라면, 두 친구를 동일한 정도로

 에듀코노믹스

훈계하는 것은 공정한 처사가 아니다. 하지만 동일한 정도의 훈계가 일어나지 않는다면 학생들의 인식에는 편애의 근거가 될 수 있다. 따라서 적절한 부연설명이 필요하다. 그러나 이러한 것 말고 행실이 좋다고, 꼼꼼있기에, 미술을 잘하기 때문에, 교사에게 애교가 많기 때문에, 학급 내 맡은 활동을 더 잘한다고 편애를 해서는 안 된다. 인간 대 인간이라면 위의 사유가 누군가를 더 특별하게 생각하는 적절한 이유가 되지만 교사는 교실 내 학생과 인간대 인간이 아니다. 따라서 위 사유에 근거한 편애가 일어나면 안 된다. 그런데 은연중에 나타나는 문제는 따로 있다. 교사마다 교육철학과 삶의 궤적이 다르기 때문에 수용 가능한 잘못이 다르다는 것이다. 자기중심적으로 세상을 이해하는 학생을 두고 폭넓은 사고관을 가르치려는 교사가 있는 반면 이는 인간의 본성이라고 넘어가는 교사도 있다. 25명이 있는 교실에서 학생 독사진을 50장을 찍었는데 본인은 왜 6장밖에 없냐는 질문에 2장이 넘으면 충분히 많은 것이라고 말하는 교사도 있으며, 단지 웃으며 넘어가는 교사도 있다. 거짓말을 가장 하면 안 되는 행동으로 규정한 교사가 있는 반면, 거짓말도 능력이며 여북하면 거짓말을 할까라고 생각하는 교사도 있다. 쉬는시간 칠판에 낙서하는 행위, 편법을 잘 활용하는 학생, 티포탯을 현실에서 적극 활용하는 자세 모두 어떤 교사에게는 금지되어야 할 사안이지만 어떤 교사에게는 전혀 문제로 인식되지 않는 사안들이다. 여기에서 편애가 발생할 수 있다. 교사와 유사한 가치관을 가진 학생들을 혼내는 횟수가 적을 수밖에 없다. 의도적으로 편애를 하는 것이 아니라 애당초 잘못이 아니기에 혼을 낼 이유가 없는 것이다. 그럼 일부 학생들 입장에서는 전부 잘못인 거 같은데 어떤 학생의 잘못은 혼나지 않음으로 인식 될 수 있다. 교사는 개인의 양심에 따라 교육하되 교육현장에서는 개인적 가치관이 아닌 보편적 가치관을 장착해야한다. 매년 다른 교사에게 지도받는 학생의 입장에서는 혼란을 넘어 교사에 대한 믿음의 소거가 일어날 수 있다. 교사들간 협의체까지는 아니더라도 이러한 잘잘못에 대한 생각들을 공유해야 한다. 운동을 좋아하는 교사와 복도에서 공을 던지는 학생, 야채를 싫어하는 교사와 편식하는 학생, 게임을 좋아하는 교사와 밤새 스마트폰을 보는 학생. 이들은 결이 맞다. 하지만 그것이 교육을 하는 데까지 개입되어서는 안 된다. 교육적 이유로 용인을 하거나 제재를 해야 한다. 쉽지는 않은 일이다. 고용에 있어서도 면접관은 면접자가 자신과 여가를 즐기는 방법이 같을 때 합격 결정을 내릴 확률이 높았다. 어쩔 수 없는 부분이라고 여기기에는 학생들과 면접자들의 삶은 너무 소중하다.[259]

아포페니아(apophenia)

아무런 연관성이 없는 독립적인 사건에 대해 의미를 부여하고 경향성을 찾으려는 편향을 의미한다. 대표적인 것이 복권을 분석하는 행위이다. 이전 회차에서 3과 10이 당첨번호로 선정되었다면 이번 회차에서는 그 두 가지를 제외하는 것이다. 똑같은 오류지만 조금 더 분석적으로 다가가면 지금까지 있었던 모든 회차를 분석해서 가장 적게 나온 혹은 가장 많이 나온 숫자들로 이번 회차의 번호를 추론하는 것이다. 다행히도 대부분의 국가에서 미성년자에게 복권을 판매하고 있지 않으니 학생들에게는 이러한 오류를 찾기 어렵다. 하지만 교실에서는 여러 이유로 무엇인가를 추첨해야 하는 일들이 많다. 예컨대 가가볼에서 팀을 정하는 일에 제비뽑기를 하면 몇몇 학생들은 자신이 원하는 학생과 팀이 되지 않았음을 불공정한 제비뽑기 과정에서 찾곤 한다. 불공정한 사유는 각양각색인데, 제비뽑기 종이에 자신의 이름을 늦게 넣어서, 뽑는 순서에 있어 나와 그 친구가 멀리 떨어져 있어서와 같은 이유를 제기하는 경우도 있다. 그나마 그럴싸해 보이는 근거는 어제 자신이 앞 순서에 뽑혔기 때문에 오늘은 뒷 순서에 뽑힐 것이 충분히 예상되고, 원하는 친구는 반대로 어제 뒷 순서에 뽑혔기 때문에 오늘은 당연히 뒷 순서에 뽑힐 것이므로 이러한 제비뽑기 행위가 애당초 불공정하다는 것이다. 여기까지는 어찌저찌 교사가 학생들을 달래야 한다. 확률론에 대한 지식이 미미한 학생들에게 이를 설명하는 일은 무척이나 어렵지만 그래도 복권 번호를 분석하는 성인들을 설득하는 것보다는 용이하다(연속된 숫자를 쭉 고르는 것을 꺼려하는 수준의 미신을 따른 것은 사회적으로 용인해 주자).

더 심각한 문제는 교사들에게서도 찾을 수 있다. 한 번은 2000년 이후에 들은 이야기인데, 1950년대에 전국적으로 유명했어서 위키피디아에 나올만한 범죄자 몇 명이 특정 지역에 거주를 했다. 그 사실을 안 교사는 해당 지역의 특정 학교의 학생들이 드센 이유를 거기에서 찾았다. 물론 그 추론이 옳은 이야기가 될 수는 있겠지만 지나치게 적은 학생들을 접하고, 다른 범죄자들이 거주했던 지역의 학생들과는 비교해 보지도 않고 내린 결론이라는 사실은 유감이었다. 또 다른 교사는 여러 해 교직생활 동안에 이렇게 양보와 배려가 없는 학생들은 처음 본다고 말을 했다. 자신의 의무와 책임은 다하려고 하는데 그 범위를 넘어서서는 결코 손해 보는 행동을 하지 않는 학생들이 많았다는 것이다. 해당 교사는 그것을 해당 지역의 산업구조와 결부지었다. 그 지역에는 다수의 기계부품 생산 업체들이 있었다. 그 업체들에는 현장노동자, 연구원, 중간관리자, 영업직 등 다양한 직업군이 포함되어 있었다. 그들은 숫자에 능하고 철저한 분업화 구조 속에 있기 때문에 그들의 자녀인 학생들이 자신의 책임만 다하지 그 것을 넘어서는 양보와 배려가 없다고 판단한 것이다. 이는 근거부터 인과 (또는 상관)관계의 연결성까지도 모두 빈약하다.

2024년 현재 영국의 경제상황을 세세히 논하는 일은 매우 어렵지만 브렉시트 이후 해가 지기도하는 나라임은 거의 분명해졌다. 물론 영연방은 여전히 전세계에 포진되어 세계인구의 1/3를 차지하고 있지만 그 유대감은 제한적이다. 동시에 세계 수위권의 명목 GDP를 매년 생산해내고 있지만 위상은 과거와 같지 않다. 2024년 3분기를 즈음하여 OECD가 영국의 경제성장 예측치를 상향조정하기는 했지만 이는 경제침체로부터의 회복이지 경제호황을 의미하는 것은 아니다. 더구나 가장 중요한 사실은 영국경제가 성장이 아닌 회복을 점치고 있다는 사실이다. 그래도 향후 영국경제에 대한 전망은 비관론자 만큼이나 낙관론자도 많은 듯 하다. 하지만 브렉시트 투표 이후부터 실제 브렉시트를 거친 이후 몇 년째 영국경제가 부침을 겪은 것은 이미 지나간 사실이다. 확정된 역사라는 것이다. 브렉시트는 단순한 시기의 구분이 아니라 주요한 사건이다. 2016년 51.9%의 찬성표가 48.1%의 반대표를 누르고 브렉시트가 확정되었다. 표 차이가 적었던 만큼이나 나와 다른 표를 던진 사람에게 적대적이었다. 여기에서 우리가 볼 부분은 이것이다. '브렉시트에 찬성한 사람은 이상한 사람인가?' 그 근거로 '브렉시트 찬성 우세지역과 1992년 광우병 발병지역이 겹치는 것을 제시해도 되는가'이다. 매우 놀랍게도 2016년 브렉시트 찬성 우세지역과 1992년 광우병 발병지역을 색칠해서 겹쳐 보면 거의 동일한 지도를 볼 수 있다. 하지만 앞선 두 가지 질문에서 전자에는 예라고 대답할 사람들이 48.1%가량 있겠지만 후자에 예라고 대답할 사람은 없어야한다. 브렉시트 찬성자가 미친사람도 아니고, 광우병은 소가 미친것이지 사람이 미친 것은 더욱 아니기 때문이다. 또 다른 사례를 보자. 부르키나 파소의 줄라(Jula)족의 연간 살인율은 10만 명 당 1명 수준이다. 통상 국가별 살인율은 해년마다 다르기는 하지만 가장 높은 수준인 경우 6~70명이고, 가장 낮은 수준일 때는 0~1명 수준을 기록한다. 즉 줄라족의 살인율은 국제적 기준으로 매우 낮다. 반면 베네수엘라의 야노마미(Yanomami)족의 폭력에 의한 사망자 수는 10만 명당 500명에 달한다. 이 두 부족의 차이를 왼손잡이의 비율에서 찾아도 될까? 줄라족의 왼손잡이 비율은 3.4%이지만 야노마미족의 왼손잡이 비율은 22.6%에 달한다(국제적 평균 약10%[260]).[261] 자명하게도 이 사실은 살인과 왼손잡이간의 상관관계 혹은 인과관계의 근거가 될 수 없다. 이와 관련해서 경제학에서 흔히 드는 예시는 아이스크림과 익사자의 숫자다. 아이스크림이 많이 판매되면 익사하는 사람의 숫자가 증가한다. 반대도 마찬가지다 익사자가 많을 때는 아이스크림의 판매량이 증가한다. 이를 근거로 아이스크림 판매를 제한하여 익사자를 구해낼 수는 없다.

콩코드 오류

콩코드 여객기는 2024년을 기준으로도 7시간이 걸리는 뉴욕-런던간 노선을 무려 1996년에 3시간 이내로 주파한 최초의 초음속 여객기였다.[262] 그러나 이 괴물같은 기체는 운항개시일로부터 30년도 채 되지 못한 2003년에 퇴역하여 현재는 박물관과 격납고에서만 만날 수 있게 되었다. 콩코드 여객기는 이미 개발단계에서부터 경제성에 대한 우려가 있었다. 「뉴욕타임즈」는 1971년 4억 달러로 예상된 개발비용이 이미 20억 달러에 이르렀다는 기사를 송고했다. 아울러 이 비용을 감당하기 위해서는 250대의 기체 주문이 들어와야 한다며 우려를 표했다.[263] 그러나 콩코드 여객기가 판매되던 모든 시기 동안 제작된 기체는 총 20대에 불과했으며, 그 마저도 4대의 시제기를 포함해서 센 것이라 상업적 판매는 16대에 그쳤다. 이미 개발단계에서부터 문제가 들어난 콩코드 프로젝트가 중단되지 않은 이유는 이미 투입된 자본과 노력이 너무 많았기 때문이다. 물론 성공에 대한 기대감도 한 몫했다. 그럼에도 불구하고 손익분기점 250대와 실제 판매량 16대는 지나치게 차이가 크다. 이 때문에 후대에는 매몰비용의 오류를 콩코드 오류라고 부르고 있다. 콩코드 오류란 이미 투입된 시간, 비용, 노력에 의해 잘못된 결정을 내리는 것을 의미한다. 이미 투입된 요소들은 회수가 불가능한 매몰비용이다. 콩코드 프로젝트가 손익분기점을 넘기기 어려울 것이라고 예상이 된 시점은 20억 달러를 투입한 시점이었다. 그렇다면 계산은 지금부터여야 한다. 지금까지 투입된 20억 달러는 이미 매몰된 비용이고, 추가로 투입되어야 할 비용과 추후 회수 될 금액을 비교해야 한다. 하지만 당시에는 그러지 못했다. 물론 콩코드 오류를 금전적으로만 볼 수는 없다. 콩코드 프로젝트는 영국과 프랑스가 합작한 것이기 때문에 정치적 요소도 투입의 한 부분이라고 할 수 있다. 더구나 수십년이 지난 지금에 와서 볼 때 다행히도 콩코드 프로젝트는 완전한 실패라고만 치부할 수 없는 부분이 있다. 미국의 붐 슈퍼소닉(Boom supersonic)사와 중국의 린쿵텐싱(凌空天行)사가 각각 2026년과 2030년 초음속 여객기의 부활을 목표로 하고 있으며, 나아가 붐 슈퍼소닉의 경우 유나이티드, 아메리카, 일본항공으로부터 130대를 이미 선주문을 받기도 했기 때문이다.[264] 콩코드 여객기가 보여 준 가능성과 누적된 문화, 기술, 시스템이 우리를 다시 하여금 초음속 여객기에 몸을 싣을 수 있게 해 줄 것이다. 하지만 금전적으로만 평가할 수 없고, 후대에 유산을 남긴 부분들을 인정하더라도 당대 기준에서 콩코드 프로젝트는 실패한 프로젝트임은 분명하다.

지나고나면 자명한 사실이 되지만 지나는 중에는 그것을 보기 매우 어렵다. 따라서 우리는 일상에서 콩코드 오류를 저지르지 않기가 쉽지 않다. 가장 단편적인 예는 자격증 시험을 들 수 있다. 몇 년을 공부했건 올해 공부해서 붙을 수 있다는 자신이 없다면 시험을 포기하는 것이 옳다. 따라서 올해 한 번만 더하면 붙을 수 있을 것 같다는 믿음은 경제학적으로도 옳은 말이지만, 지금까지 했던 것이 아까워서 한 번 더 시험을 치루는 일는 경제학적으로는 옳지 않다. 하지만 우리는 호모에코노미쿠스가 아니다. 해 보고 싶다면 밀어붙여야 할 때도 있다. 또 다른 예시는 실험의 결과이다. 본인이 드론회사 사장이라고 가정을 해 보자. 새 모델의 드론 개발 프로젝트를 진행하고 있는데, 타사에서 성능, 안전성, 가격 경쟁력 등 모든 분야에서 우리 프로젝트가 완성되었을 때보다 나은 드론을 출시했다. 이때, 프로젝트의 진척률이 몇 %라면 프로젝트를 중단할 것인가? 이에 대한 답변으로 140명의 대학생들 중 25%인 35명만이 진척률에 무관하게 프로젝트를 중단해야 한다고 답변을 했다.[265] 또 다른 실험은 스키장의 예시로 수행하였다. 아케스Hal Richard Arkes와 블루머Catherine Blumer는 대학생들에게 다음과 같은 물음을 제시했다. 미시간주 스키장에는 $100짜리 스키 프로그램을, 위스콘신주 스키장에는 $50짜리 프로그램을 같은 날로 예약이 되어 있었다(실험에는 안 나오는 내용이지만 6개월 전에 각자 예약한 두 사람이 연인이 되었다고 생각하자). 두 스키장은 모두 취소 및 환불이 불가능하다. 이 상황에서 설질과 설비가 모두 위스콘신주가 좋다면 어느 스키장을 택할 것인지를 물었을 때, 학생들 중 54%는 위스콘신주 스키장을 선택했다.[266] 한편 테네시주, 미시시피주, 앨라배마 주를 잇는 테네시-톰빅비 수로는 1984년 완공이 되었다. 2009년에 이루어진 후대의 경제영향평가에서는 좋은 결과를 받았으나 당대에는 초기 투입비용과 건설효과를 잘못 계산해서 중단이 될 뻔했다.[267] 공사 중단을 막기 위해 당시 테네시주 상원의원 짐 세서Jim Sasser는 "수로 건설을 완성하는 것이 세금 낭비가 아니고, 이미 투자가 진행된 프로젝트를 중단하는 것이 세금 낭비입니다."[268]라는 발언을 했다. 이 발언은 명백한 콩코드 오류에 해당한다. 자연에서도 사례를 찾을 수 있다. 리처드 도킨스Richard Dawkins와 제인 블록맨H. Jame Brockmann은 나나니벌(Sphex ichneumoneus)의 싸움을 관찰했다. 그 결과 나나니벌들이 외부 침입자와 싸움을 지속하는 시간은 자신의 굴에 남아 있는 총 먹이의 수가 아니라 그들이 그동안 굴에 투입한 먹이의 수에 따라 좌우되는 것이었다. 이는 미래가치보다는 지금까지 투입한 가치에 더 큰 무게를 둔 결정이다.[269]

교육계에는 일관된 교육관이라는 신성불가침한 단어가 있다. 하지만 일관성이라는 것은 결과에 따라 가변적인 평가를 받게 된다. 2008년 베이징올림픽에서 대한민국의 김경문 야구 대표팀 감독은 9전 전승으로 금메달을 목에 걸었다. 당시 대표팀 발탁 때부터 선수기용에 기술위원회의 조언을 무시했지만 결과로써 그는 뚝심야구의 진가를 보여 줬다. 당시 언론에서는 뚝심야구라는 단어를 매우 빈번하게 사용했다. 하지만 그의 야구는 2020도쿄올림픽에서 초라한 성적과 함께 그의 야구는 고집야구가 되

 에듀코노믹스

어 있었다.[270] 이렇듯 '일관된 선수기용'이라는 문장은 긍정어구도 부정어구도 아니다. 단지 상태를 이야기할 뿐이다. 이 가게 감자튀김은 두껍다와 같은 이야기다. 창업한 지 몇 해가 지나 도어대시(Doordash)가 손실을 손실로 덮어 가며 반쪽짜리지만 흑자전환에 성공했다. 실패하면 콩코드, 성공하면 도어대시인 것이다. 결과는 중요하지만 결과론적인 이야기는 중요하지 않다. 교육에서는 유연성도 일관성도 필요하다. 즉 일관되게 유연한 자세를 유지해야 한다. '일관된 교육관'이라는 단어는 긍정어구도 부정어구도 아니다. 단지 상황을 설명해 주는 상태메세지 일 뿐이다. 미국의 제3대 대통령이었던 토머스 제퍼슨Thomas Jefferson을 기리기 위한 재퍼슨 기념관의 네 번째 패널에는 다음과 같은 문구가 쓰여져 있다. "나는 법을 자주 바꾸는 것을 좋아하지 않는다. 그러나 사람들의 마인드가 바뀌면 그에 따라 바뀌어야 한다"

확인된 생명 vs 통계적 생명

에이즈는 오랜 기간 동안 수치스러운 질병 취급을 받았다. 현재에도 그러한 시각이 완전히 사라진 것은 아니지만 과거에는 훨씬 심했다. 그런 시대에 교사를 했던 한 미국인의 기억에 학생들은 에이즈 환자들을 죽을 만한 행동을 한 사람들로 표현했다. 그러나 그러한 학생들조차 다큐멘터리를 통해 죽어 가는 에이즈 환자를 보자 눈물을 흘리곤 했다고 회상했다.[271] 1978년 세계최초로 인공수정을 통해 태어난 루이스 조이 브라운Louise Joy Bronwd이 태어나기 전까지 사람들의 인식에 시험관 아기는 윤리적 문제에서 많은 우려를 가지고 있었다. 그러나 루이스 조이 브라운의 탄생과 함께 그의 사진이 세계적으로 대서특필 되자 세간의 인식은 바뀌었다.

미국인 중 93%가 영국에서의 루이스 조이 브라운의 탄생을 알고 있다고 답했으며, 60%는 인공수정에 긍정적인 반응을 보였다. 또한 53%는 본인 또한 이 시술을 받을 의향이 있다고 답했다.[272] 50년 가까이 지난 지금에서야 시험관 아기가 자연스러운 이야기지만 당대의 사람들에게는 여성의 몸 밖에서 인공적으로 수정을 한다는 것에 거부감이 있었다. 그럼에도 불구하고 당시의 사람들은 확인된 생명을 접한뒤 여론이 크게 바뀌었다.

텔레비전을 보고 있으면 자선단체에서 후원을 요청하는 광고를 볼 수 있다. 이 경우 대개는 병원건물이나 후원을 필요로 하는 지역을 조망하는 것이 아니라 특정 아동을 보여 준다. 아시아에 살고 있는 13살 두비(가명)는 편찮으신 할아버지를 대신해 오늘도 동생의 아침밥을 차리고 있다. 집에는 곰팡이가 없는 곳이 드물며, 현관문은 나무로 만들어 시건장치조차 제대로 되지 않는다. 화장실과 부엌은 경계가 없으며, 싱크대 주변에는 눌러붙은 달걀후라이, 햄, 간장 자국이 선명하다. 한편 아프리카에서 병마와 그리고 가난과 사투를 벌이고 있는 2살 올루(가명)의 주변에는 파리들이 날아다니며, 올루의 눈가에는 언제 흘렸을지 모르는 말라버린 눈물 자욱이 소금 결정을 이루고 있다. 올루를 안고 있는 스무 살 여성은 엄마다. 엄마도 먹은 것이 없어 젖이 나오지를 않는다. 이러한 내레이션은 자선단체에서 녹음되는 많은 문장들을 종합한 것이다. 하지만 반드시 아이들의 힘든 삶만을 조명하는 것은 아니다. 2024년 월드비전에서는 시드니에 게재한 광고에 '우리는 아이들의 삶을 바꿀 수 있습니다.'라는 문구와 함께 밝게 웃고 있는 어린이 4명을 게재했다.

2022년 기준으로 극빈층은 하루에 2.15달러 이하로 생활하는 사람들을 의미한다. 이 기준에 따르면 전 세계적으로 6억 명 이상이 극빈층의 삶을 살고 있다.[273] 이 숫자는 가히 압도적이다. 그럼에도 불구하고 자선단체들은 6억 명 이상이 극빈층으로 살고 있다는 문구보다는 가명을 써서라도 특정인을 노출하고자 한다. 이와 같은 경향은 가난이 아니더라도 매우 자주 사용되는 방법이다. 불법체류자에 대한 비판 여론을 심화시키기 위해서는 통계적 자료보다 불법체류자에 의해 살해당한 희생자의 유가족의 목소리가 더 큰 울림을 가져다주며, 견과류 알레르기의 위험성을 강조하는 기사에는 어디 사는 누가 사망했다는 이야기가 붙는다. 그것이 가명이라 할지라도 말이다. 심지어 2019-2020년 호주 화재 당시에는 사람이 아닌 화마에 피해를 입은 개별 캥거루와 코알라 사진이 언론을 통해 공개되기도 했다. 이유는 간단하다. 특정인의 사정이 노출되었을 때, 더 많은 관심과 공감을 얻을 수 있기 때문이다. 따라서 동물학자 캐스린 길레스피Kathryn Gillespie가 동물복지 관련 서적의 제목을 『1389번 귀 인식표를 단 암소』로 한 것은 훌륭한 채택이었다. 그녀는 930만 마리의 소라는 숫자가 소 한 마리 한 마리가 겪는 혹사를 추상화할 수 있다고 우려했다.[274]

실제 실험결과에서도 가명이라도 있는 것이 이름이 전혀 없을 때보다 더 많은 기부를 촉발하는 것으로 나타났다. 데보라 스몰Deborah A. Small 예일 대학교 교수와, 조지 로웬스타인George Loewenstein 카네기 멜론 대학교 교수는 76명의 대학생들을 두 그룹으로 나누었다. 한 집단은 KEEP이라고 하여, 10달러 상당의 토큰을 제공받았고, 다른 집단은 LOSE라고 하여 돈을 받지 않았다. 이 상황에서 KEEP 집단의 학생들이 LOSE 집단의 학생들에게 기부를 하도록 했다. 여기에서 실험의 중요한 부분을 살필 수 있었다. KEEP집단의 학생들에게 '참가자4'에게 기부를 하라고 하면, 단순히 LOSE 집단에게 기부를 하라고 할 때보다 더 많은 액수를 기부하는 현상을 보인 것이다. '참가자4'는 누군지도 모르고, 당연히 실제 이름도 아니다. 단지 번호가 매겨진 누군가였다. 그럼에도 불구하고 기부를 받을 특정인이 정해진 KEEP 사람들은 평균 $3.42를 기부했고, 특정인이 정해지지 않은 KEEP 사람들은 평균 $2.12를 기부했다.[275] 미국의 노벨경제학상 수상자인 토머스 셸링Thomas C. Schelling은 이를 통계적 생명과 확인된 생명의 차이라고 보았다. 또한 이를 식별 가능한 희생자 효과(idnetificable victim effect)라고 지칭한다. 카렌 제니Karen E. Jenni와 조지 로웬스타인George Loewenstein에 의하면, 이러한 효과는 다음과 같은 요건이 충족 될 때 두드러지게 나타날 수 있다. ① 생생한 피해, ② 확실한 피해, ③ 집중된 피해, ④ 이미 일어난 피해.[276] 다음 글을 한번 읽어 보자.

콘크리트 담장과 철문에 갇힌 채 식량을 얻기 위하여 철문 창살 사이로 손을 뻗는 아이, 그리고 철문 너머에서 식량은 배급되지 않는 동시에 뒤돌아 부모에게 돌아가려 해도 자신과 같은 수많은 아이들 인파에 끼어 돌아가지도 못하는 상황. 다행히 아직 추위는 오지 않아 보이지만서도 긴 팔과 긴 바지를 입고 있어 곧 추위가 닥칠지 모르는 환경임을 짐작케 하는 사진은 전쟁으로 인한 피해의 모습을 생생하게 보여 준다. 이들에게 전쟁이란 확실한 배고픔과 고통, 교육과 이동할 자유의 박탈을 가지고 왔다. 그 고통의 범위는 넓지만 특정한 지역에서 특정한 연령대와 성에게 훨씬 지극히도 가혹하다. 그들은 '전쟁이 난다면' 받을 고통이 아니라, 이미 전쟁이 났고 그들의 고통은 시작한 지 꽤 되었으며 이는 현재진행형이다. 이들의 고통은 분명하게 식별이 가능하며, 우리 눈에 목도된 확인된 생명이다. 언론에서 비춰 주는 이들의 모습은 표와 그래프에 기록된 다른 분쟁지역의 수치화된 고통보다 훨씬 더 많은 이타주의자들의 마음을 움직일 수 있다. 심지어 적절한 비유로 알려진 '세상이 100명으로 이루어진 마을이라면' 또한 결국 한 다리 건너의 이야기가 된다. "세상이 100명으로 이루어진 마을이라면 그중 1명은 굶주립니다"보다 "80억 인구 중 8천만 명이 실제로 굶주리고 있습니다"가 더 나을지 모른다.

「어떤 전쟁을 보고 적어 본 글」

국제보건기구(WHO)는 2020년에만 전 세계적으로 62만 7천명이 말라리아로 사망했으며, 이 중 96%는 사하라 이남의 아프리카에서 발생했다고 발표했다. 그리고 이 지역 사망자 중 80%는 5세 미만의 아동이었다.[277] 가나의 어퍼웨스트주(Upper west region, 州)에서 말라리아에 걸린 5세 이하 아동의 치료비는 평균적으로 한 사람당 4.91달러다(최소 $0.13~최대 $46.75).[278] 반면 백혈병, 뇌종양, 신경모세포종 등의 질병을 겪고 있는 아이들에게 소원을 들어주는 자선단체는 텍사스 중남부를 기준으로 한 명의 아동에 대한 소원성취 비용이 7,500달러라고 밝힌 바 있다.[279] 기부라는 신성한 행위는 존경받아 마땅하다. 그러나 어떤 아동의 생명을 살리는 데에는 5달러가 투입되고, 어떤 아동의 소원을 이루는 일에는 7,500달러가 투입된다. 이러한 차이가 오는 것은 둘째치더라도 기부금이 전자 또는 후자에만 몰리지 않는 이유에 대해서는 생각을 해 볼 필요가 있다.

식별가능한 희생자 효과에서 가장 유명한 사례 중 하나는 베이비 제시카(baby Jessica) 구출 사건이다. 1987년 10월 14일 당시 생후 18개월이었던 제시카 맥클루어Jessica McClure는 텍사스의 이모 댁에 있는 우물에 빠졌다. 결론부터 이야기를 하면 이 사고는 로널드 레이건 당시 대통령의 직접적인 언급이 있었으며, CNN은 구조 장면을 취재했고, 구조가 되던 순간에 찍은 사진은 이듬해인 1988년에 퓰리처상을 수상했다(수상자: 스콧 쇼^{Scott} ^{Shaw}). 그리고 또 한 해가 지난 1989년에는 백악관에 초청이 되어 조지 워커 부시^{George H. W. Bush}의 품에 안긴 사진이 남아 있다. 1990년도 되기 전인 당시 이 사고의 모금액은 80만 달러에 달했다. 이 사건이 왜 다른 어린이 사고에 비해 비교가 안 될 정도로 대서특필 되어 있는지 생각해 볼 필요가 있다. 한편 미국 내 코로나19로 인한 사망자가 10만 명을 넘던 때에 뉴욕타임즈는 1면 전면을 할애하여 1,000명의 사망자와 그들의 생전 업적을 간단하게 기재했다. 이는 몇 줄짜리 코로나19 사망자 통계보다 훨씬 큰 울림을 주었다. 그들을 애도할 수 있는 장을 열어 준 것이다. 숫자가 되어버린 개인보다는 그 사람의 이름, 거기에 더해 간단하게나마 소개된 이력은 독자들로 하여금 고인들을 한 인격체로 인식할 수 있게 도와주었다.

앞서 본 데보라 스몰 교수와 조지 로웬스타인 교수는 폴 슬로빅^{Paul Slovic} 오리건 대학교 교수와 함께 2007년에 한 편의 논문을 더 발표했다. 이들은 펜실베니아 대학생들에게 5달러를 지급하고 다음과 같은 두 가지 기부 독려 문구를 보여 준 뒤, 기부를 하도록 했다.

통계적 생명	확인된 생명
말라위에는 300만 명 이상의 아이들이 굶주리고 있으며, 잠비아에서는 심각한 물부족으로 2000년 대비 옥수수 생산량이 42%가 감소했다. 400만 명의 앙골라 국민들은 집을 떠나야 하는 상황에 몰려있으며, 에티오피아에는 1,100만 명 이상의 국민들이 굶주리고 있습니다.	7살 소녀 로키아는 말리에 살고 있습니다. 굶주림과 아사 위협에 노출된 로키아에게 기부를 해 주시면, 그녀의 인생이 바뀔 수 있습니다. 당신의 도움으로 기부단체에서는 로키아의 가족과 로키아에게 음식, 교육, 기초의료, 위생 교육을 제공할 수 있습니다.

그러자 왼쪽의 기부처에는 평균 $1.17를 기부했으며, 오른쪽에는 평균

에듀코노믹스

$2.83를 기부했다. 심지어 확인된 생명에 통계적 문구를 추가했을 때도 문구가 있을 때 기부금이 더 적었다.[280]

확인된 생명과 통계적 생명의 차이는 식별력에 있다. 학생들에게 안전을 강조할 때, 몇 퍼센트가 무단횡단으로 목숨을 잃고, 작년에 계단에서 뛰다가 몇 명이 다쳤는지를 제시하기보다는 특정 사례를 가지고 설명하는 것이 더 좋은 이유다. 교육에 있어 사례 중심이 통계 중심보다 우수하다는 증거는 수도 없이 많다. 그러나 실제 사례를 가져오기 어려운 경우가 있다. 오늘 친구들이 자신의 이야기를 뒤에서 한다는 것을 안 학생이 교사를 찾아오면, 교사는 즉각적으로 학생들에게 뒷담화를 하지 말라고 훈계를 하고 싶어진다. 하지만 이를 다소 참아야 할 필요가 있을 때가 있다. 학생들이 자신의 행동을 반성하기보다 이 사실이 알려진 것에 대한 분노가 더 클 수 있기 때문이다. 자명한 역효과가 나타난다. 따라서 하루나 이틀 정도 후에 이를 이야기할 수 있는데, 이때 교사가 들었던 이야기를 그대로 하면 피해자가 특정되기 때문에 에둘러 훈계를 해야 할 필요도 존재해진다. 그렇게 된다면 말을 지어내서라도 실제 사례를 가져와야 한다. 우리는 뒷담화로 몇 퍼센트의 학생들이 고통받는지 알 때보다, 뒷담화로 고통받고 있는 한 사람의 사례가 더 중요하게 받아들이는 호모사피엔스이기 때문이다.

14

사실들

사실을 놓친다는 것은 일상에서 우리의 마음을 편하게 해 주는 역할을 한다는 점에서는 순기능이 있다고 볼 수도 있다. 소개팅에서 만난 이성이 마음에 들어 애프터를 신청했더니 상대가 장거리 연애는 선호하지 않는다며 거절을 했다. 이때 다른 이유를 생각하기보다는 그렇게 믿는 편이 낫다. 치킨을 먹고 싶다는 딸을 위해 치킨 스테이크를 구웠지만, 한 입 먹고 난 뒤 딸은 며칠 전에도 치킨 스테이크를 먹었다며, 치킨을 시켜 먹자고 한다면, 다른 이유를 생각하기보다는 그렇게 믿는 편이 낫다. 하지만 교육의 방향을 결정할 때는 사실을 놓친다는 것은 가장 좋은 결정을 하는 데 방해가 된다.

우리가 편향된 생각을 가지고도 세상을 살아갈 수 있는 것은 그 편향은 대체로 옳기 때문이다. 그렇기 때문에 대개의 사회실험은 짐작이 맞아떨어진다. 보통의 사람들이 그럴 것이다라고 생각하면 실험의 결과도 대략 그렇게 나온다. 치과의사의 수가 적을수록 환자 한 명에 대한 진찰 시간을 짧아 질 것이다. 프리미어 리그 팀들은 홈 경기일 때가 원정 경기 일 때보다 승률이 높을 것이다. 계절성 정동장애(seasonal affective disorder;

SAD)는 봄여름에 시작되어 가을겨울에 끝나는 경우보다 가을겨울에 시작되어 봄여름에 끝나는 경우가 더 많을 것이다. 이러한 명제들은 꼭 알아봐야 아는 것인가 싶을 만큼 당연한 사실들로 받아들여진다. 대체로 인구수 대비 치과의사의 수와 1인당 진찰시간은 양의 상관관계를 보인다. 상대적으로 치과의사의 수가 많은 프랑스의 진찰시간은 평균 15분 이상이었으나, 치과의사의 수가 적은 파키스탄의 경우에는 평균적으로 3분을 넘기지 못했다.[281] PL 팀들의 승률도 실제로 홈 경기일 때 원정경기보다 승률이 높았다. 07/08시즌부터 22/23시즌까지 총 15시즌 동안 20/21시즌을 제외하고는 모두 홈 경기에서의 승률이 더 높았다.[282] 스페인의 라리가(La Liga)에서도 결과는 비슷했는데, 08/09시즌부터 14시즌 연속으로 홈 경기 승률이 높았다. 존스 홉킨스 의과대학에 따르면 명확하지는 않지만 일조시간이 짧아지기 때문에 가을과 겨울에 주로 SAD가 발생한다고 보고 있다.[283] 이렇듯 우리의 짐작은 대체로 맞다. 하지만 때로는 다시 실험을 하면 결과가 바뀌지 않을까 할 정도로 상식에 부합이 되지 않는 실험 결과들도 있다.

매칭그랜트

2023년 현대자동차는 16명의 임직원과 함께 매칭그랜트 방식의 기부를 했다. 16인의 임직원이 1,000만 원을 기부하면, 현대자동차 또한 1,000만 원을 함께 기부하는 것이다.[284] 이러한 방식의 기부방법을 매칭그랜트(matching grant)라고 한다. 그 비율은 자율적으로 정할 수 있다. 1:1 매칭, 2:1 매칭, 1.5:1 매칭 등 자유롭다. 여기에서 우리는 자연스러운 추측을 할 수 있다. 매칭그랜트 방식은 기부자들의 1인당 기부금을 높일 수 있을 것이라고. 상식적으로 생각하면 그래야 한다. 이유를 붙이기도 쉽다. 내가 1만 원만 기부를 해도, 수혜자는 2만 원의 혹은 그 이상의 혜택을 받기 때문이다. 그러나 실제 실험의 결과는 우리의 상식에 부합하기도했고 그렇지 않기도 했다. 실험자들은 5만 명이나 되는 사람들을 무작위로 네 그룹으로 나누었다. 1번~3번 그룹에게는 각각 1:1 매칭, 2:1 매칭, 3:1 매 칭을 안내했고, 마지막 4번 그룹은 매칭그랜트 방법을 사용하지 않았다. 여기에서 1:1 매칭은 1달러를 기부하면 1달러를 추가로 기부하는 것이고 (총 2달러), 2:1매칭은 1달러를 기부하면 2달러를 추가로 기부해서 총 3달 러를 기부하는 식이다. 결과적으로 매칭그랜트 방식은 효과가 있었다. 아 래 표는 각 방법에 따른 1인당 평균 기부금액을 나타내고 있다. 단순히 기 부를 받았을 때보다 매칭그랜트 방식은 약 19%나 1인당 기부금액을 높였 다. 그러나 기부금이 가장 많았던 그룹은 3:1 매칭 그룹이 아닌 2:1 매칭 그룹이었다. 그리고 1:1 매칭 그룹과 3:1 매칭 그룹은 통계적으로 유의미 한 차이조차 나지 않았다.[285] 이러한 실험 결과가 없었다면 우리는 당연히 N:1 매칭에서 N값이 높을수록 더 많은 액수의 모금이 이루어졌을 것이라 고 오판했을 것이다.

매칭하지 않음	1:1 매칭	2:1 매칭	3:1 매칭
$0.813	$0.937	$1.026	$0.938
	$0.967		

페이스북 '투표완료' 스티커

국제의회연맹(Inter-Parliamentary Union)에 따르면 2023년을 기준을 양원제를 채택하고 있는 국가는 78개국이다.[286] 이론상으로는 3원제, 4원

에듀코노믹스

제 등 다원제가 가능은 하지만 현재를 기준으로 모든 다원제 체제 국가들은 양원제를 채택하고 있다. 그중 대표적인 국가가 미국이다. 미국의 양원제는 상원과 하원으로 구성이 되어 있는데, 각각의 임기가 6년과 2년이다. 그리고 대통령 선거를 4년마다 하기 때문에 대통령은 임기 2년차에 상원과 하원을 뽑는 선거를 치루게 된다. 이때, 상원의원은 1/3이 교체가 되고 하원의원은 전체가 교체가 된다. 2010년에도 미국에서는 이러한 선거가 있었고, 이 시기 페이스북에서는 투표독려를 위한 실험을 진행했다. 2010년 11월 2일 페이스북에 접속한 모든 18세 이상의 미국인들은 세 그룹으로 나누어 메시지를 받았다. A그룹 61만 명(1%)은 투표 정보와 관련한 메시지를 받았다. 메시지 내에는 투표소 안내가 적혀 있었으며, 현재까지 투표를 했다고 페이스북에 표시를 한 인원수를 제공했다. B그룹 6,000만 명(98%)에는 A그룹과 동일한 정보를 제공하는 동시에 페이스북 친구 중 투표를 했다고 표시한 사람들의 프로필 사진 6장을 랜덤하게 보여 주었다. 마지막으로 C그룹 61만 명(1%)에게는 어떠한 메시지도 보내지 않았다. 6,122만 명을 대상으로한 이 거대한 실험은 투표자 수를 34만 명가량 증가시킨 것으로 추측을 하고 있다. 그리고 상하원 선거에서 34만 명은 지역구에 따라 당락을 좌우 할 만큼의 인원이다. 그러나 이 결과에 대해 최소한 세 가지 한계점을 찾을 수 있다. 첫 번째로 투표한 친구들 사진이 얼마나 큰 효과를 나타냈냐 하는 문제가 있다. 여기에서 효과라는 것은 투표를 안 할 사람이 투표한 친구의 사진을 보고 투표장에 가는 것을 의미한다. 어차피 투표를 할 사람이었다면 사진이 효과를 나타냈다고 볼 수 없기 때문이다. 결과적으로 친구들 프로필 사진을 본 사람들 중 20%가 '투표 했습니다' 버튼으로 인증을 하기는 했지만, 사진을 보지 못한 사람들도 18%나 해당 버튼으로 인증을 했다.[287] 두 번째로 당시 선거의 유권자 수가 9,600만 명이었음을 감안했을 때 이 중 60%가 넘는 인원인 6,122만 명에게 메시지를 보낸 것치고는 높은 영향력을 보여 준 시도라고 보기는 어렵다.[288] 물론 이러한 시도를 폄훼해서는 안 된다. 사회적으로 선한 영향력을 미치고자 했던 노력이었으며 그 과정에서 사회의 혼란을 야기한바도 없다. 게다가 투표율이 결국에 상승했다. 세 번째 한계점은 투표독려로 인해 증가한 34만 명이 한 쪽 정당에 집중적으로 투표를 했을 것이라는 가정을 하는 것은 무리가 있다는 것이다. 즉, 34만 명의 유권자가 충분히 선거결과를 뒤집을 수 있는 것은 사실이지만 추가로 투표를 한 34만 명의 각 개인이 어떤 정당을 지지할 확률은 실제로 투표를 한 수 천만명이 투표한 결과와 비율이 유사할 것이라고 보는 것이 타당하다. 실제 결과에서 70%가 A당을 30%가 B당을 지지한다고 나왔다면, 34만 명들도 A당에 70%가 투표를 했고, B당에 30%가 투표를 했다고 보는 것이 타당하다(물론 이견의 여지는 충분하다.). 우리가 여기에서 생각해 볼 문제는 투표 관련 정보를 제공하고, 투표를 마친 지인의 사진을 제공하는 것은 투표독려에 큰 영향력을 미칠 것이라고 생각이 들지만 실제로 효과는 제한적이었다는 사실이다. 실험을 해 보지 않았다면 몰랐을 이야기다.

웹페이지 구성

주지하다시피 2008년 미국 대선의 승자는 오바마 당시 후보였다. 그러나 2007년 한 해 동안 오바마 후보가 힐러리 후보를 앞선다는 여론조사는 거의 존재하지 않았다. 여론조사의 기관과 시기에 따라 10% 이상의 격차가 나는 경우도 많았다. 그러나 대선이 있던 해인 2008년 1월 말이 되자

격차는 매우 근소해졌으며 2008년 2월부터는 오바마 후보가 우세하다는 여론조사가 주를 이루기 시작했다(당시 미국 대선은 2008년 11월에 치뤄졌으며, 오바마가 속해있던 민주당의 경선은 이보다 앞선 1월부터 6월까지 진행이 되었다). 이 지점에서 우리는 오바마 캠프에서 했던 한 가지 실험에 주목해볼 필요가 있다. 2007년 12월 오바마 캠프에서는 웹사이트에서 회원가입을 받았다. 이때 한 명이라도 더 많은 유권자를 모으기 위해 캠프 관계자들은 첫 화면(랜딩 페이지) 구성에 심혈을 기울였다. 랜딩 페이지에는 회원가입 버튼 하나와 그 위에 미디어 하나를 두기로 결정했다. 회원가입 버튼에 쓰일 문구의 후보는 4개로 추려졌고, 미디어 자리에 들어갈 사진과 영상은 총 6종(사진 3종, 영상 3종)으로 추려졌다. 따라서 화면을 구성할 수 있는 조합은 24가지가 되었다. 캠프 관계자들은 이 중 가장 가입률이 높을 화면을 만들어내기 위해 실험을 진행했다. 웹사이트 방문자들에게 24가지 화면을 랜덤하게 제공한 뒤 어떤 조합에서 가입률이 가장 높은지를 살펴보는 것이었다. 당연히도 가장 높은 가입률을 보인 조합이 나왔다. 그리고 당연하지 않게도 그 조합은 기존의 웹사이트에 비해 가입률이 40.6%나 증가했다. 이 결과는 비디오 중 하나가 가입률을 가장 높일 것이라는 캠프 관계자들의 예상과는 다른 결과였다. 문구는 '지금 우리와 함께(join us now)', '지금 가입(sign up now)', '가입(sign up)'을 제치고 '더 알아보기(learn more)'가 선정되었고, 미디어에서는 영상들을 제치고 오바마 후보의 가족사진이 선정되었다.[289]

　비슷한 실험을 2013년 미국의 언론사 「보스턴 글로브(Boston Globe)」에서 진행했다. 당시 「보스턴 글로브」는 디지털 환경에서 더 많은 독자들을 모집하는 일련의 실험결과를 공개했다. 1주일에 $3.99 하던 구독료를

$0.99, $1.99, $2.99, $4.99로 변경을 해 보기도 했으며, 홈페이지 첫 창에서 구독여부를 결정할 수 있는 링크를 달아보기도 했다. 마지막으로 구독료 결제창의 구조를 변경해 보기도 했다. 이 세가지 실험에서 우리는 "그러겠지", "그럴 것 같네", "그런가 보네"를 경험할 수 있다. 가장 먼저 구독료의 경우에는 가격이 저렴할수록 많은 사람들이 구독 버튼을 눌렀다. "그렇겠지". 이어서 홈페이지 최상단 우측에 [구독 : 디지털 / 지면 / 로그인] 버튼을 달았다. 그러자 버튼을 달기 전보다 구독 버튼을 눌러본 인원이 44.9% 증가했다(실제로 구독으로 이어지기 위해서는 결제까지 마쳐야 한다.). "그럴 것 같네". 마지막으로 구독료를 결제하는 창 구조를 변경했다. 변경을 하기 전에는 결제자 정보와 결제카드 정보를 한 화면에서 스크롤을 내려가며 입력을 하도록 했다. 변경 후에는 결제자 정보를 입력하고 다음버튼을 누르면 새로운 창으로 변경이 되고 그 곳에 카드정보를 입력하도록 했다(아코디언 방식이라고 부른다). 그 결과 기대와는 달리 결제를 시작한 사람이 결제를 끝마칠 확률이 35.1% 감소했다. "그런가 보네" 그리고 이 실험 결과들을 공개 한 뒤 보스턴글로브는 다음의 글귀를 발표자료 뒤 컨에 적어두었다. "우리는 매번 배우고, 이전의 결과를 다음 실험에 적용합니다"[290]

1996년 네덜란드의 수도 암스테르담에서 설립 되어 2021년 매출액 $170억 달러(부킹홀딩스 기준[291])를 달성한 부킹닷컴의 전 최고제품책임자(CPO)였던 비스만[David Vismans]은 화면 구성과 관련하여 "예약 버튼을 만들 때 어떤 색상으로 만들어야 하는지를 결정하기 위해서는 빨간색과 파란색 버튼으로 구성된 웹페이지를 소비자들에게 보여 주고, 더 많은 예약을 받은 색상을 고른다."라고 언급했다.[292] 사무실에서 머리를 싸매고 회

  에듀코노믹스

의를 해도 예상이 매우 어려운 영역이라는 것이다. 이와 관련하여 영국의 NHS(National Health Service, 국민보건서비스)에서 거의 동일한 과정을 거친 사례가 있다.[293] 당시 NHS는 장기기증 공여자를 모집하고자 했으며, 어떤 웹페이지 구성이 장기기증 독려에 가장 좋을지를 고민하고 있었다. 그래서 8개를 화면을 두고 실험을 진행했다. 8개의 화면 구성은 다음과 같다.

1. (아무것도 없음)	2. 매일 수천 명이 이 페이지를 통해 장기기증을 등록합니다.
3. 매일 수천 명이 이 페이지를 통해 장기기증을 등록합니다. (+사진) 다양한 사람들의 모습	4. 매일 수천 명이 이 페이지를 통해 장기기증을 등록합니다. (+사진) 장기기증 로고
5. 매일 세 명이 장기기증을 받지 못해 사망합니다.	6. 당신의 장기기증으로 9명의 생명을 살릴 수 있습니다.
7. 장기이식이 필요한 상황이 오면 받으시겠습니까? 그렇다면 다른 이들을 도와주세요.	8. 장기기증을 지지한다면, 행동으로 보여주세요.

위 여덟 가지의 화면구성 중 가장 높은 장기기증을 유도한 것은 몇 번째일지를 추측해 보자. 통념상 사진이 추가되면 뭔가 더 효과적일지도 모른다고 생각할 수 있다(3, 4번). 아니면 앞서서 살펴본 이야기들에 따르면 손실회피 경향이 이윤추구보다 높을 수 있으므로 5번이 효과적일 수도 있다. 결과는 호혜성에 기반한 7번이 가장 높은 등록률을 보였다. 물론 5번과 통계적으로 유의미한 차이가 존재하지 않았기 때문에 5번도 맞는 말이라고 할 수 있다. 조금 더 유심히 봐야 할 부분은 1번이 3번보다 등록률이 높았다는 점이다. 이 상황에서 심플이즈베스트는 아니지만 1번과 3

번만을 두고 보았을 때는 마치 그렇게 보인다. 보고서는 7번으로 화면 구성을 함으로써 연간 96,000명이 추가로 장기기증 서약서에 서명을 할 것으로 내다보았다. 위 세 가지 실험들을 볼 때 우리는 어떤 화면이 가장 좋은 화면인지를 회의만 가지고 알아내기는 매우 어렵다. 이번에는 마트로 가보자.

셀프계산대에서 물건 훔치기

미국 소비자들 중 셀프계산대의 이용 경험이 없는 이들은 4%에 불과했다. 무려 96%가 셀프계산대를 이용해 보았다는 것이다. 그러다 보니 2022년 셀프계산대와 관련한 산업의 규모는 전 세계적으로 이미 38억 달러를 넘어섰고(2022년 환율 기준 약 ₩4.9조)[294], 2030년에는 105억 달러가 될 것으로 예상된다(2023년 2월 환율 기준 약 ₩13조 4천억).[295] 소비자들이 점차 '셀프'로 무언가를 하는 것에 익숙해지고, 디지털 네이티브 세대가 사회구성원의 더 많은 부분을 차지하게 될수록 셀프계산대의 활용 범위는 더욱 넓어질 것이다. 이러한 기기들의 확장은 인건비와 공간을 절약하기 위한 기업들의 노력과 시너지를 갖게 된다. 이 사실들은 현재의 소비자이자 미래의 생산자가 될 우리 아이들에게 셀프계산대를 이용하는 방법을 교육해야 하는 충분한 이유가 된다. 그러나 여기에서는 이를 논하고자 함은 아니다. 셀프계산대로 인한 상품 도난에 관한 이야기를 하고자 한다. 총수익을 기준으로 했을 때, 종업원이 계산을 하면 계산되지 않고 누락되는 상품금액은 0.2%이지만 셀프계산대에서 계산되지 않고 누락되는 상품의 금액은 3.5%에 달한다.[296] 무려 17.5배인 것이다. 여기에는 고의와 실수가 모두 포함되어 있는 수치다. 그러나 조금도 다행이라고 넘길

 에듀코노믹스

수는 없는 것이 전체 소비자 중 15%는 고의적으로 물건을 훔친 경험이 있다고 답했다. 여기에서 두 가지 사실에 대해 정답을 추측해 보자. 물건을 가장 많이 훔치는 연령대는 몇 살이며, 소득의 수준은 어느 정도일까?

몇 가지 근거가 있는 예상으로 두 물음의 정답을 생각해 볼 수 있다. 물론 우리의 편견이 포함되어 있을 수 있으며, 살아오면서 보아왔던 경험이 녹아 있을 것이다. 실제 조사 결과는 이렇다. 연령대가 낮을수록 셀프계산대에서 물건을 훔친 경험이 많았다. 특히 18~26세의 경우에는 31%가 경험이 있었고, 59~77세는 3%가 경험을 가지고 있었다. 한편 소득수준에 따른 경험은 일정한 경향성이 없었다. 가구 연 소득 $100,000 이상의 사람들이 물건을 가장 많은 비율로 훔쳤으며, $35,000 미만 가구와 $50,000~$80,000 사이의 소득을 가진 가구의 사람들이 가장 적은 비율로 셀프계산대에서 물건을 훔쳐 본 경험을 가지고 있었다.[297] 프린스턴 대학교의 경제학자 앨런 크루거Alan Krueger의 분석에도 테러리스트는 중산층 이상의 가정에서 양육될 가능성이 높았다.[298] 이러한 사실들은 우리가 추측을 통해 알아내기는 어려운 실험연구의 성과라 할 수 있다. 우리의 편견이 옳았을 수도, 그렇지 않았을 수도 있다. 심지어 우리의 경험이 옳았을 수도, 그렇지 않았을 수도 있다는 점은 조금 더 인상적이다. 편견이라는 단어는 좋지 않은 단어로 치부되지만 경험은 매우 값진 것으로 인정되기 때문이다. 편견에 의한 오판은 편견을 지우려 하지만 경험에 의한 예측 실패는 어디서부터 고쳐야 하는지조차 생각해 내기 어렵다. 인지에 편향이 있을 수도 있고, 애당초 사실과 다른 정보가 뇌에 입력되었을 수 있으며, 나의 경험이 지극히 편협했을 수도 있다. 혹은 조사가 잘못되었거나 매우 일반적이지 않은 상황이었을지도 모른다고 생각할 수도 있다. 하지만 사실을 사실로 받아들이는 자세는 우리가 더 많은 교육활동을 더욱 교육적으로 할 수 있도록 돕는다. 아프리카에서 학생들의 수업연한을 늘리는 방법으로 화장실 개선이 바로 떠오르기 어려워 정책적으로 다른 곳에 더 많은 투자를 했다고 생각해 보자. 예단은 대체로 옳지만 그렇지 않을 때도 충분히 많다.

15

의중 없는 거짓말

우리는 2~5세 즈음하여 거짓말 하는 방법을 터득하고, 6~7세가 되면 절반 정도의 아이들은 거짓말을 덮기 위해 추가질문에도 거짓말로 대응을 할 수 있을 만큼 발달한다.[299] 또한 일반적인 성인은 하루에 약 200회가량의 거짓말을 한다. 다행히 이는 의례적인 것도 포함해 카운팅을 한 것이다.[300] 이는 우리 스스로도 믿기 어려워 이 사실 조차 거짓말로 추정되는 답을 하기도 한다. 527명을 대상으로 한 설문에서 41퍼센트가 24시간 동안 단 한 번도 거짓말을 하지 않았다고 응답한 것이다.[301] 하지만 MIT의 연구진들은 60%가량의 사람들은 거짓말 없이 10분도 대화를 할 수 없다고 판단했다.[302] 어쨌든 선의든 악의든 그 의도를 떠나 우리 인간은 거짓말을 필수적으로 하게 된다, 잘 지내냐는 말에 잘 지낸다고 답을 하는 빈도만 세어보면 이 세상은 행복이 불행을 덮고 있음이 분명해 보인다. 그러나 잘 지내냐는 말에 잘 지낸다고 답을 하는 것을 곧이 곧대로 듣는 사람은 별로 없다. 으레 그렇게 말을 하는 것뿐인 숙어 정도로 이해하는 것이 타당한 정도다. 양고기 집에서 맛있게 식사를 하고나서 보통 양고기는 그 특유의 냄새가 나는데 이 가게의 양고기는 특별히 맛있다고 표현하면 식당주인도 손님도 모두 기분이 좋다. 굳이 원래 양고기 자체가 맛있기 때문에 이 가게도 맛이있다고 말할 필요는 없는 것이다. 친구네 집에서 파티를 하는데 관자스테이크를 대접받으면 그 특별함을 칭찬하면 되는 것이지 관자가 본래 요리하기 쉬운 음식임을 상기시킬 필요는 없다. 아래 깔린 컬리플라워 퓨레가 독특하게 맛있다는 말까지 곁들이면 칭찬의 신빙성을 더욱 높일 수도 있다. 생후 4개월 된 친구의 아기를 보고 어떻게 4개월 짜리가 이런걸 할 수 있냐고 놀라주지만 사실 그 행동은 4개월 된 아기들은 보통 할 수 있는 일일 가능성이 높다. 그럼에도 불구하고 이러한 사실을 짚는 일은 서로 좋은 일이 아니다. 가끔 영화에서 등장하는 뇌의 일부분이 기능을 못하고, 특정한 기능만 특화된 주인공과 같은 삶의 방식이다. 영화에서나 멋지지 일상에서는 전혀 멋지지 않다. 이렇게 예쁜 거짓말들 조차 사라지면 우리는 훨씬 팍팍한 일상을 마주할지도 모른다. 거짓말이 없는 세상을 세계관으로 하고 있는 영화 「거짓말의 발명」을 보면 남의 자녀를 보고 "애가 꼭 쥐새끼처럼 생겼어요" 라고 말을 하기도 하고, 소개팅에서 처음 보는 남자에게 못생겼다는 말을 거짓말 없이 해낸다. 훨씬 덜 복잡한 세상이라 좋지만 더 아름다운 세상이라고 생각이 되지는 않는다. 그래서 우리는 현실에서 선의의 거짓말을 죄책감 없이 해내는 것이다. 그런데 선의도 악의도 전혀없는 거짓말을 하기도 한다. 명분 만들기가 그것이다.

만들어진 근거

"아이스크림 먹자! 오늘 같이 추운날은 오히려 차가운게 좋다니까." "아이스크림 먹자! 더울 땐 진짜 아이스크림만 한 게 없어." 그냥 아이스크림을 먹고 싶은 것이다. 그것 자체가 합당한 이유인데도 불구하고 자신의 감정에 거짓말을 해가면서 까지 우리는 명분 쌓기를 좋아한다. 옷을 고르는 아내를 보고도 "와, 이 옷 이쁘다."고 맞장구를 다 쳐놓고 더 나은 옷이 보이면 "아까 그 옷이 이쁘긴 한데 특별한 날에 한 번 입는 거지 계속 입기에는 지금 고른 것이 낫네."라며 뭐든 이유를 만들어 낸다. 자신의 행동에는 그 만한 이유가 있다는 것을 피력하고 싶은 것이다(사실 없는데도). 대통령 산하 기구인 생명윤리위원회의 회원이었던 마이클 가자니가^{Michael S. Gazzaniga} 교수의 실험은 머쓱한 우리의 태도를 여실히 보여 준다. 그는 뇌량이 끊어진 사람들을 대상으로 실험을 진행했다. 뇌량이 끊어져 좌뇌와 우뇌가 분리가 되면 좌뇌와 우뇌는 각자가 하고 있는 인지처리를 서로 간에 인식하지 못한다. 즉 좌뇌에서 일어나고 있는 일을 우뇌는 알지 못하며, 우뇌가 하는 일은 좌뇌가 알지 못한다. 따라서 오른쪽 눈으로 본 사실은 오른쪽 눈과 연결된 좌뇌에서만 인지가 되고, 왼쪽 눈으로 본 사실은 왼쪽 눈과 연결이 된 우뇌에서만 인지가 된다. 또한 눈으로 보고 이를 언어로 표현하는 것은 좌뇌밖에 할 수가 없다. 오른쪽 눈으로 본 사실만 언어로 표현을 할 수 있다는 것이다. 이러한 분리뇌 환자에게 왼쪽 눈으로만 볼 수 있도록 하여 여성의 누드사진을 짧게 보여 주었다. 그러자 피험자인 여성이 순간적으로 웃음을 터뜨렸다. 다시 말하지만 분리뇌 환자가 왼쪽 눈으로 본 사실은 우뇌에서만 입력이 되기 때문에 언어적으로 표현을 할 수가 없다. 그럼에도 불구하고 여성은 웃었다. 실험을 진행한 가자니가가 물었다. "왜 웃으셨습니까?" 그러자 여성은 "기계가 웃기게 생겼어요."라고 답을 했다. 순간 나타난 누드사진에 실소한 것이 아니라 갑자기 기계가 웃기게 생겼다고 답을 한 것이다. 그녀는 왼쪽 눈으로만 사진을 봤기 때문에 좌뇌는 관여를 할 수가 없었다. 그러므로 분리뇌 환자의 적절한 답변은 '그냥이요.'나 '모르겠어요.' 정도가 된다. 하지만 그녀는 자신이 웃는 이유를 만들어 냈다. 가자니가는 다른 분리뇌 피험자에게 또다른 실험을 진행했다. 이번에는 신경과학자 조지프 르두^{Joseph Ledoux}와 함께 했다. 그들은 분리뇌 환자의 양쪽 눈에 각기 다른 사진을 보여 주었다. 그리고 왼쪽 눈으로 본 사진과 연관된 카드 한 장과 오른쪽 눈으로 본 사진과 연관된 카드 한 장을 선택하도록 했다. 이제 질문을 했다. "왜 두 카드를 골랐습니까?" 그러자 피험자는 두루뭉술하지만 어찌저찌 두 카드의 연결고리를 지어냈다.[303] 뇌량이 있었다면 이 두 장의 사진에 근거해서 두 장의 카드를 선택했다고 말을 해야 하고, 그렇지 않다면 '그냥'이 이유가 되어야 한다. 그럼에도 불구하고 피험자는 자신이 선택한 이유를 지어내어 답변을 해냈다. 최면의 상태에도 우리는 이유를 만들어 낸다. 최면 상태에서 최면이 끝난 뒤 라디오를 켜라고 하면, 실제로 라디오를 켠다. 그리고 왜 라디오를 켰냐고 물어보면 피최면자는 음악을 듣고 싶어졌다는 등의 대답을 한다. 이처럼 우리에게는 명분이 중요하다. 이는 분명 미디어의 영향도 크다. 미디어에서 등장인물들은 캐릭터를 형성하거나 개연성 확보하기 위해 일관성 있는 모습 또는 명분이 뚜렷한 언행을 한다. 이는 사실 현실에 그렇게 맞지는 않다. 우리는 그냥 하는 일도 필요하다.

선택 후 선호도 변화(choice-induced preference change; CIPC)

우리는 우리의 선택에 책임을 질 수 있으면 지고 싶어한다. 특히 미디어의 영향으로 일관된 사람, 모든 일에 이유가 있는 사람을 멋있는 사람으로 인식한다. 아침에 토스트를 먹는 것도, 지하철 대신에 페리로 출퇴근을 하는 것도, 심지어 분홍색 신발을 신은 것도 모두 내 삶의 궤적에 포함을 시키고자한다. 때문에 내가 선택한 것에는 그만한 명확한 이유가 있음을 피력하고 싶어한다. 잭 브렘Jack W. Brehm 교수는 8가지 가전제품을 225명의 미네소타 대학교 2학년 학생들에게 보여 주었다. 그리고 각자 그 가치를 평가하도록 했다. 평가가 끝나자 비슷한 점수를 준 가전제품 2개를 다시 보여 주면서 둘 중 하나를 선택하면 집에 가져갈 수 있다고 말했다. 학생들은 고심 끝에 하나의 제품을 골랐다. 그 뒤 다시 한 번 모든 가전들을 다시 보여 주고 다시 점수를 내려 달라고 했다. 그러자 학생들은 자신이 선택한 제품의 가치는 더 높게 주었고, 비슷한 점수를 주었지만 선택하지 않은 제품은 더 낮게 평가했다.[304] 그러나 이 실험들만으로는 사람들이 선택한 것에 대해 합리화를 했다고 확언하기는 어렵다. 내 선택이 옳았음을 포장하는 것이 아니라 둘 중 하나만 고르라고 하니 자세히 보고 평점의 결과가 달라졌을 수도 있다. 실제로 이러한 방법론에 문제가 있다고고 주장하는 학자들도 있다.[305] 하지만 다음 실험은 우리가 가지고 있는 민망한 사고회로의 민낯을 보여 준다.

마트에 방문한 고객들에게 블랙베리잼과 라즈베리잼을 시식하고 더 맛있는 잼을 선택하도록 했다. 그리고는 고객 몰래 잼통을 바꾸었다. 즉, 블랙베리잼 통에 라즈베리잼을 넣고, 라즈베리잼 통에 블랙베리 잼을 넣었다. 그리고 이것을 다시 주었는데 이때 고객이 블랙베리를 골랐으면 블랙베리 통에 든 라즈베리를 준 것이다. 고객들은 이를 다시 먹어 보면서 이 잼을 선택한 이유를 말하도록 했다. 그러자 그들은 나름의 근거를 제시하며 블랙베리잼 통에 든 라즈베리잼이 라즈베리잼 통에 든 라즈베리잼보다 맛있는 이유를 제시했다.[306] 또 다른 실험에서도 민망함은 이어진다. 32

명의 대학생을 두 팀으로 나누었다. 팀명은 각각 숙고팀과 비숙고팀이었다. 32명의 참가자들은 12개의 사전에 알기 어려운 수준의 한자(漢字)를 보고 마음에 드는 글자와 마음에 들지 않는 글자로 나누었다. 숙고팀은 자신의 선택에 대해 이유를 설명해야 했고, 비숙고팀은 단순히 고르기만 하면 되었다. 선택을 모두 마치고 나서 연구자들은 12개의 한자 중 8개를 몰래 교체했다. 그리고 앞선 실험처럼 2차로 실험이 진행되었다. 이번에는 선택의 일관성을 확인해 보는 실험이었는데, 선택의 이유를 제시했었던 숙고팀의 일관성이 더 낮게 나왔다.[307] 분명히 이것을 고른 이유가 있음에도 불구하고, 그것이 사라졌는데도 그것을 골랐다고 믿는 것 까지는 어쩔 수 없다. 하지만 고른 근거가 있다는 것은 우리 스스로가 스스로를 속이고 있음을 반증한다. 우리 스스로 인지해야 한다. 우리는 결정을 뒷받침하는 근거들을 결정 이후에 만들어 낼 때가 많다.

인지부조화(cognitive dissonance)

인지부조화는 페스팅거[Leon Festinger]가 1950년 대에 주창한 단어로 자신의 신념, 믿음, 태도와 행동이 일치하지 않을 때 발생하는 심리적 불안감을 의미한다. 그리고 우리 인간은 그 불안감을 해소하기 위해 신념, 믿음, 태도, 행동을 일치하도록 바꾸고자 한다. 그런데 행동을 이미 해 버린 경우에는 행동을 바꿀 수가 없으니 외적으로 들어나지 않은 신념, 믿음, 태도를 바꾸게 된다. 페스팅거와 칼스미스[James Merrill Carlsmith]의 실험을 살펴보자. 연구자들은 피험자들에게 A라는 실험을 하겠다고 말을 했지만 실제로 보고자한 것은 B였다. 이른 심리학 실험에서 자주 사용되는 기법이다.

                                                    에듀코노믹스

피험자들이 들은 실험	실제 실험
1. 수행측정을 위해 지루한 과제를 부여함. 2. 다음 실험팀에게 이 실험이 재미있다고 거짓말을 해달라고 함. 3. 실제로 실험이 재미있었는지를 물어봄.	1. 의미없는 지루한 과제를 하나 부여함. 2. 피험자들이 어떻게 거짓말을 하는지 봄. 실제로 다음 팀이라는 것은 없고, 피험자들이 보는 다음 팀 사람들은 연구팀에 섭외된 사람들임. 3. 실제로 실험이 재미있었는지를 물음으로서 행동과 인지를 일치시키는지를 확인함.

두 사람은 스탠포드 대학교에서 심리학 입문과정을 수강하고 있는 71명의 남학생에게 지루한 과제를 부여했다. 그들이 '수행측정 실험'이라며 부여받은 과제는 다음과 같다. 30분 동안 한 손으로 쟁반 위의 실감개(실패, spool)를 비우고 채우고를 반복하기, 뒤이은 30분 동안은 사각기둥 형태의 말뚝을 48개를 1/4바퀴씩 돌리기. 사실 이 행동들을 통해 측정할 것은 없었다. 실험자들은 이 재미없는 실험을 나중에 재미있다고 스스로를 속일 수 있는지에 관한 실험을 하는 것이었다. 하지만 피험자들은 수행측정 실험이라는 것을 믿고 자신이 다니고 있는 대학교의 교수가 내준 과제를 열심히 수행했다. 실험과정에서 실험자들은 진짜 실험처럼 보이기 위해 자신의 페이스대로 작업을 하라고 말을 하기도 했으며 옆에서 무언가를 적어나갔다. 물론 이는 이 실험이 유가치한 실험임을 가장하기 위한 행동이었다. 이렇게 무가치한 1시간이 지나고 나자 실험자들은 다음 그룹도 이 실험을 해야 하니 다음 팀 사람들에게 이 실험이 얼마나 재미있었는지를 이야기를 해 달라고 부탁했다. 물론 지루한 실험이었으니 거짓말을 부탁한 것이다. 또한 다음 팀이라는 사람들은 사실 실험자들에게 섭외가 되어 진짜 실험의 내용을 알고 있는 사람이었다. 피험자들은 세 그룹으로 나뉘어져 다음 팀원들에게 거짓말을 했고, 그 대가로 $1를 받거

나, $20를 받거나, 돈을 받지 못했다(통제집단). 이제 진짜 실험의 시작이다. 실험자들은 피험자를 대상으로 정말로 이 실험이 재미있었는지에 대해 인터뷰를 진행했다. 이때 모종의 이유로 11명이 탈락해 60명만 인터뷰를 진행했다. 그런데 탈락 사유가 다소 귀엽다(실험 당시 20대였으므로 2025년 기준으로 80대).

- 실험의 진짜 이유를 눈치챈 5명 제외
- 지루했는데 실험자들이 거짓말로 재미있었다고 말하라고 솔직히 말한 2명 제외
- 돈 받는 것을 거부한 3명 제외

인터뷰 결과 놀랍게도 $1를 받은 사람들은 이 실험이 실제로 재미있었고, 과학적으로 중요한 작업이었으며, 비슷한 실험에 다시 참여하고 싶다고 응답을 했다. 그렇다 실감개 12개를 쟁반에 올리고 비우고를 반복한 뒤 사각기둥을 1/4씩 회전시키는 일이 재미있다고 응답을 한 것이다. 연구자들은 $1를 받은 사람들이 $20를 받은 사람들보다 실험경험이 더 좋았던 것을 인지부조화로 설명했다. $20를 받은 사람들은 스스로 돈을 받고 거짓말하는 것이라는 정당성을 부여할 수 있지만 단돈 $1를 받은 사람들은 스스로의 거짓말 가치를 그렇게 저렴하게 치부할 수 없었다는 것이다. 따라서 그들에게 작업은 실제로 즐거운 것이어야만 한다고 믿었다는 것이다.[308] 분리뇌 환자의 실험과 더불어 알 수 있다. 우리는 우리 스스로를 속일 수 있다는 것을 말이다. 그러나 이것이 특정인을 두고 영악하다거나 소름 돋는 행동을 할 수 있다는 증거로 볼 수는 없다. 선량한 누구

나 경험하는 심리적 기제다. 인지부조화라는 단어가 1950년대에 등장해서 지금까지도 심리학을 비롯한 일상에서도 활용되는 이유 중 하나다. 마지막으로 하나의 실험을 더 살펴보자. 이번에는 피험자들에게 큰 그릇에 음식을 제공해서 평소보다 더 많이 먹도록 유도를 한 실험이다. 평소보다 더 많은 음식을 먹은 피험자들은 왜 평소보다 더 많이 먹었냐는 질문을 받았다. 그결과 접시가 평소보다 컷 던 것 같다고 답한 사람들은 4%에 불과했다. 21%는 더 많이 먹었다는 사실 자체를 부인했고, 75%는 평소보다 배가 고팠다는 이유를 댓다.[309] 우리는 이유가 있어서 행동하기도 하지만, 행동을 먼저하고 이유를 가져다 붙이는 일을 매우 좋아한다.

뒤편에 스탠드형 에어컨이 있는 교실이 있었다. 때문에 한여름에 해당 교실의 뒤 쪽에 앉은 학생들은 다소간 시원했지만 앞쪽에 앉은 학생들과 교사는 그 혜택을 얻지 못했다. 이에 맨 앞에 앉아 있던 학생이 불만을 내비친 적이 있다. 뒤쪽에 앉은 학생들이 수업시간에 일어나서 에어컨을 막는 바람에 앞쪽이 더욱 덥다고 했다. 교사도 이를 인정하고 다음 자리 교체 때 이 사실은 반영하겠다고 공언했다. 이후 자리를 바꾸는 시기가 되자 교사는 불만을 품었던 학생을 에어컨에서 가장 가까운 자리로 이동시켜 주었다. 그런데 단 하루가 재 되지 않아 그 학생도 에어컨에서 일어나는 행동을 취했다. 이에 교사는 네가 불만을 가지고 있었던 행동을 똑같이 하면 어떻게하냐고 질책을 했다. 그러자 학생은 교실 뒤에 학생들은 더 시원할 것이라 불만이었지 에어컨 앞을 막는 행위가 불만은 아니었다고 답을 했다. 이 일에 확실한 세 가지가 있다. 첫째는 에어컨 앞을 막는 행위는 잘못된 것이라는 사실에 두 사람 모두 동의하고 있다는 것이고, 둘째는 둘 중 한 사람은 사실과 다른 이야기를 하고 있다는 점이다. 마지막으로 확실한 점은 두 사람 모두 거짓말을 하고 있지 않으며 둘 중 한 사람이 인지부조화를 겪고 있는 상황이라는 것이다.

학생들이 교실에서 서면으로 하는 과제를 걷을 때 번호순으로 걷으면 이점이 많다. 이를 수행하기 위한 방법 중 하나로 1번과 마지막 번호 학생이 번호순, 번호 역순으로 걷어서 중간에 만나는 방법이 있다. 그런데 한 날은 2번인 학생이 자신이 대신해 보고 싶다고 했고, 1번인 학생도 동의를 해 주었다. 그렇게 2번인 학생이 과제를 걷자 이곳저곳에서 불만이 쏟아졌다. 본인들도 하고 싶은데 왜 2번이라는 이유로 그 친구만 혜택을 누리냐는 것이었다. 이에 교사는 2번 학생을 불러서 이번에만 하고 다음부터는 다시 1번 학생이 하도록 하자고 했다. 그때 학생은 이제 한 번밖에 못 해 봤는데 못 하게 하는 것은 문제가 있으며, 다른 학생들은 자신보다 다른 부분에서 혜택을 보고 있기 때문에 자신이 꾸준히 해야 정당하다고 말했다. 학생 본인도 알고 있다. 본인이 이번 일에서 특별대우를 받았다는 사실을. 하지만 단지 인정하고 싶지 않은 것이다. 거짓말을 하려고 하는 것은 아니다.

미주

1 TED(2012.1.). Sheena Iyengar "How to make choosing easier"

2 Rachel Tepper. Huffington Post "Subway Boasts 37 Million Possible Sandwich Variations Around The World (PHOTOS)" (2012.10.26.)

3 Jonathan Maze. Restaurant Business "Subway is making a massive change to its menu, and it may not be done" (2022.7.5.)

4 Dylan Love. Business insider "Netflix's Recommendation Engine Drives 75% Of Viewership" (2012.4.9.)

5 Sheena S. Iyengar, Mark R. Lepper(2000). When choice is demotivating: can one desire too much of a good thing?. Journal of personality and social psychology. 79(6), 995-1006

6 혼다 홈페이지

7 Amazon의 Curious George 항목(2023.12.17. 확인)

8 Michal Maimaran(2017). To increase engagement, offer less: The effect of assortment size on children's engagement. Judgement and Decision Making, 12(3), 198-207.

9 Michal Maimaran. Kellogg Insight "Are you offering your children too many choices?" (2017.9.5.)

10 Romulus J. Castelo, Seokyoung Kim, Stephanie M. Carlson(2023). More is more: toddlers do not show choice overload. Frontiers in Development Psychology

11 Shah, Avni M., Wolford, George(2007). Buying behavior as a function of parametric variation of number of choices. psychological Science, 18(5), 369-370.

12 David Lazarus. Fox5 Kusi news "Subway decides customers had too many choices" (2022.7.6.)

13 신지훈. 여행신문 "여행자 선호도-40대초반 가족여행이 패키지 주 소비층" (2014.7.7.)

14 Teaching Brave 블로그 "Letting kids choose what they wear; 5 benefits!" (2023.2.13.)
https://teachingbrave.com/letting-kids-choose-what-they-wear/

15 Amos Tversky, Eldar Shafir(1992). The Disjunction Effect in Choice under Uncertainty. Psychological Science, 3(5), 305-309

16 Loewenstein, G., Brennan, T., & Volpp, K. G. (2007). Asymmetric paternalism to improve health behaviors. Jama, 298(20), 2415-2417.

17 Thaler, R. H., & Sunstein, C. R. (2003). Libertarian paternalism. American economic review, 93(2), 175-179.

18 UN "Intersex people"
https://www.ohchr.org/en/sexual-orientation-and-gender-identity/intersex-people

19 피터 틸, 블레이크 매스터스(2014). 『제로 투 원』 한국경제신문사. 이지연 역

20 2023 구글 트렌드 레시피 항목 순위
https://trends.google.com/trends/explore?date=2023-01-01%202023-12-31&q=Bibimbap

21 댄 애리얼리(2018). 『상식 밖의 경제학(출간 10주년 기념판)』 청림출판. 장석훈 역

22 Johnathan Glancey. The Guardian 'I pick up my pen. A building appears' (2007.8.1)

23 井上夢人 『虹を操る少年』 解説

24 Kurt vonnegut Jr. (2000). 『Bagombo snuff box』 Penguin Publishing Group

25 국제 바칼로레아 홈페이지

26 https://humanstress.ca/stress/understand-your-stress/sources-of-stress/

27 Buhr, K., & Dugas, M. J. (2009). The role of fear of anxiety and intolerance of uncertainty in worry: An experimental manipulation. Behaviour research and therapy, 47(3), 215-223.

28 Fergus, T. A. (2013). Cyberchondria and intolerance of uncertainty: examining when individuals experience health anxiety in response to Internet searches for medical information. Cyberpsychology, Behavior, and Social Networking, 16(10), 735-739.

29 Johnson, R. M., Reiley, D. H., & Muñoz, J. C. (2015). "The war for the fare": how driver compensation affects bus system performance. Economic Inquiry, 53(3), 1401-1419.

30 Sörensen, L., & Schlüter, J. (2021). How do contract types and incentives influence driver behavior?– An analysis of the Kigali bus network. Humanities and Social Sciences Communications, 8(1), 1-11.
연구자들은 운행경로, 버스기사, 버스가 달랐기 때문에 완전한 결론에 이르렀다고 확언을 할 수 없다고 언급했다.

31 실제로는 버스 임대료를 지불하고 버스를 운영한다. 이때 발생하는 수익이 기사의 몫이 된다. 성과급 제도와 동일한 효과를 갖는 형태의 임금체계다.

32 Rusco, F. W., & Walls, W. D. (2001). Red bus, green bus: Market organization, driver incentives, safety, and sorting. Research in Transportation Economics, 6, 121-142.

33 Quora 'What are the differences between the red and green public light buses in Hong Kong?' https://www.quora.com/What-are-the-differences-between-the-red-and-green-public-light-buses-in-Hong-Kong (2023.12.4. 검색)

34 The New York Times "Cardiologists say ranking sway choices on surgery" (2005.1.11.)

35 Freya McClements. The Irish Times "Paul Givan resigns as First Minister of Northern Ireland in DUP protocol protest" (2022.2.3.)

36 BBC "Martin McGuinness resigns as NI deputy first minister" (2017.1.10.)

37 Sam McBride(2019). 『Burned: The Inside Story of the 'Cash-for-Ash' Scandal and Northern Ireland's Secretive New Elite』 Irish Academic Press

38 BBC "Renewable Heat Incentive scheme: 'Five minutes of research' uncovered funding flaws" (2016.12.8.)

39 Richard Burdett-Gardiner. The Renewable Energy Hub UK "Northern Ireland, the RHI Scandal and What It Means for Renewable Heating" (2023.7.27.)

40 BBC "Renewable Heat Incentive scheme: 'Five minutes of research' uncovered funding flaws" (2016.12.8.)

41 BBC "Need-to-know guide: Renewable Heat Incentive(RHI) scheme (2017.11.7.)

42 International Rhino Foundation(2022). 2022 state of the rhino report

43 https://therealnews.com/the-deplorable-work-conditions-behind-harrods-7000-ambootia-snow-mist-darjeeling-tea

44 Warren, C. M., Chadha, A. S., Sicherer, S. H., Jiang, J., & Gupta, R. S. (2019). Prevalence and severity of sesame allergy in the United States. JAMA network open, 2(8), e199144-e199144.

45 머독어린이연구소 홈페이지
https://www.mcri.edu.au/research/projects/schoolnuts

46 Chanel Zagon. 9NEWS "Nut ban could be scrapped at Aussie schools due to new allergy guidelines" (2021.10.7.)

47 Melanie Vujkovic. ABC NEWS "Australia has a food allergy crisis impacting 10 per cent of infants, but critical research is underway" (2024.4.21.)

48 Tiffanie Turnbull. BBC "Australia starts world-first peanut allergy treatment for babies" (2024.7.31.)

49 Kathiann M. Kowalski. Cobblestone American History and Current Events for Kids and Children (Digital) 1 Issue, May/June 2023 "Taxes The Prices of Citizenship"

50 International Churchill Society "WIT & WISDOM - WSC ON TAXATION" 2013.6.29.

51 Hearth Tax Digital 홈페이지 (2024.2.2. 확인)
https://gams.uni-graz.at/archive/objects/context:htx/methods/sdef:Context/get?mode=about

52 UK Parliament "Window Tax" (2024.2.2. 확인)
https://www.parliament.uk/about/living-heritage/transformingsociety/towncountry/towns/tyne-and-wear-case-study/about-the-group/housing/window-tax/

53 『The Sunday Magazine 1867』 Guthrie, Thomas "How to Get Rid of an Enemy"

54 Giuffra, V., Vitiello, A., Caramella, D., Fornaciari, A., Giustini, D., & Fornaciari, G. (2015). Rickets in a high social class of Renaissance Italy: the Medici children. International Journal of Osteoarchaeology, 25(5), 608-624.

55 Wallace E. Oaters, Robert M. Schwab(2014). The Window Tax: A Transparent Case of Excess Burden. Lincoln Institute of Land Policy

56 Card, D., & Giuliano, L. (2014). Does gifted education work? For which students? (No. w20453). National Bureau of economic research.

57 Lucy Sherriff. BBC "Florida is paying bounty hunters to control its python population" (2024.3.19.)

58 Reality Check Team. BBC "Afghanistan: How much opium is produced and what's the Taliban;s record?" (2021.8.25.)

59 Craig Whitlock. The Washington Post "overwhelmed by opium" (2019.12.9.)

60 Gu Erde. ThinkChina "More Taiwanese are venturing overseas for better pay" (2024.3.27.)

61 IMF "GDP per capita, current prices"

62 사우디아라비아 통계청 "Gastat Saudi Workers Monthly Average Wage in Four Sectors: 10.238SAR" (2018.11.21.)

63 Statista 자료

64 해리스티터 홈페이지 2023.12.11. 확인
https://www.harristeeter.com/stores/grocery

65 Catherine Muccigrosso. The Charlotte observer "Harris Teeter clarifies egg limits, as prices spike and customers hunt for bargains" (2023.1.14.)

66 Hannah Walsh. Which? "Which was the cheapest supermarket in 2022?" (2023.1.10.)

67 Brian Wansink, Robert J Kent, Stephen J. Hoch(1998). An Anchoring and Adjustment Model of Purchase Quantity Decisions. Journal of Marketing Research 35, 71-81

68 Brian Wansink, Robert J. Kent and Stephen J. Hoch(1998). An Anchoring and Adjustment Model of Purchase Quantity Decisions. Journal of Marketing Research, 35(1), 71-81

69 Ogilvy Asia 비메오 "KFC-$1Chips" https://vimeo.com/217607288

70 BBC "'Unhealthily underweight model' Yves Saint Laurent advert banned" (2015.6.3.)

71 BBC "French MPs back ban on skinny catwalk models" (2015.4.3.)

72 BBC "Israel passes law banning use of underweight models" (2012.3.20.)

73 Keith Jenkins. ESPN "How old do you have to be to compete in the Olympics?" (2024.8.11.)

74 USA Basketball "Youth Basketball Guideline"
    https://www.usab.com/play/youth-basketball-guidelines

75 First-Pitch. 川村虎大 "無くなった保護者からの「何故ここで交代？」 ポニー投球数制限の怪我予防以外の利点とは" (2022.7.23.)

76 DCマガジン. "小学生でも楽しめるバスケとは？ミニバスのルールや特徴をご紹" (2023.5.12.)
    https://www.dream-coaching.com/magazine/basketball/basketball-article101/

77 KDI 홈페이지 보도자료 "긴급재난지원금 지급효과 분석" (2020.12.22.)
    https://www.kdi.re.kr/share/pressView?bd_no=4018

78 Jonathan A. Parker, Jake Schild, L:aura Erhard, David S. Johnson(2022). Economic Impact Payments and Household Spending During the PAndemic. NBER working paper series

79 内閣府政策統括官(経済財政分析担当)(2023). 政策課題分析シリーズ 22 特別定額給付金が家計消費に与えた影響 -リアルタイムに記録される家計簿アプリデータを活用した分析-

80 The Telegraph "Tel Aviv: "Haifa works, Jerusalem prays, and Tel Aviv plays" (2000.11.14) / https://www.telegraph.co.uk/travel/destinations/middleeast/israel/721623/Tel-Aviv-Haifa-works-Jerusalem-prays-and-Tel-Aviv-plays.html

81 Gneezy, U., & Rustichini, A. (2000). A fine is a price. The journal of legal studies, 29(1), 1-17.

82 Steven D. Levitt, Stephen J. Dubner(2005). 『Freakonomics』. New York: William Morrow

83 Holmås, T. H., Kjerstad, E., Lurås, H., & Straume, O. R. (2010). Does monetary punishment crowd out pro-social motivation? A natural experiment on hospital length of stay. Journal of Economic Behavior & Organization, 75(2), 261-267.

84 Lepper, M. R., Greene, D., & Nisbett, R. E. (1973). Undermining children's intrinsic interest with extrinsic reward: A test of the" overjustification" hypothesis. Journal of Personality and social Psychology, 28(1), 129.

85 Deci, E. L., Koestner, R., & Ryan, R. M. (1999). A meta-analytic review of experiments examining the effects of extrinsic rewards on intrinsic motivation. Psychological bulletin, 125(6), 627.

86 Danny Brassell 유튜브 "The best reading incentives for kids" (2022.1.26.)

87 Abigail Barr, Chris Wallace, Jean Ensminger, Joseph Henrich, Clark Barrett, Alexander Bolyanatz, Juan Cámilo Cardenas, Michael Gurven, Edwins Gwako, Carolyn Lesorogol, Frank Marlowe, Richard McElreath, David Tracer, John Ziker(2009). Homo Æqualis: A Cross-Society Experimental Analysis of Three Bargaining Games. Universidad de los Andes-Facultad de Economía-Cede

88 Frey, B. S., Oberholzer-Gee, F., & Eichenberger, R. (1996). The old lady visits your backyard: A tale of morals and markets. Journal of political economy, 104(6), 1297-1313.

89 Alexeev, M. V., Gaddy, C. G., Grossman, G., & Treml, V. G. (1991). Trends in wage and income distribution under Gorbachev: Analysis of new Soviet data. WEFA Group.

90 Leila Kasraian, Mahtab Maghsudlu(2012). Blood donors' attitudes towards incentives: influence on motivation to donate. Blood transfus 10(2), 186-190

91 Claudia Niza, Burcu Ting, Theresa M. Marteau(2013). Incentivizing blood donation: systematic review and meta-analysis to test Timuss' hypotheses. Health psychol 32(9) 941-949 / 다행히도 혈액의 질을 낮춘다는 증거는 발견되지 않았다.

92 Richard Morris Titmuss(1997) 『The Gift Relationship: From Human Blood to Social Policy』 The New Press

93 Seligman, M. E., & Maier, S. F. (1967). Failure to escape traumatic shock. Journal of experimental psychology, 74(1), 1.

94 Nurmi, J. E., Aunola, K., Salmela-Aro, K., & Lindroos, M. (2003). The role of success expectation and task-avoidance in academic performance and satisfaction: Three studies on antecedents, consequences and correlates. Contemporary educational psychology, 28(1), 59-90.

95 Butkowsky, I. S., & Willows, D. M. (1980). Cognitive-motivational characteristics of children varying in reading ability: evidence for learned helplessness in poor readers. Journal of Educational Psychology, 72(3), 408.

96 Hiroto, D. S., & Seligman, M. E. (1975). Generality of learned helplessness in man. Journal of personality and social psychology, 31(2), 311.

97 Liu, Y. M., Yang, Y. H. K., & Hsieh, C. R. (2009). Financial incentives and physicians' prescription decisions on the choice between brand name and generic drugs: Evidence from Taiwan. Journal of health economics, 28(2), 341-349.

98 Epstein, A. J., & Johnson, S. J. (2012). Physician response to financial incentives when choosing drugs to treat breast cancer. International journal of health care finance and economics, 12, 285-302.

99 Toshiaki, I. (1994). Experts' Agency Problems: Evidence from the Prescription Drug Market in Japan. RAND Journal of Economics Imbens, 61(4), 655.

100 Jacques Buffett. zety "Top Most Respected Jobs 2022" (2023.8.23.)

101 INSIDER MONEY. Afifa Mushtaque "20 Most Respected Professions in the US" (2023.12.1)

102 Johnny Wood. World Economic Forum "10 most respected professions in the world" (2019.1.15.)

103 Stanley, M. L., Shepherd, S., & Kay, A. C. (2023). Heroization and ironic funneling effects. Journal of Personality and Social Psychology.

104 Stanley, M. L., & Kay, A. C. (2023). The consequences of heroization for exploitation. Journal of Personality and Social Psychology.

105 DW "German teachers cannot strike, rules top court" (2018. 12. 6.)

106 Bundesverfassungsgericht "Headnotes to the Judgment of the Second Senate of 12 June 2018"

107 Stokes-Parish, J., Barrett, D., Elliott, R., Massey, D., Rolls, K., & Credland, N. (2023). Fallen angels and forgotten heroes: A descriptive qualitative study exploring the impact of the angel and hero narrative on critical care nurses. Australian Critical Care, 36(1), 3-9.

108 Terril Yue Jones. Reuters "Needing a human touch, TEPCO may turn to "jumpers"" (2011. 4. 1.)

109 statista "Average monthly salaries among full-time workers in Japan from 2014 to 2023" (2024. 4. 2.)

110 Matteo Tonello, Paul Hodgson. Harvard law school forum on corporate governance "Corporate Board Practices in the Russell 3000, S&P 500, and S&P Mid-Cap 400" (2021. 11. 6.)

111 Emma Hinchliffe. Fortune "The number of female CEOs in the Fortune 500 hits an all-time record" (2020. 5. 18.)

112 Raymond Fishman, Edward Miguel(2006). Cultures of corruption evidence from diplomatic parking tickets. NBER Working Paper, No. 12312

113 Ernst Fehr, Simon Gächter(2000). Cooperation and Punishment in Public Goods Experiments. The American Economic Review, 90(4), 980-994

114 Rolf Dobelli(2013). 『The art of thinking clearly』. New York: FSG

115 Trevor M. Knox(1999). The volunteer's folly and socio-economic man: some thought on altruism, rationality, and community. Journal of Socio-Economics. 29, 475-492

116 윤지로. 세계일보 "검은대륙 아프리카에 유명인사 방문 줄이어" (2007. 8. 23.)

117 WCK 홈페이지(2024. 6. 16. 확인)

118 Barry Millington. The Guardian "Jose Antonio Abreu obituary" (2018. 4. 5.)

119 sistemaeurope.org

120 피터싱어(2016). 『효율적 이타주의자』. 21세기북스. 이재경 역

121 WHO(2021). World malaria report 2021

122 Maxwell Ayindenaba Dalaba, Paul Welaga, Abraham Oduro, Laata Latif Danchaka, Chieko Matsubara(2018). Cost of malaria treatment and health seeking behaviour of children under-five years in the upper west region of Ghana

123 Make a wish 홈페이지(2023. 11. 3. 검색)

124 WHO 홈페이지 "Deafness and hearing loss" (2024. 2. 2.)

125 Ozawa, S., Portnoy, A., Getaneh, H., Clark, S., Knoll, M., Bishai, D., … & Patwardhan, P. D. (2016). Modeling the economic burden of adult vaccine-preventable diseases in the United States. Health Affairs, 35(11), 2124-2132.

에듀코노믹스

126 Sarah Boseley. The Guardian "How Bill and Melinda Gates helped save 122m lives - and what they want to solve next" (2017. 2. 14.)

127 WHO 홈페이지 "Measles" (2024. 7. 12.)

128 안나 로슬링 뢴룬드, 올라 로슬링, 한스 로슬링(2019). 『팩트풀니스』 김영사. 이창신 역

129 R. F. Baumeister, E. Bratslavsky, M. Muraven, D. M. Tice(1998). Ego depletion: is the active self a limited resource?. Journal of personality and social psychology, 74(5), 1252-1265

130 케인즈가 배우자인 리디아에게 연애시절 보냈던 편지(1924. 5. 3.)

131 Department for Education. "Statutory guidance National curriculum in England: framework for key stages 1 to 4" (2014. 12. 2. update)

132 James Flynn(1984). The mean IQ of Americans: Massive gains 1932 to 1978. Psychological Bulletin, 95(1), 29-51

133 James Flynn(1987). Massive IQ gains in 14 nations: What IQ tests really measure. Psychological Bulletin, 101(2), 171-191

134 Joshua Wolf Shenk. The Atlantic "What makes us happy?" (2009. 6.)

135 Alexandra G. Rostati, Lindsey Hagberg, Drew K. Drew K. Enigk, Emily Otali, Melissa Emery Thompson, Martin N. Muller, Richard W. Wrangham, Zarin P. Machanda(2020). Social selectivity in aging wild chimpanzees. Science 370, 473-476

136 Adam Holz. pluggedin "How old were you when you quit listening to new music?" (2015. 5. 20)

137 Kris Frieswick. The Wall Street Journal "Here's Why I'll be keeping my shoes on in your shoeless home" (2022. 2. 10.)

138 https://www.usnews.com/news/best-countries/articles/2017-02-13/6-romantic-sentiments-that-dont-translate-to-english

139 Gleitman, L., Senghas, A., Flaherty, M., Coppola, M., & Goldin-Meadow, S. (2019). The emergence of the formal category "symmetry" in a new sign language. Proceedings of the National Academy of Sciences, 116(24), 11705-11711.

140 Knack, S., & Keefer, P. (1997). Does social capital have an economic payoff? A cross-country investigation. The Quarterly journal of economics, 112(4), 1251-1288.

141 Mark A. Uhling. New York Times "Shop Owner Returns Bassoon" (1988. 9. 4.)

142 PEPFAR(2023). Latest global program results & projections, 2023. 12.

143 U. S. Department of State "Update on PEPFAR's Programming Budget for 2024/2025" (2024. 7. 8.)

144 Farzana Sehrin, Ling Jin, Kamrun Naher, Narayan Chandra Das, Ving Fan Chan, Dong Feng Li, Susan Bergson, Ella Gudwin, Mike Clarke, Tai Stephan, Nathan Congdon(2024). The effect on income of providing near vision correction to workers in Bangladesh: The THRIVE(Tradespeople and Hand-Workers Rural Initiative for a Vision-enhanced Economy) randomized controlled trial. PLOS ONE

145 Smith, Frick, Holden, Fricke, Naidoo(2009). Potential lost productivity resulting from the global burden of uncorrected refractive error. Bulletin of the WHO, 87(6), 431-437

146 비전스프링 홈페이지
https://visionspring.org/why-eyeglasses

147 Chaudhury, N., Hammer, J., Kremer, M., Muralidharan, K., & Rogers, F. H. (2006). Missing in action: teacher and health worker absence in developing countries. Journal of Economic perspectives, 20(1), 91-116.

148 Steele, C. M., & Aronson, J. (1998). Stereotype threat and the test performance of academically successful African Americans.

149 George Psacharopoulos, Harry Antony Patrinos(2018). Returns to Investment in Education. World Bank Group

150 Edward Miguel, Michael Kremer(2004). Worms: Identifying impacts on education and health in the presence of treatment externalities. Econometrica, 72(1), 159-217

151 Abdul Latif Jameel Poverty Action Lab, Bulletin. March 2012

152 Sharon Lafraniere. The New York Times "Another School Barrier for African Girls: No Toilet" (2005. 12. 23.)

153 Kim, H., & Rhee, D. E. (2019). Toilets for education: Evidence from Kenya's primary school-level data. International Journal of Educational Development, 70, 102090.

154 National Center for Education Statistics(2022). Digest of education statistics

155 eurostat "Teachers in the EU" (2010. 10. 5.)

156 Yemen Ministry of Education, UNICEF, Adventist Development and Relief Agency (ADRA), The Learning Conditions for Girls in Yemen: Advancing Girls' Education for the Attainment of Equal Opportunities (Sanaa: Ibn al Yemen Press, August 2005)

157 KBS다큐 유튜브 "'탄소 해적'들 때문에 삶의 터전을 잃은 원주민들. 글로벌 기업의 두 얼굴" (2024. 1. 12.)

158 Basharat, M. Groundwater Management in Indus Plain and Integrated Water Resources Management Approach; International Waterlogging and Salinity Research Institute (IWASRI): Lahore, Pakistan, 2015.

159 Ed Conway(2023) 『Material World』 WH Allen

160 Deborah Fell. Chief Outsiders "The rotten truth about low-hanging fruit in business - and how to guide your team to success" (2016. 7. 7.)

161 Stevens, A. (2019). Temperature, wages, and agricultural labor productivity. UC Berkeley Working Paper, Accessible on UC Berkeley website.

162 ESPN "What to watch in the final week of the 2024 MLB regular season" (2024. 9. 23.)

163 Gregory Lewis. How Much Good Does a Doctor do?

164 Fortune, Erick Sherman "Fox News' Republican debate gets a record 24 million viewers" (2015. 8. 8.)
https://fortune.com/2015/08/07/fox-republican-debate-viewers/

165 FRONTLINE PBS 유튜브 "Megyn Kelly Speaks Out About Trump's Attacks—and Roger Ailes' Response | FRONTLINE" (2019. 12. 14.)

166 세스 스티븐스 다비도위츠(2018). 『모두 거짓말을 한다』 더케스트. 이영래 옮김

167 Tversky, A., & Kahneman, D. (1981). The framing of decisions and the psychology of

choice. science, 211(4481), 453-458.

168 Daniel Kahneman(2002). Maps of bounded rationality: A perspective on intuitive judgment and choice. Prize Lecture

169 Fitz, E. B., Stecuła, D. A., Hitt, M. P., & Saunders, K. L. (2024). Objective numeracy exacerbates framing effects from decision-making under political risk. Scientific Reports, 14(1), 10473.

170 Levin, I. P., & Gaeth, G. J. (1988). How consumers are affected by the framing of attribute information before and after consuming the product. Journal of consumer research, 15(3), 374-378.

171 독일 국영방송 ZDP의 2003년 조사결과 https://web.archive.org/web/20110607092119/http://german.about.com/library/blfamger100-03.htm

172 The World "Iranian dog lovers dodge cleric's fatwa on pooch ownership" (2011.7.18.)

173 Al Alrabiya "Who let the dogs out? Walking a pooch in Iran is 'symbol of resistance'" (2013.10.20.)

174 Franaz Fassihi. The Wall Street Journal "A Craze for Pooches in Iran Dogs the Morality Police" (2011.7.18.)

175 Ed O'Brien, Phoebe C. Ellsworth(2012). Saving the best for last: A positivity bias for end experiences. Psychological Science, 23(2), 163-165

176 스마일 트레인 홈페이지(2024.1.7. 검색)

177 건강보험심사평가원 보도자료 "구순구개열 수술 보장성강화 필요" (2013.2.8.) https://www.hira.or.kr/bbsDummy.do?pgmid=HIRAA020041000100&brdScnBltNo=4&brdBltNo=8454

178 스마일 트레인 홈페이지(2024.1.7. 검색)

179 Taylor Corrado. Hubspot "Donate to Opt Out: The Secret to Smile Train's 46% Increase in Fundraising" (2013.10.15.)

180 Gabriel Castillo. WGN9 "2 planes make contact on the ground at O'Hare" (2024.1.14.)

181 Donna Christiano Campisano. verywell health "Baby Hit Their Head: Should I Worry" (2023.9.26.)

182 CTV News "Trudeau sports bandage after bumping his head" (2023.8.1.)

183 The Australian "Early morning commuter chaos as trucks collide on busy Sydney road" (2024.1.16.)

184 Lauren Price. The West Australian "Aldi assault: Shop attendant smashed over head with bottle of alcohol during robbery" (2024.1.16.)

185 Elizabeth F. Loftus, John C. Palmer(1974). Reconstruction of automobile destruction: An example of the interaction between language and memory. Journal of Verbal Learning and Verbal Behavior, 13(5), 585-589

186 Damian Carrington. The Guardian "why the guardian is changing the language it uses about the environment" (2019.5.17.)

187 Françoise Duroch. Geneva Solutions "Are we using the right terms to describe the

situation in Gaza" (2023. 11. 17.)

188   Saqib Iqbal. Forex Crunch "USD/CAD outlook: Oil's plunge leaves Canadian dollar feeble" (2023. 11. 17.)

189   The Hindu "Voice of councillors feeble amid deluge of civic issues" (2023. 11. 27.)

190   Jim Pitt, Fonthill. Pelham Today "Letter: Recent Niagara region survey 'feeble, skewed, pointless' says reader" (2023. 11. 20.)

191   Britannica 'Edouard Séguin'

192   Government of Canada "A way with words and images - Suggestions for the portrayal of people with disabilities"
       https://www.canada.ca/en/employment-social-development/programs/disability/arc/words-images.html (2023. 12. 24. 확인)

193   Phillips Davison(1968) Public Opinion: Introduction in D. Sills (Ed.) International Encyclopaedia of the Social Sciences, vol. 13, New York, The Macmillian Co., p. 196

194   The Arabidopsis Genome Initiative(2000). Analysis of the genome sequence of the flowering plant Arabidopsis thaliana. Nature, 408, 796-815

195   Nix v. Hedden, 149 U.S. 304(1893)

196   Isaiah Berlin(1969). 『Four Essays on Liberty』 Oxford

197   John Stuart Mill(1859). 『On Liberty』 Batoche Books(2001)

198   Frank H. Heppner(1990). 『Professor Farnsworth's Explanations in Biology』 McGraw-Hill College

199   오타케 후미오(2020). 『쉽게 따라하는 행동경제학』 AK. 김동환 역

200   Avdagic, S., & Savage, L. (2021). Negativity bias: The impact of framing of immigration on welfare state support in Germany, Sweden and the UK. British Journal of Political Science, 51(2), 624-645.

201   Oksana Kishchuk. abacus data "Canadians Lack Basics of Civic Education and It's Impacting Our Democracy" (2024. 1. 22.)

202   Inesi, M. E. (2010). Power and loss aversion. Organizational Behavior and Human Decision Processes, 112(1), 58-69.

203   Simonson, I., & Drolet, A. (2004). Anchoring effects on consumers' willingness-to-pay and willingness-to-accept. Journal of consumer research, 31(3), 681-690.

204   Ariely, D., Loewenstein, G., & Prelec, D. (2006). Tom Sawyer and the construction of value. Journal of Economic Behavior & Organization, 60(1), 1-10.

205   Shahar Ziv. Forbes "A Higher Tip Default On The Screen, Plus 3 Other Factors That Could Affect How Much You Tip" (2022. 6. 1.)

206   Alexander, D., Boone, C., & Lynn, M. (2021). The effects of tip recommendations on customer tipping, satisfaction, repatronage, and spending. Management Science, 67(1), 146-165.

207   Kivetz, R., Netzer, O., & Srinivasan, V. (2004). Extending compromise effect models to complex buying situations and other context effects. Journal of Marketing Research, 41(3), 262-268.

                                                      에듀코노믹스

208 댄 애리얼리(2018). 『상식 밖의 경제학(출간 10주년 기념판)』 청림출판. 장석훈 역

209 Frederick, S., Lee, L., & Baskin, E. (2014). The limits of attraction. Journal of Marketing Research, 51(4), 487-507.

210 Birgit Mallon, Christoph Redies, Gregor U. Hayn-Leichsenring(2014). Beauty in abstract paintings: perceptual contrast and statistical properties. Frontiers in Human Neuroscience, 8, Article 161

211 Robert C. Stern 링크드인 "LinkedIn Stats Looking Into 2023" (2023.2.6.)
https://www.linkedin.com/pulse/linkedin-stats-looking-2023-robert-c-stern

212 Salvador G. 링크드인 "Three Steps to How to Negotiate Low Taxi Fares in Peru" (2015.2.15.)
https://www.linkedin.com/pulse/three-steps-how-negotiate-low-taxi-fares-peru-salvador-garcia

213 Daily Max 유튜브 "Bargaining absurd taxi prices" (2023.4.18.)

214 Collin Abroadcast 유튜브 "Bargaining for Absolutely Everything! Tanzania - 24 Hours (2021.9.1.)

215 퀸즈랜드 주정부 홈페이지 Taxi service standards 항목 (2024.1.24. 확인)
https://www.qld.gov.au/transport/public/operators/information-for-passengers/passenger-rights-and-fares/taxi-service-standards

216 Simonson, I., & Tversky, A. (1992). Choice in context: Tradeoff contrast and extremeness aversion. Journal of marketing research, 29(3), 281-295.

217 Jennifer Schuessler. New York Times "Deciphering The Menu" (2014.9.15.)

218 Cornell research and innovation(Jakie Swift). Medium "Investigating Judicial Decision Making"(2017.11.28.)

219 Guthrie, C., Rachlinski, J. J., & Wistrich, A. J. (2009). The" Hidden Judiciary": An Empirical Examination of Executive Branch Justice. Duke Law Journal, 1477-1530.

220 Englich, B., Mussweiler, T., & Strack, F. (2006). Playing dice with criminal sentences: The influence of irrelevant anchors on experts' judicial decision making. Personality and Social Psychology Bulletin, 32(2), 188-200.

221 Rachlinski, J. J., Wistrich, A. J., & Guthrie, C. (2015). Can judges make reliable numeric judgments: distorted damages and skewed sentences. Ind. LJ, 90, 695.

222 Chapman, G. B., & Bornstein, B. H. (1996). The more you ask for, the more you get: Anchoring in personal injury verdicts. Applied cognitive psychology, 10(6), 519-540.

223 Eric J. Johnson, Daniel Goldstein(2003). Do defaults save lives?. Science, 302, pp.1338-1339

224 Remco Coppen, Roland D Friele, Sjef KM Gevers, Geke A Blok, Jouke van der Zee(2008). The impact of donor policies in Europe: a steady increase, but not everywhere. BMC health services research, 8(235),

225 IRODaT 홈페이지 데이터베이스(2023.11.22. 검색)
https://www.irodat.org/?p=database

226 McLaughlin, L., Williams, L., Noyes, J., Al-Haboubi, M., Boadu, P., Bostock, J., … &

Mays, N. (2024). Evaluation of the Organ Donation (Deemed Consent) Act 2019 in England. Lay report.

227 Damian McNamara. University of Miami, Miller School of Medicine "R01 Grant Will Fund Nationwide Study of Opt-Out HIV and Hepatitis C Testing" (2024.6.24.)

228 Kate Gibson. CBS NEWS "What to know about new FTC rule making it easier to cancel subscriptions and memberships" (2024.10.17.)

229 Irwin P. Levin, Judy Schreiber, Marco Lauriola(2002). A tale of two pizzas: Building up from a basic product versus scaling down from a fully-loaded product. Marketing Letters, 13(4), pp.335-344 이탈리아에서는 피자와 샐러드 두 가지로 실험을 했다.

230 Xiaoyu Wan, Qiao Li, Jifei Wu, Yi Luo(2015). The effect of option framing on consumers' decision-making efficiency: Evidence from online service customization. African Journal of Business Management. 9(6), 298-310

231 The Nobel prize.org

232 Robert Krulwich. NPR "There's A Fly In My Urinal" (2009.12.19.)

233 도널드 노먼(2016)『디자인과 인간 심리』학지사. 박창호 옮김김

234 CDC "Handwashing Facts" (2024.4.17.)

235 제즈 그룹, 에이프릴 벨라코트(2021).『넛지의 천재들』리더스북. 홍선영 역

236 Burns, J., Maughan-Brown, B., & Mouzinho, Â. (2018). Washing with hope: evidence of improved handwashing among children in South Africa from a pilot study of a novel soap technology. BMC public health, 18, 1-13.

237 David W. Nickerson, Todd Rogers(2010). Do you have a voting plan? Implementation intentions, voter turnout, and organic plan making. Psychological science 21(2), 194-199

238 Howard Leventhal, Robert Singer, Susan Jones(1965). Effect of fear and specificity of recommendation upon attitudes and behavior. Journal of personality and social psychology, 2(1), 20-29

239 Milkman, K. L., Beshears, J., Choi, J. J., Laibson, D., & Madrian, B. C. (2011). Using implementation intentions prompts to enhance influenza vaccination rates. Proceedings of the National Academy of Sciences, 108(26), 10415-10420.

240 Studdert, D. M., Mello, M. M., Sage, W. M., DesRoches, C. M., Peugh, J., Zapert, K., & Brennan, T. A. (2005). Defensive medicine among high-risk specialist physicians in a volatile malpractice environment. Jama, 293(21), 2609-2617.

241 Meeker, D., Knight, T. K., Friedberg, M. W., Linder, J. A., Goldstein, N. J., Fox, C. R., … & Doctor, J. N. (2014). Nudging guideline-concordant antibiotic prescribing: a randomized clinical trial. JAMA internal medicine, 174(3), 425-431.

242 Atul Gawande. The New Yorker "The checklist" (2027.12.2.)

243 Berinato, S., & Desai, S. (2016). DEFEND YOUR RESEARCH TO STOP BAD BEHAVIOR, DISPLAY A VIRTUOUS QUOTE. HARVARD BUSINESS REVIEW, 94(1-2), 34-35.

244 Desai, S. (2011). Adults behave better when teddy bears are in the room. Harvard business review, 89(9), 30-31.

245 Lucy Hooker. BBC "Have you been nudged?" (2017.10.10.)

246 Solomon E. Asch(1952). 『Social Psychology』. Prentice-Hall. p. 268

247 Ola Svenson(1981). Are we all less risky and more skillful than our fellow drivers?. Acta Psychologica 47(2), 143-148

248 Montier, J. (2006). Behaving Badly. Available at SSRN 890563.

249 Kets de Vries, M. F., Vrignaud, P., & Florent-Treacy, E. (2004). The global leadership life inventory: Development and psychometric properties of a 360-degree feedback instrument. The International Journal of Human Resource Management, 15(3), 475-492.

250 Merkle, C., & Weber, M. (2011). True overconfidence: The inability of rational information processing to account for apparent overconfidence. Organizational Behavior and Human Decision Processes, 116(2), 262-271.

251 O Swenson, "Are We All Less Risky and More Skillful Than Our Fellow Drivers" Acta Psychologica 47, no. 2 (1981) : 145-46, doi: 10.1016/0001-6918(81)90005-6.

252 Jayson Lusk, Bailey Norwood, Robert W. Prickett Norwood(2007). Consumer preferences for farm animal welfare: Results of a nationwide telephone survey

253 https://genderdata.worldbank.org/en/economies/saudi-arabia

254 Bursztyn, L., González, A. L., & Yanagizawa-Drott, D. (2020). Misperceived social norms: Women working outside the home in Saudi Arabia. American economic review, 110(10), 2997-3029.

255 Pronin, E., Kruger, J., Savtisky, K., & Ross, L. (2001). You don't know me, but I know you: The illusion of asymmetric insight. Journal of Personality and Social Psychology, 81(4), 639.

256 베버대학교 심리상담센터 홈페이지

257 Bache, R. M. (1895). Reaction time with reference to race. Psychological Review, 2(5), 475-486

258 Lord, C. G., Ross, L., & Lepper, M. R. (1979). Biased assimilation and attitude polarization: The effects of prior theories on subsequently considered evidence. Journal of personality and social psychology, 37(11), 2098.

259 Rivera, L. A. (2012). Hiring as cultural matching: The case of elite professional service firms. American sociological review, 77(6), 999-1022.

260 De Kovel, C. G., Carrión-Castillo, A., & Francks, C. (2019). A large-scale population study of early life factors influencing left-handedness. Scientific reports, 9(1), 584.

261 Michael Hopkin(2004.12.7.). Left-handers flourish in violent society. Nature

262 Guinness book, 1996: Fastest flight across the atlantic in a commercial aircraft

263 The New York Times. "Concorde's cost now at $2-billion" (1971.3.4.)

264 CNN. "Shanghai to New York in two hours? China joins the hypersonic flight race" (2022.4.5.)

265 한진수(2018). 매몰비용 효과와 대학생의 의사결정. The SNU Journal of education research, 27(1), 109-125

266 Hal Richard Arkes, Catherine Blumer(1985). The psychology of sunk cost. Organizational Behavior and Human Decision Processes, 35(1), 124-140

267 (2009). Exocomic impacts of the Tennessee-Tombigbee waterway. Troy university

268 Hal R. Arkes, Catherine Blumer(1985). The psychology of sunk cost. organizational behavior and human decision processes 34, 124-140

269 Richard Dawkins, H. Jane Brockmann(1980). Do digger wasps commit the concorde fallacy?. Animal behaviour 28(3), 892-896

270 안준철. 매일경제 "김경문식 '고집의 야구', 이러다 동메달도 못 건진다" (2021.8.6.)

271 David A. Wilder(1986). Social Categorization: Implications for creation and reduction of intergroup bias. Advances in experimental social psychology, 19, 291-355

272 Heather Mason Kiefer. Gallup "Gallup Brain: The Birth of In Vitro Fertilization" (2003.8.5.)

273 Our world in data. "From $1.90 to $2.15 a day: the updated international poverty line

274 캐스린 길레스피『1389번 귀 인식표를 단 암소』 생각의 길. 윤승희 역

275 Deborah A. Small, George Loewenstein(2003). Helping a Victim or Helping the Victim: Altruism and Identifiability. The Journal of Risk and Uncertainty, 26(1), 5-16

276 Karen E. Jenni, George Loewenstein(1997). Explaining the "Identifiable Victim Effect". Journal of Risk and Uncertainty, 14, 235-257

277 WHO(2021). World malaria report 2021

278 Maxwell Ayindenaba Dalaba, Paul Welaga, Abraham Oduro, Laata Latif Danchaka, Chieko Matsubara(2018). Cost of malaria treatment and health seeking behaviour of children under-five years in the upper west region of Ghana

279 Make a wish 홈페이지(2023.11.3. 검색)

280 Deborah A. Small, George Loewenstein, Paul Slovic(2007). Sympathy and callousness: The impact of deliberative thought on donations to identifiable and statistical victims. Organizational Behavior and Human Decision Processes 102, 143-153

281 Irving, G., Neves, A. L., Dambha-Miller, H., Oishi, A., Tagashira, H., Verho, A., & Holden, J. (2017). International variations in primary care physician consultation time: a systematic review of 67 countries. BMJ open, 7(10), e017902.

282 Footy Stats 홈페이지 (2023.12.16. 검색)

283 존스홉킨스 의과대학 홈페이지 (2023.12.30. 검색)
https://www.hopkinsmedicine.org/health/conditions-and-diseases/seasonal-affective-disorder

284 현대자동차그룹 뉴스룸 "현대자동차, 전국 판매왕과 함께 저소득층 환아 돕기 나선다" (2023.11.27.)

285 Dean Karlan, John List(2006). Does price matter in charitable giving? Evidence from a large-scale natural field experiment. American Economic Review. 97(5), 1774-1793

286 IPU 홈페이지 (2023.12.16. 검색)

287 Robert M. Bond, Christopher J. Fariss, Jason J Jones, Adam D. I. Kramer, Cameron Marlow, Jaime E. Settle, James H. Fowler(2012). A 61-million-person experiment in social influence and political mobilization. Nature

288 Mark Hugo Lopez. Pew Research Center "Ⅱ. Dissecting the 2010 electorate" (2011.4.26.)

289 Dan Siroker. Optimizely "Obama's $60 million dollar experiment" (2010.10.21.)

290 Marketing Sherpa optimization summit 2013 "The Boston Globe: Discovering and

Optimizing a Value Proposition"

291 Macrotrends 홈페이지(2024. 1. 22. 확인)
https://www.macrotrends.net/stocks/charts/BKNG/booking-holdings/revenue

292 The nation "Booking a niche in travel world" (2017. 6. 17.)

293 The Behavioural Insights Team(2013). Applying Behavioural Insights to Organ Donation

294 Grand New Research(2022). Self-checkout Systems Market Size, Share & Trends Analysis Report By Component (Systems, Services), By Type (Cash, Cashless Based), By Application, By Region, And Segment Forecasts, 2023 - 2030

295 Grand New Research(2023. 2) "Self-checkout Systems Market Worth $10,494. 3 Million By 2030"

296 Grabango "Grabango's Computer Vision Analytics Uncover Self-Checkout Systems Have 16 Times More Shrink Than Traditional Cashier Lanes" (2023. 11. 28.)

297 Maggie Davis(& edited by Dan Shepard, Chloe Della Costa). lendingtree "69% of Self-Checkout Users Think It Makes Stealing Easier — And 15% of Shoppers Admit to Purposely Doing So" (2023. 11. 13.)

298 Alan B. Krueger(2008) 「What Makes a Terrorist: Economics and the Roots of Terrorism - New Edition」 Princeton University Press

299 The Guardian "Children lie from the age of two, so here's how to get them to tell the truth" (2014. 12. 15.)

300 Amit Katwala. The Guardian "The race to create a perfect lie detector-and the dangers of succeeding" (2019. 9. 5.)

301 Medical Xpress "True story: Not everyone lies frequently" (2013. 12. 13.)

302 Golden Steps ABA "Children lie from the age of two, so here's how to get them to tell the truth" (2023. 7. 28.)

303 매튜 고브(2021). 『뇌 과학의 모든 역사』. 심심. 이한나 역

304 Brehm, J. W. (1956). Postdecision changes in the desirability of alternatives. The Journal of Abnormal and Social Psychology, 52(3), 384.

305 대표적인 논문 : Chen, M. K., & Risen, J. L. (2010). How choice affects and reflects preferences: revisiting the free-choice paradigm. Journal of personality and social psychology, 99(4), 573.

306 L. Hall ad P. Johansson(2008). Using Choice Blindness to Study Decision MAking and Introspection," in A Smorgasbord of Cognitive Science, ed. P. Gardenfors and A. Wallin (Nora, Sweden: Nya Doxa, 2008), 267-283

307 Nordgren, L. F., & Dijksterhuis, A. P. (2009). The devil is in the deliberation: Thinking too much reduces preference consistency. Journal of Consumer Research, 36(1), 39-46.

308 Leon Festinger, James M. Carlsmith(1959). Cognitive consequences of forced compliance. The Journal of Abnormal and Social Psychology, 58(2), 203-210.

309 Brian Wansink, Jeffery Sobal(2007). Mindless Eating: The 200 Daily Food Decisions We Overlook. Environment and Behavior, 39, 106-123

에듀코노믹스

ⓒ case.R, 2025

초판 1쇄 발행 2025년 7월 17일

지은이   case.R
펴낸이   이기봉
편집   좋은땅 편집팀
펴낸곳   도서출판 좋은땅
주소   서울특별시 마포구 양화로12길 26 지월드빌딩 (서교동 395-7)
전화   02)374-8616~7
팩스   02)374-8614
이메일   gworldbook@naver.com
홈페이지   www.g-world.co.kr

ISBN   979-11-388-4472-7 (03370)